초보자를 위한 주식투자 실전교실

정승환 지음

도서
출판 더로드
The Road Books

초보자를 위한
주식투자
실전교실

정승환 지음

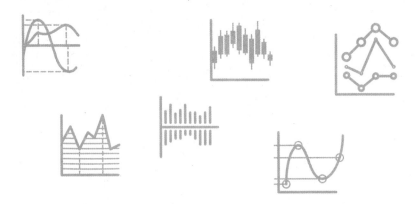

이 책을 쓰는 시점은 2017년 여름이다. 6년간의 박스권 장세를 뒤로 하고 강세장을 맞이한 시점에서 쓰여졌다. 필자는 강세장의 후반기인 2007년 초에 증권사 브로커리지 (지점 영업직) 업무를 시작했다. 그해 여름 역사적 figure인 2,000 포인트를 돌파했다. 2003년 카드사태로 내수버블이 터지며 경기가 가라앉자 2004년 정부와 한국은행은 추경과 금리인하의 공조 정책을 펼치며 경기를 부양한다. 2004년부터 시작된 소위 골디락스 (Goldilocks) 강세장이 2007년까지 이어졌다. 무엇이든 끝이 있는 법이다.

사실 골디락스 장세의 시작은 중국과 미국, 사우디 두바이 등 산유국이었다. 이 기간 중 중국은 전세계에 저물가를 공급하며 제조업에 엄청난 실적 장세를 안겨주었고 미국에서는 부동산 경기의 호황 및 구매력 상승으로 서비스업 금융업 중심으로 호황을 맞는다. 이른바 신경제 체제, 즉 완전고용에도 불구하고 인플레이션 압력은 낮았다. 이때 미국 주요 20개 도시의 주택지수는 2000년부터 2006년까지 약 1.8배, 상업용 부동산 지수는 1.9배 정도 상승하였다. 또한 중국의 산업화 수요 및 원유 수출 증가에 따른 크루드 오일 가격은 2004년 40달러에서 140달러까지 폭등했다. 이때 두바이 신화가 만들어진다. 이런 제반 환경이 골디락스 장세를 만든 것이다.

돌이켜 보건데 필자는 그 후반기 강세장의 마지막 해에 증권사에 입사하였던 것이다. 취업을 준비하던 시절 그때는 증권맨이라는 신조어가 유행했다. 그 역시 2004년부터 시작된 강세장과 무관하지 않았던 것이다. 주식 시장의 싸이클도 모른 채 그 유행만 보고 입사를 하였다. 초심자의 행운은 그냥 나온 말이 아니다. 40 대 선배들은 1,400 포인트가 돌파하자 이제 주식시장이 다 온 것이라며 주식을 팔기 시작한다. 과감하게 매수를 못하는 것이었다. 신입직인 우리들은 젊은 대리들과 함께 당시 주도주이던 증권주 조선주를 스트롱 바이한다. 초심자의 행운은 2009년 시장이 반등할 때도 따랐다. 분명 싸긴 했지만 망가진 주도주들로는 세일즈할 자신이 없었기에 당시 새로운 개념인 LED 풍력 지주회사 열풍에 편승한다.

우리는 주도주가 무엇인지 잘 알고 있었다. 주도주는 시세 그 자체가 자기의 존재를 드러낸다. 특히 증권사 직원은 매일 시장을 조사하기에 주도주에 대해 잘 알고 있다. 그러나 주도주를 알고 있다고 투자에 성공하는 것이 아님을 안 것은 시간이 꽤 지난 후였다. 포트폴리오에 주도주만 남기기 위해서는 상당히 기계적인 사고 방식을 요구한다. 이에 대해서도 길게 언급할 가치가 충분하다.

필자는 나름대로 성실히 매크로 (거시 경제지표) 분석을 했다. 하루 8시간도 부족했다. PMI가 나오면 그 하위항목인 신규주문 이연주문 재고 고용 가격지표까지 살펴 보았다. 실적 시즌이 되면 해외 주요기업인 애플, 캐터필러의 실적도 함께 체크했다. 판매량, EPS (주당 순이익), 차기 실적 전망이 그 항목들이다. 이런 분석을 통해 추세의 모멘텀 (추세를 유지하는 힘)을 확인하고 싶었던 것이다. 그때 필자는 무모한 자기확신이 있었다. 1만 시간의 법칙. 즉 4년 6개월간 8시간씩 이 작업을 하면 투자 전문가가 될 수 있으리라는 희망이 있었다. 회사에서는 요구하지도 않는 레포트를 혼자서 매일 2-3장씩 써내려 갔다. 이 책은 그간 필자가 한 단계씩 적절한 투자의 정석을 습득해 나가고 투자 철학을 확립해 나간 경험을 담고 있다. 그리고 어떤 실수는 결코 반복하지 않겠다는 다짐도 들어있다. 그 여정은 포물선 운동을 그리듯 그라운드에 안착했고 투자의 정석은 기본에 있음을 깨달았다. 어쨌든 매크로 분석을 열심히 하면 투자에서 알파라는 것을 얻을 수 있다. 즉 종목선택, 진입과 청산 타이밍을 통해 초과 수익을 달성할 수 있다. 그러나 이 알파의 존재는 어떤 상품시장이 가지는 고유의 특성과 그에 수반한 위험 요소보다 초과 보상 받은 것이기 때문에 효율적인 시장에서 이 알파는 빠르게 소멸된다. 필자는 안정된 수익을 창출하기 위한 여유와 평정심이라는 코드를 책 안에 담담하게 담고자 노력했다.

투자의 역사라고 불러야 할지 모르겠다. 이것을 알면 돈을 많이 벌 수 있을까. 재무론이라 불러야할지 모르겠다. 투자 이론을 알면 돈을 많이 벌 수 있을까. 또는 금융공학에서 구해야 할까. 오늘날 주식투자의 성공담과 실패담, 투자의 개념들이 이미 많이 축적되어 있다. 가치주 투자 스타일의 벤자민 그레이엄, 워렌 버핏, 필립 피셔. 성장주 투자 스타일의 윌리엄 오닐. 기술적 분석과 트레이딩 기법의 전설인 조셉 그랜빌, 제시 리버모어. 하지만 워렌 버핏, 피셔를 제외한 다른 이들의 투자 성적과 그 끝은 좋지 않았다. 사실상 워렌 버핏 또한 기술주 장세에서 소외돼 퇴출될 수도 있었지만 운 좋게 그 위기를 벗어났다고 보여진다. 어쨌든 언급하기도 조심스러운 사실은 투자의 대가라고 불린 사람들도 시장에서 결국 도태되었다는 것이다.

투자는 결코 쉽지 않다. 어떤 책의 제목처럼 목숨을 걸고 투자해야 하는 것일지도 모르겠다. 투자의 성공에도 불굴의 의지가 필요하다. 복잡한 수식은 필요 없다. 지난 10여년 간 여러 시도를 해보고 경험해보니 필자는 다음과 같은 명제를 얻을 수 있었다: 복잡함은 오히려 투자에 독이다. 실전에서 요구되는 검법은 결코 현란하지 않다. 금융공학이 투자자에게 주는 미덕이 있다면 그것은 단일한 투자 모델의 제공이다. 코에 걸면 코걸이 귀에 걸면 귀걸이. 이런 식의 접근법은 피해야 한다. 여러분들이 실행하는 많은 차트 분석이 이런 식으로 이루어지면 그것은 완전히 잘못된 분석을 하고 있는 것이다. 실전에서 하나도 써먹지 못한다. 여러분들은 애널리스트들의 기업보고서를 본 적이 있을 것이다. 애널리스트들이 추정하는 목표주가의 도출은 다음 형식을 벗어나지 않는다. 추정치에 임의의 가중치를 곱하거나 나누어서 적당한 기간 동안 더한다. 이 또한 코에 걸면 코걸이 귀에 걸면 귀걸이이다. 물론 계량적 애널리스트들은 차트 분석가들보다 살짝 합리적이어서 더블 스탠다드를 대놓고 드러내지는 않지만 아무 의미 없음은 매한가지 이다. 결국 여러분이 운이 아주 좋다면 모를까 운이 나쁘면 잘못 걸려도 한참 잘못 걸릴 것이다. 애널리스트 보고서의 유용성은 다음과 같다. 얼마나 혹 하게 섹시하게 글을 잘 썼는가. 펀드 매니저들이 이들의 PT를 보고 '음 괜찮네 자네 생각이 맞아 맞아' 하면서 컨빅션 바잉을 하면 예언이 사실이 된다. 그러면 기관 매수에 힘입어 주가가 뜰 수 있다.

투자가 결코 쉽지 않음은 당연한 말이다. 그러나 이 책의 결론은 그렇지 않다. 왜 이런 결론을 비약적으로 낼 수 있는지 근거를 제시하겠다. 우선 시장을 의인화 하면 미스터 마켓은 매우 강력하고 스마트하다. 늘 그렇다면 믿고 따르며 나의 주군으로 모시겠다. 하지만 또한 변덕스럽다. 아무리 그를 추종해도 언제 나를 버릴지 모른다. 미스터 마켓의 간교함이 그 공포의 실체이다. 이런 자를 어떻게 따라가야 하는가. 따라가거나 떠나거나 둘 중 하나이다. 절대 맞설 수 없다. 맞서는 순간 죽음이다. 시장에 맞서지 말라. 이는 주식 시장에서 진리이다. 게임의 법칙이 이미 나왔다. 따라가거나 떠나거나. 즉 동전 던지기 게임과 같은 룰이다. 동전은 사물이지만 시장은 군중의 특성 또한 갖고 있다. 그래서인지 주식시장은 T분포의 특성을 가지고 있다. 동전 던지기는 정규분포를 따른다. T 분포와 정규분포는 당연히 다른 기댓값을 가지고 있지만 수학적 엄밀성은 여기서 배제한다. (T 분포에 대해서는 본문에서 간략하게 설명할 것이다.) 어쨌든 주식시장에서 우리는 동전 던지기와 비슷한 게임을 진행할 수 있다. 즉 주식투자라는 어려운 게임을 어쨌든 확률 1/2의 게임으로 치환할 수 있다. 필자는 이런 관점을 본 서에서 일부 할애하여 설명하고 그에 따른 대응 방법을 자연스럽게 정립 이를 소개해 보겠다.

본 서는 매우 간단하고도 형식적인 기술적 분석을 소개하고 있다. 소개되는 보조지표와 캔들 분석, 패턴 분석은 각각의 의미가 있다. 그러나 모든 보조지표는 한계가 있으며 그에 대한 설명도 할 것이다. 보조지표의 분류는 크게 추세, 싸이클, 변동성으로 나뉜다. 매우 간단한 지표 소개가 될 테니 독자들은 결코 부담가질 필요가 없다. 아울러 거래량을 이용해 1/2 확률 게임에 근접하게 게인하는 방법에 대해 설명할 때는 호불호가 갈릴 수 있음을 밝혀 둔다. 필자가 직접 거래하는 방식이기 때문이다.

손절매는 어렵다. 이 말을 이해한다면 여러분은 주식 투자를 이미 해보신 분들이다. 손절을 어렵게 하는 이유는 단 한가지이다. 복잡한 투자법에 매몰되어 있기 때문이다. 다시 반복하지만 투자에서 복잡함은 오히려 무거운 짐이다. 필자가 증권사에서 행했던 매크로 분석은 낙타의 정신에 가까움을 분명히 한다. 그것은 어려운 사막 횡단에 가까웠다. 결코 복잡해지지 말 것을 권유한다. 단순한 모델일수록 실행과 보완이 용이하다. 당연히 이 모델을 따르면 손절매도 쉽다.

주식 투자를 할 때 수많은 사람들이 말릴 수 있다. 주식투자에서 성공하려면 수많은 시장 경험과 시행착오가 있어야 하기 때문에 여러분을 말리는 것이다. 그 또한 주식투자의 어려움을 반증하는 것이다. 7-8여 년 전 이런 글을 읽은 적이 있다. 에드 세이코타의 명언이다. "모든 사람은 승리하든 패배하든 시장에서 자신이 원하는 것을 얻는다." 그 때는 이해할 수 없는 문장이었다. 하지만 이제는 그 의미를 알 것 같다. 자신이 진정 이익을 얻고 싶은지 진지하게 숙고하길 바란다. 당신이 진정으로 수익에 집중하고 수익을 원한다면 바로 그 수익을 얻는 곳이 시장이며 스릴을 얻기 위해 들어섰다고 해서 그 스릴을 얻지 못할 곳도 아니다. 이 설명이 뜻하는 바가 얼마나 그로테스크한지 여러분도 동감할 것이다.

2017년 여름은 강세장이다. 동어반복 같지만 글로벌 경기 호황과 인플레이션 구간에 있다. 오랜 저금리에 따른 풍부한 유동성과 채권운용의 듀레이션이 짧아짐에 따라 주식시장으로 자금이 밀려오니 자산배분 환경 또한 우호적이다. 그러나 겨울이 오면 어찌 될지는 모른다. 하지만 강세장이 끝난 뒤 시장에서 어떤 이야기가 오고 갈지는 너무도 뻔하다.

본 서는 다음과 같은 내용을 1부에 담고 있다. 1부를 통해 시장의 전반적 특징과 현대투자론에서 빠짐없이 등장하는 자산 배분을 다룬다. 그리고 탑 다운 분석의 개략적 방법과 필요한 사이트를 소개하겠다. 독자 여러분 스스로 거시지표의 흐름을 찾아볼 수 있을 것이다. 또한 주도주만 남기는 방법을 기계적 방법으로 수행하는 방법을 소개하며 트레이딩 기법의 하나를 보여주고자 한다. 마지막으로 자금 관리 기법인 켈리 베팅법에 대하여 소개하고 확률적으로 투자하는 방법을 소개한다.

2부에서는 기술적 분석 방법들을 간단히 소개하고 거래량과 방향성에 대해 개인적 경험을 녹여 논해보고자 한다.

본 도서의 단 한 문장이라도 독자 여러분의 인식의 힘을 증진시켰다면 저에게 보람일 것입니다. 출판의 기회를 준 더로드 출판사에 감사의 말씀을 전합니다. 시장에 대한 어두운 면도 함께 담아내고 있음에도 오히려 그 점이 독자들에게 진솔하게 다가갈 수 있다고 믿어주셨습니다. 이 지면을 통해 부모님과 처, 어린 딸에게 깊은 사랑의 마음을 전합니다. 그리고 매일 한 시간씩 통화를 하며 용기를 준 Mr. Koo 그리고 고수와의 인터뷰에 응해주신 JSH에게 감사드립니다.

2017년 가을 신월동 사무실에서 정 승 환

Content

1

투기 시장에서
살아남는 법

주식 시장의 특징

주식 거래를 앞서 주식 시장만의 고유한 특징을 살펴보고자 한다. 크게 투자와 투기적 특징으로 나눌 수 있다. 투자 측면에서는 주식의 기대 수익률, 다른 자산군과의 비교, 효율적 시장 가설, 통계적 특징을 알아보고, 투기 측면에서는 군중심리와 트레이딩을 살펴 볼 것이다. 주식 시장은 배당 수익과 무상증자 등이 있어 제로섬 시장이 아니며 거래 만기 (거래 종료 계약)가 따로 없지만 트레이딩 영역에서는 배당률 및 타임 프레임이라는 개념을 끌고 들어와 만기가 있는 시장으로 변한다. 관념적으로 시장 분할을 상정하고 있다.

주식에서 수익률이란

주식은 채권이나 예금과 달리 정해진 수익률이 없다. 따라서 기대수익률이란 개념이 필요하다. 입지 (토지가격 변화)와 임대료 변동 가능성, 감가상각이 있는 수익형 부동산에서도 기대수익률이란 용어를 사용한다. 기대수익률은 위험자산의 '수익 분포'로 해석할 수 있겠다.

주식의 기대수익률은 현금 배당에 기초한다. 이 부분 역시 수익형 부동산과 같다고 이해하면 편할 것이다. 연간 (미래) 현금 흐름을 현재가치로 환산하여 합산하고 취득가격으로 나눈 값이다. E/P (E: earnings 이익, P: price 주가)이며 이의 역수 즉 P/E를 PER이라고 따로 부른다. 2017년 8월 삼성전자 (235 만원의 PER은 17.2배 수준인데 이의 역수인 5.8%가 삼성전자의 기대수익률이다.[1] PER은 예상 실적 (consensus)을 분자로 한 추정 값이며 실적 악화시 PER이 커져 기대수익률은 떨어질 수 있고 반대로 커질 수도 있다.

 보통 시장 PER을 따질 때는 12개월 선행 PER을 사용한다. 여기서 쓰인 수치도 12개월 선행 PER이다. 2분기 실적을 바탕으로 내년 2분기 실적 및 예상 현금 흐름을 추정한 값이다. 만약 분자에 해당하는 실적이 과대 계상됐다면 다시 말해 내년 실적이 안 좋을 것으로 컨센서스가 바뀐다면 PER 또한 현재 수치인 17.2 보다 커지며 기대수익률은 떨어진다. 따라서 PER을 통한 투자 계획 수립은 권하지 않는다.

참고로 예상 실적 (컨센서스)이 분자를 구성한다면 분모는 현재 주가지수이다. 컨센서스가 변하지 않더라도 위험 자산에 대한 수익률 선호 (Risk on)로 인해서 주가 (P값)가 상승하고 PER이 올라갈 수 있다. 이때 멀티플 (multiple)이 상승했다고 말한다.[2]

 P = PER × E 이며 E는 상수, PER을 위험 가중치로 해석
한편 기업의 현금 흐름을 장기적으로 예측하기 힘들거나 전체 시장의 기대수익률을 추정할 때는 분배국민소득을 이용한다. 한 나라의 명목 GDP와 기업들의 이익증가율은 거의 같다고 봐도 무방하다. 이때, 국가의 잠재 성장률과 인플레이션과 배당수익률을 모두 합치면 해당 국가의 주식 시장 수익률이 나온다. 주식은 현물이므로 주식 투자가 인플레이션 헷지, 즉 구매력 보존 수단으로 설명되는 이유가 여기에 있다.

⋯⋯（ KOSPI와 다른 자산군 (자산 집단) 비교

주식은 채권과 같이 약정된 수익을 제공하지 않으므로 불확실성이라는 리스크가 있다. 뿐만 아니라 주식 1주의 가격의 변동성도 크기 때문에 가격 변동 리스크도 있다. 주주로서 투자 성과를 공유할 수 있지만 부담해야 할 리스크 대비 수익이 작다면 좋은 투자처라 할 수 없다. 효율적 프론티어 라인 위에서 동일한 리스크에서는 높은 수익을 주는 자산이 더 좋으며 동일한 수익을 준다면 더 낮은 리스크를 안고 있어야 한다. 한국 주식시장은 타 자산군 대비하여 낮은 리스크 높은 수익률을 주었을까 아니면 반대일까 알아보자.

다음은 노근환 애널리스트가 분석한 한국 주식시장의 역사적 수익률이다. 이 표를 보면 1986년 12월을 100으로 했을 때 2014년 12월 코스피는 703, 서울 아파트 가격지수 (SAPI)는 467이다. 동 기간 주식가격은 7배, 서울 아파트는 5배 정도 올랐다. 이것은 매매차익만을 고려한 지표이다. 그런데 매매차익 외 주식의 경우 배당금과 아파트 (부동산)를 보유함으로써 얻은 임대소득 또는 자가일 경우 주거비용의 감소를 고려했을 때 두 자산의 총 수익률은 주식 매매자로서 실망감을 안겨준다. 코스피 총 수익률은 8.9%, 서울의 아파트는 11.7%이다. 코스피 총 수익률은 심지어 안전자산이라 할 수 있는 국고채 9.4%에도 미치지 못하는 결과를 얻을 수 있다. 동 보고서에서는 상대적 고금리 환경과 부동산 가격이 폭등하는 시장 환경으로서 주식 총수익률이 낮아진 현상을 설명하고 있다. 이외 자산배분 전략과 장기투자 선호에 대한 이해부족, 낮은 배당성향, 기업문화도 이 현상의 원인이 된다 말하고 있다.

KOSPI와 서울 아파트 가격지수 (1986.12.31 = 100)

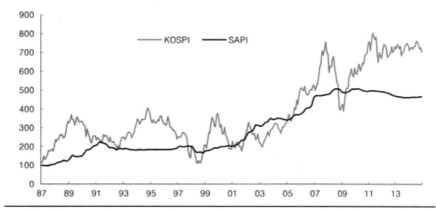

자료: KB국민은행, 한국투자증권

자료출처: 한국투자증권

한국의 자산별 수익률 (1986–2014년 연평균, total return)

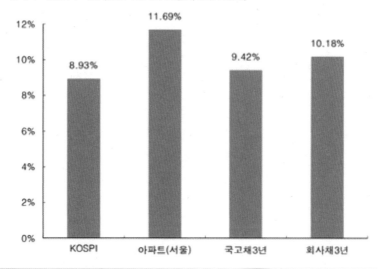

자료: 한국은행, **KB**국민은행, 한국투자증권

필자 또한 주도 업종 선정 및 해외 자산배분 활동을 통해 시장 평균수익과 한국 주식 시장의 한계를 극복할 수 있다는 점을 피력하고 싶다. 아래 표와 같이 중기적으로 주도 업종을 선정에 투자를 집중하고 국가별 우위 산업의 선정에 대한 노력이 동반되어야 한다. 주식 시장의 훌륭한 격언이 있는 데 바로 공짜 점심은 없다는 것이다. 2000년 초반부터 2007년의 주도업종은 조선과 철강이었고, 2008년 금융위기 이후 2009년부터 2013년까지 주도 업종은 자동차와 화학이었으며 2014, 2015년의 주도 업종은 화장품 음식료를 포함한 소비재였다. 2016 주도 업종은 화학과 전기전자였고. 2017년 현재 주도 업종은 전기전자와 의약품이다. 주도주의 선정과 추세에 동참하는 투자 방법은 뒤에 설명할 것이다. 해외 주식에 대한 자산 배분활동도 권장할 만하다. 참고로, 해외 주식투자는 이익이 날 경우 양도세가 20% 부과되고 현지 통화로 거래하기 때문에 환차손이 발생할 수 있다.

주도 업종 갈아타기 개념도

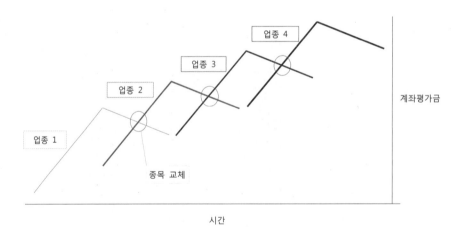

업종 순위 비교

업종명	시작일		종료일		상승률(%)▼
	거래대금(억)	비중(%)	거래대금(억)	비중(%)	
☐ 의료정밀	9,441	0.07	18,909	0.12	100.28
☐ 금융업	1,639,210	12.47	3,091,321	20.02	88.59
☑ 증권	184,140	1.40	250,541	1.62	36.06
☑ 전기전자	3,616,662	27.50	4,594,874	29.76	27.05
☑ 은행	172,821	1.31	218,413	1.41	26.38
☑ 의약품	343,599	2.61	424,095	2.75	23.43
☑ 운수창고	189,945	1.44	225,895	1.46	18.93
☐ 대형주	10,155,008	77.22	12,059,959	78.11	18.76
☐ KOSPI 100	10,224,666	77.75	12,114,259	78.46	18.48
☐ KOSPI 50	8,759,037	66.61	10,333,458	66.93	17.97

✓ KOSPI KOSDAQ 분석기준 시가총액 ▼ 기간 2016/12/26 ~ 2017/08/24 조회

증권 시장의 가설들

레포트에서 확인했다시피 우리 주식 시장은 수익률 대비 리스크가 다른 자산군 대비 높았음을 확인할 수 있었다. 이번 절에서는 증권 시장에 내재된 위험이 생각보다 클 수 있음을 살펴볼 것이다.

효율적 시장 가설 (EMH, Efficient Market Hypothesis)은 시장의 모든 정보가 실시간으로 정확하고 충분히 증권 가격에 반영되어 있다는 재무학 이론이다. 1965년 유진 파마가 발표한 이론으로 고전 경제학처럼 증권시장 참여자들은 이익을 극대화하기 위해 행동하는 합리적 존재자임을 전제한다. 모든 참여자들은 미래 주가를 예측하고자 경쟁하며 시장의 모든 정보는 모든 참여자에게 이용된다고 정의한

다. 즉 모든 투자자는 위험자산에 대해서 동일한 기대수익률과 기대수익률의 편차를 공유하며 이때의 기대수익과 위험을 고려하여 포트폴리오를 선택한다고 가정을 한다. 이러한 완전 시장의 전제로부터 포트폴리오 이론이 발전하였다.

EMH 이전의 재무론 성과를 살펴보면, 1952년 마코위츠는 상관계수가 낮은 주식들의 결합으로 위험 대비 보상이 극대화되는 포트폴리오의 집합 (효율적 투자선)을 소개했다. 개인의 효용 함수 (위험 선호도)와 효율적 투자선에 위치한 포트폴리오의 접점에서 최적의 포트폴리오가 유도된다. 1958년, 토빈은 마코위츠의 모델을 발전시켜, 위험자산과 무위험자산을 결합한 새로운 포트폴리오를 제안한다. 이 포트폴리오의 기대수익률은 위험자산의 비중에 정비례하며 기울기의 크기는 위험보상 비율을 의미한다. 이 선을 자본 배분선 (CAL)이라 부른다. [그림 1] 토빈의 정리는 위험의 시장가격 또는 프리미엄이라는 개념을 제공하고 재무적 의사결정은, 투자자의 개인적 효용 함수 또는 위험 선호도와 관계없이, 시장에서 결정되는 위험의 시장가격만을 고려하면 된다는 결론을 가져온다. 개인의 위험 선호도는 무위험자산과 위험자산의 비중에 영향을 미칠 뿐이다 (토빈의 분리 정리). 그런데 토빈의 자본 배분선을 이용해서 역으로 개별주식의 적정 수익률과 위험을 산정하려고 보니 자본 배분선 상에 놓인, 상관관계가 1인, 극히 제한적인, 포트폴리오의 위험 프리미엄밖에 계산할 수밖에 없었다.

[그림1] 무위험자산과 결합한 자산의 표준편차와 기대수익

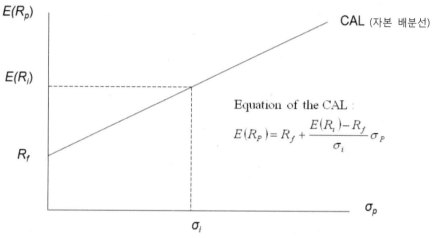

E(R_P) 무위험자산 포함된 포트폴리오의 기대수익률
R_f 무위험자산 수익률
σ_P 무위험자산 포함된 포트폴리오의 표준편차

이를 극복하기 위해 나온 모델이 CAPM (Capital Asset Pricing Model)이다. CAL이 기술하는 위험은 포트폴리오의 최소 총위험을 전제하는 데 반해 CAPM은 총위험을 시장 전체의 위험 (체계적 위험)과 개별 증권의 위험 (비체계적 위험)으로 구분하여 기술한다. 개별증권의 기대수익률은 시장 전체의 위험 수익률뿐 아니라 포트폴리오에 대한 개별증권 수익률의 상대적 민감도 (기여도)에 비례하는 모습을 보여준다. [그림 2]에서 비례 관계를 보여주는 선을 SML (증권시장선, CAPM 모델 내 선형함수)이라 부르고 시장에 대한 개별증권 수익률의 기여도가 높을수록 포트폴리오의 기대수익률은 증가한다. 시장 전체를 복제한 증권이 있다면 이 증권의 민감도 또는 기여도는 1일 것이다. 이때 개별증권의 위험 기여도를 베타 계수로 표시하고 이 베타 계수는 '개별증권의 체계적 위험'을 의미한다. 즉 SML의 선형식은 개별증권의 위험 중에서 체계적 위험분을 가지고 개별증권의 균형수익률을 측정할 뿐만 아니라 CAL이 효율적 자산만 다룬 것과 달리 비효율적 자산 수익률까

지 설명할 수 있다. 그러므로 CAPM은 효율적 포트폴리오뿐 아니라 시장의 모든 자산에 대해 균형 가격 결정 모델을 제공한다. 이 모델은 증권가치평가에 이용될 뿐 아니라 가중평균자본비용을 추정하여 재무의사결정에 사용되며 펀드의 투자성과를 측정하는 지표로 사용되고 있다. CAPM은 1964년 윌리엄 샤프에 의해 개발되었으며 그는 이에 대한 공로로 1990년 노벨 경제학상을 수상했다.

[그림2] SML을 이용한 증권가격 산정 모델 (CAPM)

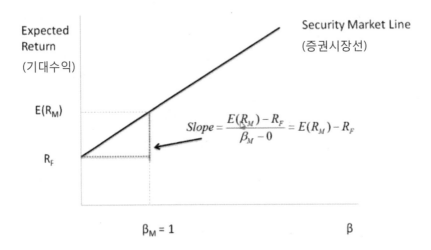

E(R$_M$) 주식시장의 기대 수익률
E(R) 포트폴리오 기대 수익률 (증권시장선상에 분포)
β$_M$ 주식시장의 위험
β 포트폴리오와 주식시장의 상관관계
R$_F$ 무위험 수익률

재무 모델의 발전 단계를 간단하게 살펴보았다. 이 모델들은 효율적 시장 가설 즉 모든 투자자들은 동시에 동일한 정보를 가지고 있으며 동일한 지배원리 하에 있다는 가정을 공유한다. 특히 CAPM에서 체계적 위험과 기대수익률은 선형관계에 놓여 있는데 다음 절에서도 소개되겠지만 이 같은 선형성은 군집현상을 배제한다.

그래야 이론이 성립되는 것이다. 위의 내용을 이해하는 것을 차치하고도 효율적 시장 가설을 비롯한 재무 모델들은 일종의 진공 상태를 가정하며 현실과의 결정적 차이를 이해하면 된다.

사실 정보의 비대칭성 즉 정보를 선점하는 측과 그렇지 못한 측이 분명히 있다는 것도 엄연한 사실이거니와 같은 정보 또는 뉴스를 접하고도 이에 대한 해석이 다를 수 있다. 또한 주식시장에 영향을 주는 여러 정보가 동시에 있을 때 정보 각각에 시장참여자의 이해와 가중치가 다를 수 있다. 예를 들어 외국인의 매수세와 환율 등락, 원자재 가격의 변화, 기준금리의 변화 등 각 투자자마다 각기 다른 판단으로 매수와 매도의사를 결정하게 되는 것이다. 어떤 이는 A라는 뉴스에 주목하고 다른 이는 B라는 뉴스에 주목하며 의사 결정을 내리며 당장 누가 옳은지 그른지 판단하기 힘든 것이 사실이다. 이는 투자자들의 기간별 투자목표가 다르기에 나타나기도 한다. 데이 트레이딩을 하는 투자자와 국민연금처럼 장기 투자를 하는 기관의 판단이 다를 수밖에 없다. 즉 투자자 기대의 동질성을 가정은 CAPM 모델의 비현실적 단면을 말해준다.

CAPM에 베타라고 하는 개별 증권의 민감도라는 핵심 개념이 있는데, 이 베타는 과거 데이터를 바탕으로 계산하여 이를 정적 데이터 즉 미래에도 동일할 것이라 가정하고 계산을 하기 때문에 오류가 발생할 수밖에 없다. 사실 이러한 가정 또한 투자자의 위험 인식이 변하지 않을 것이라는 투자자의 동일 기대 가설과 맞닿아 있는 것이다. CAPM 등 재무론은 증권의 적정 가치 혹은 내재 가치를 산정하여 과학적 의사결정의 토대가 되는 것은 부정할 수 없으나 때로는 그 예측치를 크게 벗어나는 경우가 많아 매우 제한적으로 운용할 수밖에 없는 것이다. 즉 제한된 기간 동안, 상대적으로 짧은 시간 동안 차익 거래 형식으로 운용하거나 아주 긴 기간 동안 운용함으로써 적정 가치에 수렴하거나 이를 상회할 때까지 보유하는 식으로 운용하는 실정이다.

CAPM의 결정적 약점은 증권의 기대수익 (가격 상승분)에 대한 유일한 요소를 고정적 위험(베타)으로만 보고 있다는 데 있다. 양의 되먹임과 정규분포 편에서도 논하겠지만 위험 자체 (편차)가 고정적이지 않고 주기를 가지며 증폭될 수 있다.

·····(양의 되먹임 (positive feedback)

효율적 시장 가설은 평형 또는 균형 (symmetry 대칭) 으로 돌아가려는 소위 열평형 현상과 관련이 되어 있다. 이것은 우주를 정적으로 환원하여 이해하고자 하는 인식론적 시도 및 자연 상태 또는 운동의 평균적 상태라는 개념은 수학적 사고와도 결부되어 있다. 이러한 믿음과 인식은 안정감을 주고 또 예측 가능성이란 과학의 목표와 부합한다. 일반적 상태에서 평형 상태는 음의 되먹임 (negative feedback)에 기초한다. 변화에 대해 제자리로 돌아오게 만드는 작용이 음의 되먹임이다. 반면 양의 되먹임은 순환이 반복될수록 출력값을 증폭시키는 작용을 한다. 양의 되먹임, 음의 되먹임은 기후학에서 정립된 개념인데 양의 되먹임을 통해 허리케인이나 돌풍, 지구온난화 같은 현상을 설명한다. 되먹임 현상은 자연계에서 관찰될 뿐 아니라 박수를 치는 청중들 사이에서도 일어난다. 박수를 치다 자연스럽게 박수를 멈추는 과정을 피드백으로 설명할 수 있을 것이다. 2010년 5월 6일 미국 주가지수가 4분만에 3%가 하락하는 일이 발생했는데 후에 이를 두고 플래쉬 크래쉬 (flash crash 순간적 붕괴)라 불렀다. 미국 증권 거래 위원회는 분석 결과, 워델 앤 리드라는 투자회사의 S&P 지수 선물 매도에서 시작된 것으로 보고했지만 사실 워델 앤 리드사 또한 시장의 하락에 로스컷 (손절매성 주문)을 컴퓨터로 자동 실행한 것뿐이다.[1] 모래더미가 한 알의 모래에서 무너진다고 볼 수 없지만 한번 무너지기 시작하면 7부 능선 위의 모래더미는 한순간에 내려앉고 마는 것이다.

▲[1] 마크 뷰캐넌 〈내일의 경제〉 증권보고서 재인용
현재 금융 시장은 평형 상태를 가정한 수많은 자동 매매 프로그램들이 경쟁하고 있다. 세부사항은 다르지만 거의 같은 알고리즘을 공유한다고 봐

도 무방하다. 경제와 시장이 안정되어 있다는 가정으로는 시장의 본질을 제대로 보지 못할 것이다. 플래쉬 크래쉬 이후 시장은 몇 분만에 회복을 했고 워델 앤 리드가 파산을 한 것도 아니지만 갑작스러운 시장 붕괴 속에 레버리지를 쓰는 투자자들은 그대로 쓰러질 수도 있을 것이다. 이것은 단순히 비정상의 사태가 아니라 시장은 액면 그대로 위험을 통제하는 측면에서 보면 효율적이지 않다는 것을 의미한다. 그러므로 시장의 현실은 불안전성을 내재하는 준안정성의 시장[2] 정도가 될 것이다.

효율적 시장가설은 1월 효과 (1월에 주가가 강세를 보이는 현상)나, 저 PER 효과와 같은 현상을 이례적 현상 (이상현상)으로 보는 강형 효율적 시장가설 (strong form EMH)과 이례적 현상을 일부 인정하는 준강형 효율적 시장가설 (semi-strong form EMH)로 나뉜다.

·····◖ 시장은 정규분포를 따르지 않는다

시험 성적별로 몇 명이 모여 있는지 분포표를 만들면 보통 평균을 중심으로 몰려 있고 고득점자 혹은 저득점자로 갈수록 그 수가 줄어든다. 아래 그림처럼 종형 분포를 그리는데 독립적 사건들의 집합 대부분이 이 분포를 따른다 해서 정규분포라 부른다. 이 분포의 중심 즉 평균을 중심으로 떨어져 있는 정도를 편차라 부르며 편차의 평균을 최소제곱법으로 구한 값을 표준편차라 한다.

표준정규분포와 확률

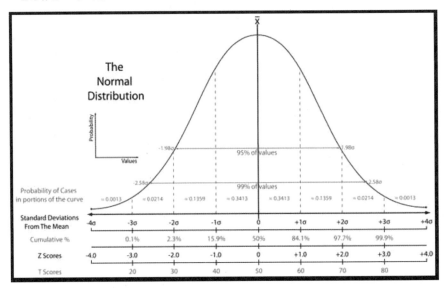

표준편차는 중심 평균으로부터 떨어진 정도를 측정한다. 50점이 평균이고 표준편차가 5이면 45점과 55점은 1×표준편차만큼 떨어진 점수이며 40점과 60점은 2×표준편차만큼 떨어진 점수이다. 참고로 표준편차를 그리스 문자로 시그마(σ)로 표시한다. 아래 그림은 표준편차의 한배 (1σ), 두배(2σ), 세배(3σ) 이내에 있는 분포를 의미한다. 위의 예에서 0점부터 55점을 받은 학생의 수는 84.1%를 차지하며 45점부터 55점 사이 (±1σ)의 학생 비율은 64.2%를 차지함을 보여준다. 또 95.4%의 학생이 40점부터 60점 사이 (±2σ)에 분포함을 보여준다. 또한 60점 이상 받은 학생은 전체의 2.3% 밖에 차지하지 않는다.

일반적으로 2σ (시그마) 경우 정규분포상 2.3% 이하의 확률로 발생한다. 주가가 상승하거나 하락할 경우로 나누면 하락률이 −2σ 경우는 2.3 % 이하의 빈도를 보여야 한다. 실제로 어떤 모습인지 조사해 보았다. 최근 1년 간 코스피의 월간 표준편차는 2.0% 수준인데, 4.0% 이상 하락하는 달이 나오는 경우는 정규분포에 의해 5년에 1 4회 또는 약 7년 동안 2번 일어나는 사건에 불과할 것으로 추론된다. 그러

------------------- 초보자를 위한 주식투자 실전교실 ------------------

나 이 기준으로 지난 17년간의 월간 하락률이 4.0% 일어나는 횟수는 43회에 달한다. 추론에 의하면 5회에 그쳐야 하는 것이다. 0.05%의 빈도로 발생하는 즉 166년간 1회 발생할 것으로 예상되는 -3σ의 경우 (6% 하락) 또한 지난 17년간 10회에 달했다. 문병로 교수가 조사한 바에 의하면[3] KOSPI의 전 종목의 주간 수익률을 조사해본 결과 최대 -12σ까지 나타났다고 한다. (-6σ 경우만 해도 2000만년에 한 번 일어나는 이벤트)

3 〈메트릭 스튜디오〉 문병로 저

이를 통해 알 수 있는 사실은 현실의 주가 움직임은 정규분포를 따르지 않는다는 것이다. 극단적인 경우가 정규분포 보다 더 빈번히 일어나는 것을 알 수 있는데, 우리는 이것을 팻 테일 (fat tail)이라고 부른다. 극단으로 갈수록 꼬리가 얇아져야 하는데 주식시장에서는 뚱뚱해진다는 것이다. 이 팻 테일 현상은 빈부격차를 설명할 때도 쓰인다. 이른바 파레토 법칙이라 하는데 소득분포의 상위 20%가 전체 부의 80%를 차지한다는 것이다. 이 꼬리 부분만 놓고 보면 극단값의 영역은 정상적인 (normal) 정규분포가 아닌 멱함수 (power law) 분포를 따름이 밝혀졌다. 양쪽 꼬리에서 멱함수 분포가 나타나는 원인은 레버리지와 효율성에 있을 것으로 본다.

S&P 500 수익률과 표준정규분포 비교

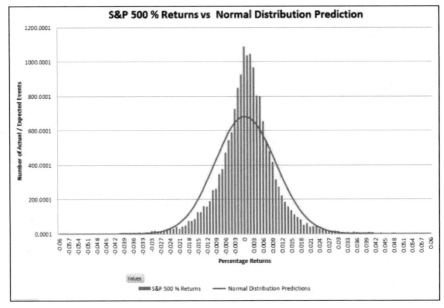

꼬리 부분의 파란 막대가 빨간 선보다 높음. 즉 극단적 상황의 실제 발생 빈도는 정규분포가 예측하는 확률보다 빈번하다. (팻 테일 현상)

    노말한 상태에서 소득분포는 축적 다시 말해 연차 등에 따른 덧셈 개념으로 증가한다면 부가 엄청나게 커진 상태에서 소득 증가는 운의 요소가 좌우함으로 해석할 수 있겠다. 여기서 운의 요소는 복권의 개념이 아닌 레버리지를 의미한다. 레버리지는 대차대조표에서 부채로 나타나지만 얼마든지 다른 형태로 구현될 수 있다. 예를 들어 종업원 고용 또한 레버리지의 효과를 기대하고 고용하는 것이다. 효율성 ─ 최소한의 노력으로 최대한의 효과 창출은 이 레버리지에서 창출된다. 참고로 우리의 언어 생활에도 나타나는데 자주 쓰는 단어의 빈도수도 이 멱함수를 따른다. 우리는 이미 한정된 단어 몇 개만 가지고도 충분히 의사 전달을 하고 있다.

멱급수 분포

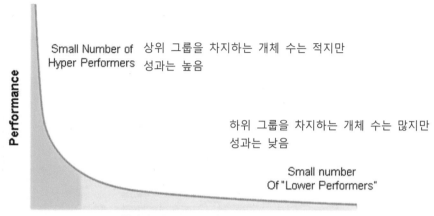

극단적 상황에서는 멱급수 분포를 따른다. 소득분포와 어휘분포는
긴 꼬리를 가짐.

아무튼 극단을 통제하거나 추측하는 기법이 없는 것은 아니다. 아래 그림은 T 분
포인데 정규분포 보다 팻 테일 함을 알 수 있고 주식 시장은 차라리 T 분포에 가깝
다고 알려져 있다. 주식시장에서 정규분포를 따르지 않는 이유는 증권의 가격변화
(시계열 분포)가 독립 사건이 아니라는 데 있다. 독립사건이 아니라는 뜻은 주기적
으로 첫 번째 신호가 두 번째 신호에 영향을 준다는 의미이다 (참고: 조건부 확률
과 자기회귀시계열모형). 큰 변동이 있고 난 일정 기간 뒤 시장은 이 변동에 영향
을 받은 후속 움직임이 있는데 이 모양은 마치 지진과 여진의 파동과 같다.

표준정규분포 (Z 분포)와 T 분포의 비교

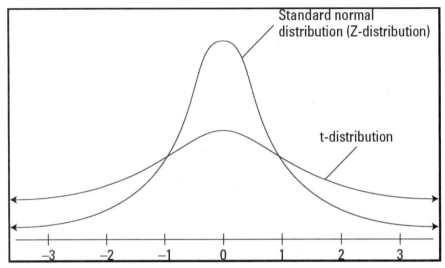

주가의 변화는 독립적이지 않다는 것은 앞서 설명했던 양의 되먹임과도 관련이 있으며 원치 않는 우발적 사태에 대비한 리스크 관리가 생각했던 것 이상 타이트해야 할 필요성을 시사한다.

행동경제학

행동경제학는 이러한 합리적 투자자의 가정에 반대하고 이에 따라 이론적인 증권시장 모델이 설명할 수 없는 다양한 현상을 설명하고자 시도한다. 행동경제학은 인간의 합리성이 의사 결정에 영향을 미치는 정도는 지극히 제한적이며 오히려 심리적 동기가 더 큰 영향을 미친다는 것을 말한다. 일반적으로 행동경제학이 주는 교훈은 타인의 실패를 교훈 삼아 나는 실패하지 말자에 가깝다. 이번 절에서는 행동경제학에서 밝히고 있는 군중의 약점을 살펴 볼 것이다.

A 손실회피 (손실 혐오)

증권시장에서는 투자 타이밍에 따라 같은 주식을 보유하지만 이익을 볼
수도 있고 손실을 볼 수도 있다. 동일 기대 하에서 투자자는 같은 행동을
해야 하지만 실제로 이익과 손실을 본 경우에 다른 의사결정을 내린다.
이때 밝혀진 인간의 대표적 성향이 손실회피 성향이다. 작은 손실 앞에서
투자자들은 위험선호적이 되며 이익이 커질수록 위험회피적이 된다. 그리
고 손실이 아주 커지게 되면 그 손실 크기에 비례해서 고통이 커지는 것
이 아니라 오히려 무감각해진다. 이 때문에 초기 손실에서 필요 이상의
리스크를 테이크하여 적절한 손절 타이밍을 놓칠뿐더러 정보에 편향적 반
응을 보인다. 편향적 반응이라 함은 리스크 요인에는 애써 무관심하고 나
에게 유리한 정보만을 취사 선별하는 행태를 말한다.

손실시 최초 반응은 민감하지만 갈수록 둔감해짐

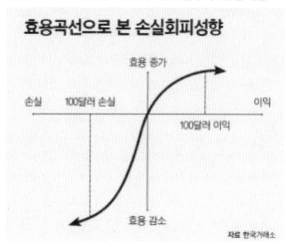

B 앵커 효과

앵커는 판단의 준거점이 되며 인간은 이를 과감히 벗어나는 행동을 잘 하지 못한다는 것이다. 예를 들어 A라는 제품의 가격이 한 개에 10,000원에 팔리고 있는데, 두 개에 15,000원 판다면 사람들은 두 개 묶음으로 파는 가격이 싸다고 느끼게 된다. 다음은 유명한 실험인데 어떤 가면을 보여주고 이 가면은 500명이 살고 있는 아프리카 부족이 만든 가면입니다. 가격이 얼마일까요 라고 물어본 경우와 똑같은 가면은 2000명이 살고 있는 아프리카 부족이 만든 가면이라고 한 뒤 가격을 물어보면, 500명이 살고 있는 부족이 만든 가면인 경우 사람들은 400 달러에서 700 달러 사이의 가격을 제시했고, 2000명이 살고 있는 부족이 만든 가면의 경우 2천 달러 심지어 4천 달러까지 추정했다는 것이다.

어떤 숫자가 제시되면 그 숫자가 기준선이 되어 그 보다 싸면 사람들은 싸다고 착각하고 비싸면 비싸다고 느끼는 것이다. 마케팅에서도 많이 사용될 뿐 아니라 주식 시장에서도 사람들은 이와 같은 방식으로 매수하고 매도를 한다는 것이다. 한 달 전 (비교적 단기간일수록 이 효과는 크다)에 5만원 하는 주식이 현재 4만원에 거래되고 있다면 사람들은 valuation의 변화를 따지기 이전에 가격이 싸다고 느끼며 편하게 매수를 하게 되는 것이다.

C 유사성 발견

보통 사람들은 굳이 많은 에너지를 소모하지 않고도 신속하게 판단을 내리고 의사 결정하는 경우가 많다. 이때 우리는 과거의 경험이나 습관을 통해 신속한 판단을 내리게끔 되어 있다. 심리학에서는 이런 추론이나 판단을 휴리스틱 (heuristic)이라고 부르는데, 즉흥적 판단의 범주라고 볼 수 있겠다. 우리 주변에서 혈액형별로 성격을 분류하고자 하는 노력들이 있는데 이 또한 쉽게 저 사람의 특징이나 성격을 규정하고자 하는 휴리스틱 또는 즉흥적 판단의 일환인 것이다. 또 같은 체구의 동양인과 흑인이 있을 내

흑인이 운동을 더 잘할 것이라 짐작하는 것도 이 같은 범주 판단에 속한다. 이러한 판단은 유사성 발견의 오류를 범할 가능성이 매우 높다. 그럼에도 불구하고 투자에 대한 의사결정을 내릴 때도 우리는 휴리스틱으로 판단하는데 특히 패턴의 반복성을 이용해 상승 전환과 하락 전환을 미리 맞추고자 노력한다. 사실 변곡점을 통과하기 이전까지 주가의 상승과 하락을 미리 맞추는 것은 거의 불가능에 가까움에도 불구하고 사후적 해석을 통해 패턴화 하고 있는 것이다—사실 변곡점을 지난 후 투자를 하는 것조차 훈련이 안된 투자자들이 대부분의 투자자라고 봐도 무방하다. 헤드 앤 숄더 또는 잉태형 등 패턴과 관련된 기술적 분석법이 있는데 잘못 사용되면 유사성 발견의 오류를 범할 가능성이 매우 높을 것이다.

D 비현실적 낙관주의

대다수 사람들은 자신을 평균 이상이라고 착각한다. 또는 행운은 나의 편이라고 믿어보는 경우가 많다. 당신의 외모 또는 실력을 묻는 설문 조사를 했을 때 90% 이상이 나는 평균 이상의 외모 또는 실력을 가지고 있어 라고 답했다고 한다. 사실 투자를 처음 시작할 때 자신의 능력과 한계를 벗어난 투자의 목표를 설정하는 경우가 많다. 자신의 자금력을 무시한 무리한 투자 또한 비현실적 낙관성의 결과일 것이다.

완전경쟁시장

증권 시장에 내재된 위험의 속성 및 심리적 부조화는 시장에서 수익을 내는 것이 녹록하지 않음을 보여준다. 심리적 그럼에도 불구하고 해 볼만 이유는 증권 시장이 완전경쟁시장이라는 데 있다. 주식 시장은 완전경쟁시장에 근접하는 기준을 지닌다. 하나의 중앙시장이 있고 동질의 상품이 거래되며 실시간으로 매수와 매도 거래가 체결되며 시장 가격에 영향을 미칠 수 없을 정도로 많은 거래자들이 있다. 그리고 공시를 통한 정보의 공개와 내부자 거래를 금지한다. 물론 정보의 우위, 증거금 제도의 차별, 발행시장의 존재 때문에 완전경쟁의 의미가 퇴색되는 것은 어쩔 수 없다 할 것이다. 모든 경쟁은 개인별 환경 조건에 구애 받지 않은 출발선의 평등을 추구하지만 그것을 보장하고 제도화 하는 것이 문제인 것과 같다고 보면 될 것이다. 자유시장에서 참여자가 모두 자유를 보장 받으려면 평등의 제도적 구현은 필수적이다. 관념적으로 인간이 자유롭다고 느끼려면 — 행동의 자유와 다르다 — 강자와 약자의 차이가 없거나 최소한으로 있어야 한다. 이 정도만 살펴보아도 이 문제의 해결이 쉽지 않음을 여러분은 잘 알 것이다.

그러나 필자는 개인 투자자가 막연히 느끼는 불리함이나 어려움은 깨줄 필요가 있다고 본다. 우선 완전경쟁시장의 특징 가운데 우리에게 필요한 핵심은 시장 참여자들이 모두 가격순응자라는 데 있다. 동일 상품을 거래시 공급자와 수요자 모두 시장에서 결정된 가격을 따른다는 것이다. 이것이 가능한 이유는 공급자와 수요자의 수가 아주 많다는 데 있다. 이 경우에 독단적으로 가격을 제시하는 것이 무의미해진다. 이 가격에 순응하지 못하는 공급자와 수요자는 시장에서 퇴출되어야 하는 것이다. 반면 독단적으로 가격 제시가 가능한 시장을 독과점 시장이라 부르고 정부는 이를 법으로 규제한다. 그리고 시장 참여자가 가격순응자가 될 수 있는 다른 설명은 거래 당사자가 상품의 가격뿐 아니라 가치 및 효용에 대해서 완전한 정보를 가지고 때문이다. 예를 들어, 만약 C라는 제품을 A 마트에서 10,000 원에 팔고 B 마트에서 11,000 원에 판다는 정보를 소비자가 알고 있다면 합리적 소비자는 B 마트에서 C라는 물건을 안사면 그만인 것이다. 여기서 C라는 제품은 A 마트와 B 마트에서 소비자에게 동질한 가치와 효용을 주고 있다. 그런데 입지 (소비자와 판매처와 거리)의 이유로 B 마트에서 제품 C가 거래된다면 소비자가 느끼는 효용이 다르기 때문이라고 해석 되고 B 마트는 A마트에 대해 가격경쟁력을 가지고 있다고 한다. 이러한 논리에 의해 완전경쟁시장에서 거래되는 모든 가격은 공정하다. 이제 주식시장에서 예를 들어 보면서 개인 투자자가 기관 투자자에 비해 일방적으로 불리하지 않음을 설명해 보겠다.

펀드 매니저와 개인투자자가 있다. 이 둘은 증권거래소라는 시장에서 주식을 사고 판다. 펀드 매니저는 100억을 가지고 있고 개인투자자는 1천만원을 가지고 있다. 이 둘중에 누가 유리한지 따져보고자 한다. 먼저 펀드 매니저는 펀드 약관을 무조건 따라야 한다. 약관에 따르면 주식형 펀드는 주식 편입 비중을 일반적으로 70% 이상 편입해야 한다. 그리고 자산총액의 10% 이상 동일종목을 매수할 수 없다. 그러므로 펀드매니저는 최소 70억의 주식을 무조선 매수해야 하고 편입비중의 제한 등으로 7개 이상의 종목을 선정해야 한다. 반면 개인투자자는 단 한주의 주식도 사야 할 의무가 없다. 기관은 투자 유니버스를 1차적으로 선정하고 이 가운데 실제로 편입할 종목을 선정하는데, 이때 투자 유니버스 내 종목은 100가지가 넘는다. 다시 말해 펀드 매니저는 100 개 이상의 종목에 대한 정보를 관리해야 한다. 반면 개인 투자자는 자신이 잘 알고 있는 소수의 종목만 관리하면 된다. 그러므로 관리해야 할 뉴스나 정보 측면에서 개인이 불리할 이유는 없다. 어떤 정보에 대해 고민하고 경험적 판단을 내릴 때 해석적 차이는 있지만 그것은 개개인의 차이이지 결코 기관 투자자가 질적으로 다른 정보를 선점할 수 없다. 오히려 해당 회사를 잘 아는 개인이 더 유리할 때가 많다. 그럴 수밖에 없다. 실제로 필자도 자동차 부품관련 회사에 관심을 가지고 고민할 때 그 회사에 다니는 지인에게 정보를 구했지 선배 직원에게 구한 적은 없다. 증권사에 있는 직원은 피상적인 정보만 많이 알고 있지 제품에 대한 정보, 출하의 규모, 차기 제품 계획 등 구체적이라 할 수 있는 정보는 늦을 수밖에 없다. 경험상 조금씩 많이 알고 있는 것은 실제 투자에서 전혀 도움이 되지 않는다. 펀드매니저가 더 좋은 정보를 알고 있다는 오해는 이제부터 버려야 할 것이다. 그들도 정보의 질적인 면에서 개인 투자자와 다를 바 없으며 동일한 출발선 위에 있다.

위에서 잠시 언급했던 발행시장 측면에서는 개인이 기관보다 정보 면에서도, 공정 가격 측면에서도 불리한 것은 맞다. 왜냐하면 기관이 발행에 앞서 해당 회사의 재무 및 사업 계획 면면을 알고 인수하기 때문이다. 물론 장외시장에서 주식이 거래되고 있을 때 장외시장 가격을 무시할 수는 없을 것이다. 결정적으로 증권의 공정 가격이 충분히 높아질 수 있는 상황에서 이를 공개하지 않고 내부자 위주로 증권 배정이 될 경우 소위 단물은 내부자가 다 빨아먹는 일도 종종 있다. 그러나 발행시장 내에서 일어나는 일은 우리로서 어찌할 바 없으니 논외가 되어야 한다. 펀드 매니저 가운데에서도 인맥이나 심지어 백그라운드가 없으면 시장을 월등히 아웃퍼폼하는 메짜닌 펀드 (전환사채 등)를 만들기 어렵다.

시장 분위기가 안 좋은 경우 개인투자자는 현금을 들고 관망할 수 있다. 그러나 펀드 매니저는 펀드에 돈이 들어오면 무조건 뭐라도 사야 한다. 그들도 직장인이기 때문에 일을 해야지 관망 따위는 할 수 없다. 관망을 할 수 있다는 것은 개인 투자자에게 훨씬 유리한 점으로 작용한다. 많은 개인 투자자들이 이것을 모르고 있을 뿐이다. 좋은 주식을 미리 발굴하고 매집해야 한다는 것도 기관 투자자들에게 필요한 일이지 개인 투자자는 결코 그럴 필요가 없다. 그 이유는 자금 규모 때문이다. 단기적이고 불충분한 수익률은 매도하는 과정에서 (시세조작 행위 없는 정상적인 매도: 만약 시세를 조작할 의도로 매수와 매도를 반복한다면 가격순응의 원칙에 위배되는 범법 행위) 그 수익률을 깎아 먹을 수밖에 없다. 전망이 좋을 것으로 보이는 회사에 투자가 이루어진 뒤 장기적이고 충분한 수익률을 거둬야 매도하는 과정에서 주가가 하락하더라도 적정 수익률을 거둘 수 있다. 2장에서 논하겠지만 펀드 투자의 성과는 대부분 자산배분 전략에서 나오는 것이지 액티브한 운용이 결코 아니다. 개인투자자의 흔한 잘못이 여기에 있는데 시장을 이겨보고자 자주 매매를 하는 것은 실증적 측면에서 잘못된 방법이며 투자에 있어 기간 (period) 개념 없이 단순 수익률을 보고 매매 (일반적 개인 투자자는 10~50% 이내에서 수익을 정리한다) 하는 것도 잘못된 방법이다. 필자의 경험상 추세는 생각보다 길게 간다.

완전경쟁시장에서 기관과 개인이 가지는 질적인 정보는 동일하다. 기관은 약관에 대한 의무 때문에 무조건 주식을 사야 한다. 개인의 자금 규모가 작다는 것 역시 결코 핸디캡이 아니다. 얼마든지 추세를 확인하고 매매에 임할 수 있기 때문이다. 반면 작은 자금 규모가 높은 회전율로 표출되는 것은 피해야 할 것이다. 그에 대한 통제 방법으로서 운용 목표를 정하고 운용 목표는 수익뿐 아니라 보유기간 역시 동시에 설정할 것을 권하는 것이다.

자기실현적 예언이 작동하는 시장

경기 지표 가운데 대단히 즉각적이고 유의미한 지표가 설문 지표이다. 설문 (survey)에 의한 경제심리지수를 작성하는데 대표적으로 기업을 대상으로 BSI (Business Survey Index)와 소비자를 대상으로 CSI (Consumer Survey Index)가 있다.[4] 생산이나 판매, 소비 지표는 자료를 모으는 시간 때문에 조사월과 발표 시점간 1~2개월의 시차가 생길 수밖에 없다. 반면 설문 지표는 PMI 지표 같은 경우에는 3주치만 가지고도 예비 지표를 발표할 수 있고 해당 월 지표를 1주일 이내 확인할 수 있는 것이 큰 장점이다. 물론 기업과 소비자의 실제의 생산과 소비 활동이 설문과 다르게 확인되는 오차가 있을 수 있지만 (사실 어떤 데이터도 전수조사가 아닌 이상 오차가 있음) 일반적으로 유의미하게 반영된다. 여기서 유의미하다는 의미는 동행지수와 선행지수와 상관관계가 매우 높다는 뜻이다. [그림 3] 심리 지표를 바탕으로 분석 및 전망이 가능하다. [그림 4] 여기서 알 수 있는 사실은 경기 주체들이 기대하는 대로 행동한다는 것이다.

기업경기실사지수 (BSI): 기업가의 현재 기업경영상황에 대한 판단과 향후 전망을 조사하여 경기 동향을 파악하고 경기를 전망하기 위하여 작성.
소비자동향지수 (CSI): 소비자의 경제상황에 대한 인식과 향후 소비지출전 망 등을 설문조사.
소비자심리지수 (CCSI, Composite Consumer Sentiment Index): CSI 개별항목 가운데 주요 개별항목 표준화 하여 합성한 지수로서 소비자의 경제에 대한 전반적인 인식을 종합적으로 판단하기 위하여 작성.
경제심리지수 (ESI, Economic Sentiment Index): BSI와 CSI 합성, 기업과 소비자 모두를 포함한 민간의 경제상황에 대한 심리를 종합적으로 파악하기 위하여 작성. 장기평균 100을 중심으로 대칭적으로 분포하도록 작성.
조사기관: 한국은행

[그림 3] PMI와 GDP 상관관계

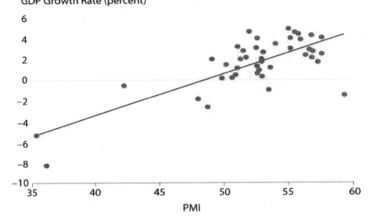

PMI (구매자 설문지표)와 GDP 비교

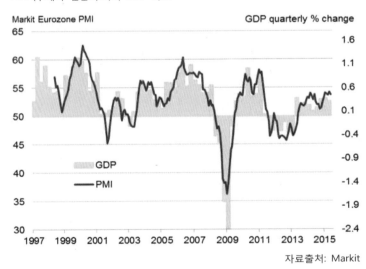

자료출처: Markit

[그림4] 소비자 기대심리와 GDP 비교 (미시간 대학교 조사, CSI)

자료출처: PFS Group

 앞선 절에서 논했다시피 모든 경기 주체들이 동일한 정보를 기반해 일관된 경기 기대값을 가질 수 없다. 경기 주체 각각이 접하는 기초 데이터와 환경이 다르며 이에 따른 판단과 기대가 다르게 나타난다. 또한 경기 주체는 서로 상호작용 하기 때문에 정보에 대한 반응 역시 수렴과 분산을 반복하는 패턴을 보인다. 즉 단순하게 표현해, 낙관적 판단 주체의 증감 혹은 비관적 판단 주체의 증감 양상이 존재하는 것이다.

 자기실현적 예언 (Self-fulfilling Prophecy)은 경기 주체들이 행동하기 때문에 경제가 예상한 방향으로 움직인다는 의미이다. 낙관적 경기 주체들이 많아지면 가격 상승 및 경제 활력이 증가하고 비관적 주체들이 많아지면 가격 하락 및 경제의 활력이 감소한다. 투자 모멘텀을 둘러싼 환경에는 미래를 낙관하게 하는 뉴스와 비관하게 하는 뉴스들이 충돌한다. 한국의 부동산을 예를 들어 설명하면, 공급 (입주 물량)이 증가, 대출 규제 강화, 우울한 고용 데이터는 비관적 뉴스이며 글로벌 메가 시티와 가격 비교, 국민 소득 대비 부동산 가격을 비교하는 수치는 낙관적 뉴스이다. [그림 5]

[그림 5] 소득 대비 주택가격 비율

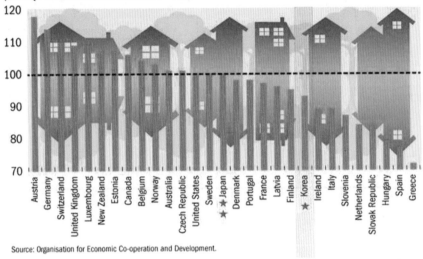

House Price-to-Income Ratio Around the World

House prices have grown faster than incomes in a number of countries.

(2015:Q1 or latest available index, 2010 = 100)

Source: Organisation for Economic Co-operation and Development.

다른 국가와 비교해 한국의 주택 가격이 소득 대비 저평가됐음을 보여준다.

시장에는 견해가 다른 많은 참여자들이 있으며 서로 상쇄되기도 하지만 우세한 그룹에 의한 '우세한 편견' 또한 존재한다. 우세한 의견이 어떻게 시장에 영향을 주고 확산되는지 보여주는 그래프가 바로 지수함수 (exponential function, y=ax) 이다. 이것은 추세가 강화되고 우선순위가 상승함에 따라 네트워크 (연결망)가 기하급수적으로 강화됨을 보여준다. 자기실현적 예언은 경제 주체들의 낙관적 혹은 비관적 편향의 점진적 확산이 거대한 움직임을 낳고 시장이 강하게 지배 받을 수 있음을 보여준다.

지수함수의 증가 양상

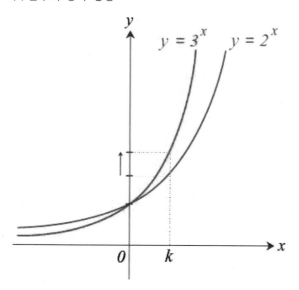

우세한 편견 또는 심리가 행동뿐 아니라 경제 전체에 영향을 미칠 수 있다는 설명의 배후에는 신용 제도가 있다. 금리는 자금의 기회비용과 할인율에 측정되는데 바로 투자 결심에 결정적 영향을 미친다. 경제 주체가 투자를 결정할 때 금리 수준은 매우 중요하다. 저금리일 때 투자 결정을 내린다고 말할 수 있다. 이를 일반화 하면, 실질금리가 잠재성장률 아래에 놓였을 때 실질 금융비용은 마이너스이다. 예를 들어 잠재성장률은 3%인데 대출 금리가 1%라면 금융비용은 -2% 즉 이미 2%의 투자 수익률이 기대되는 것이다. 최초에 저금리 환경이 조성됐는데도 투자가 많이 일어나지 않는 것은 잠재 성장률을 하락으로 돌아설 수 있음을 경계하는 것이다. 아무리 대출 금리가 1%여도 잠재성장률이 -1%이면 투자에 대한 리스크가 큰 것이다. 그러나 독자 여러분도 느꼈겠지만 잠재성장률 수치가 실제 투자 활동에서 그렇게 중요한가. 중요한 것은 투자처 발굴과 기대감이다. 보통 이 기대감을 투자자의 모험, 야성5) (animal spirits)이라 부른다. 잠재성장률이라는 수치보다 투자자의 긍정적 욕구가 절대적으로 중요하다.

투자에 대한 긍정적 욕구에 힘입어 대출이 활성화 된다. 흔히 기업은 자금 수요자이고 가계는 자금 공급자로 불리지만 투자 활동 측면에서 기업과 가계의 구분은 무의미하다. 부채의 규모에 의한 기업과 가계의 구분 역시 무의미하다고 본다. 일단 투자 분위기가 활성화 되면 대출과 투자에 수반되는 리스크가 감소하면 금융기관은 경쟁적으로 자금 수요자에게 가산금리를 낮추고 신용 기준을 낮추는 형태로 값싼 자금을 공급한다. 실제로 회사채의 가산금리가 역사적인 바닥에 도달할 때 대출이 폭발적으로 증가한다. 이른바 최악의 대출은 최고의 시기에 실행된다는 명제가 성립된다.[6] 자금수요자와 금융기관 간 신용순환에 의해 화폐의 승수 효과가 일어나며 시중 유동성은 풍부해진다. 대출을 매개로 한 신용 팽창 (대출 수요가 증가하는 과정)과 유동성이 경기에 미치는 절대적 영향을 고려해볼 때 경제 주체의 심리적 요인, 포괄적으로 말해 경제 주체의 심리적 신뢰도가 경제 전반에 미치는 영향력 또한 클 것이라 추론해볼 수 있다.

⑥ 〈투자에 대한 생각〉 하워드 막스
재귀이론 (theory of reflexivity)
재귀이론은 그 유명한 조지 소로스[7]에 의해 소개되었다. 영어로 reflexivity는 반사, 반성의 뜻을 가지고 있지만 소로스는 '자기암시'의 의미로 이 단어를 사용한다. 자기 실현적 예언이 심리가 실물에 미치는 일방향의 영향을 설명하고 있다면 재귀이론 (theory of reflexivity)은 심리와 실물이 서로 영향력을 주고 받는 양방향적 관계를 설명한다. 경제의 기초적 경향이 편향을 낳고 우세한 편향이 경제의 기본적 경향을 강화하거나 수정한다. 경제의 기초적 경향과 우세한 편향이 일치할 때 자기강화라 하고 반대 방향으로 진행될 때 자기 수정이라고 한다. 조지 소로스의 재귀이론은 자기 실현적 예언에서 더 나아가 다음 두 명제를 세운다.

1. 시장은 언제나 어느 한 방향으로 치우쳐 있다.
2. 시장은 시장이 예측한 사건에 영향을 미칠 수 있다.

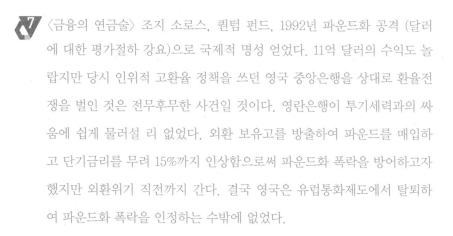

〈금융의 연금술〉 조지 소로스. 퀀텀 펀드. 1992년 파운드화 공격 (달러에 대한 평가절하 강요)으로 국제적 명성 얻었다. 11억 달러의 수익도 놀랍지만 당시 인위적 고환율 정책을 쓰던 영국 중앙은행을 상대로 환율전쟁을 벌인 것은 전무후무한 사건일 것이다. 영란은행이 투기세력과의 싸움에 쉽게 물러설 리 없었다. 외환 보유고를 방출하여 파운드를 매입하고 단기금리를 무려 15%까지 인상함으로써 파운드화 폭락을 방어하고자 했지만 외환위기 직전까지 간다. 결국 영국은 유럽통화제도에서 탈퇴하여 파운드화 폭락을 인정하는 수밖에 없었다.

시장은 언제나 어느 한 방향으로 치우쳐 있다는 것은 참여자들의 기본적 가치에 대한 지각에 결함이 있음을 전제한다. (필자가 보기에 두 번째 명제는 자기 실현적 예언과 차이가 없어 보임) 두 명제는 오류의 연속성이라는 극단적 경로를 가지는 동시에 주가가 회사의 기본가치를 반영하는 수동적 과정이 아닌 참여자의 능동적 참여를 강조한다. 본질 가치의 근본적 변화가 없거나 또는 별다른 투자 정보가 없을 때 편견은 노이즈에 지나지 않는다. 대조적으로, 본질 가치에 영향을 주는 사건이나 공시가 발표됐을 때 오류를 고려하지 않으면 심각한 왜곡에 빠질 수 있다 ― 경로 (path) 재평가. 예컨대 시장이 과도하게 급락했을 때 이 오류를 수정하는 반작용이 반드시 필요할 것이다. 그렇다고 이 반작용이 적정가치를 정확히 알고 있는 매수세라 볼 수는 없을 것이다. 시장이 과열됐을 때도 마찬가지이다.

투자자는 수많은 정보와 소음에 둘러싸여 있다. 어떤 데이터를 주목하느냐에 따라 투자 결정을 당장 할 수도 미뤄야 할 수도 있다. 어떤 데이터는 핵심지표가 되기도 하며 노이즈 (noise 소음)가 되기도 한다. 좋은 데이터란 주가지수와 상관도가 높으며 실제 경기 예측에 대한 설명력이 높은 데이터일 것이다. 그러나 100% 성공하는 투자는 이 세상에 없으며 100% 확신을 주는 데이터는 없다고 보면 된다. 늘 리스크와 기회 요인이 상존하는 것이다. 우세한 추세와 편견이 본격적인 추세를 만들어 낼 때 나타나는 군집현상을 마지막으로 살펴보고 2장에서는 간단하지만 파워풀한 몇 가지 경제지표를 소개하도록 하겠다.

⸻〔 군집현상과 추세

매수세가 붙은 주식 차트를 떠올리며 다음 글을 읽어보길 바란다. 시장 참여자들이 어느 특정 시점에서 목표주가를 공유하거나 출구전략을 시행하게 되면 그에 반하는 매도세나 매수세는 실종된다. 이런 경우를 일관된 경향 또는 모멘텀을 가지고 있다고 부른다. 즉 추세가 발생하는 것이다. 추세는 변동성 군집현상으로 쉽게 설명된다. 군집현상이 발생하면 단기적으로 자기 강화의 움직임을 보인다. 즉 매수세가 매수를 부르며 매도세는 매도를 부른다. 이를 심리학적으로 기술하면 인간행동의 동기는 모방에 있다는 것이다. (모방은 군중심리의 전염 현상과 긴밀히 관련되어 있다.)

주식 차트처럼 시간 순대로 정리한 데이터를 시계열 데이터라 하는데 모든 시계열 데이터는 불안정한 상태가 시작되면 그 충격이 단기적으로 지속되는 특성을 지닌다. 이때 표준오차는 선행값에 영향을 받기 때문에 단기적으로 예측 활동이 유효하다. 충격이 오래 지속되는 현상을 설명하기 위해 변동성 장기기억에 대한 연구도 있지만 필자와 이 책을 접하는 독자 수준을 벗어난다고 판단하여 배제한다. 간단히 언급만 하면 단기투자자와 중기 또는 장기 투자자의 행동에 영향을 주는 정보가 각각 다르다는 것이다. 예를 들어 북한의 도발과 같이 짧은 순간이지만 급등락을 하는 경우가 있는데 이러한 시세 변동의 원인은 각 투자자가 기억하는 변동성의 강도가 다르다는 데 있다. 또한 장기와 단기의 구체적 수치를 제시하는 것도 필자의 수준을 넘어서는 동시에 논란이 많은 부분이라 판단하여 변동성 군집현상은 단기적 현상으로 규정하고 제한하는 편이 적절하다.

거시지표에서 모멘텀 찾는 법

⸺ 추세를 이끄는 모멘텀과 모멘텀 투자

추세란 시장의 방향성이다. 주가는 기업의 실적 개선 또는 성장성 있는 사업을 영위와 미래 실적에 대한 기대감 (심리적 평가)이 복합적으로 작용하여 상승한다. 반대로 실적 악화 또는 산업의 하락 사이클과 시장 점유율 하락, 순이익에 대한 우려감에 의해 하락할 것이다. 기업 실적은 판매량, 금융비용, 자본재 투자, 원자재 가격 동향, 정부 정책, 재무적 건전성의 결과이며 이 정보들은 시장 참여자들에 의해 끊임없이 재평가 되며 가격에 반영된다. 참여자들의 재평가 활동은 단순하지 않다. 주가의 선행성과 투자자의 인지 차이 때문이다. 투자자마다 선호하는 현금흐름 (cash flow) 또는 투자 패턴이 있으며 이들을 단순하게 단기 또는 중장기 투자자로 구분해볼 수 있다. 기업에 입력되는 양적 그리고 질적 정보 가운데 단기 실적에 영향을 미치는 정보가 있고 장기적으로 영향을 미치는 정보가 있다. 또한 단기적으로 부정적인 정보가 장기적 관점에서 긍정적인 정보로 판명될 수 있다. 이러한 정보들을 기간별로 분할해 인지한다는 측면에서 기업 가치 평가가 달라지며 가격 경로 (path)가 결정된다.

주식 차트에서 단기 추세, 중장기 추세 패턴의 존재도 인지적으로 분할된 기간 구조에 영향을 받아 생긴다고 할 수 있을 것이다 — 이러한 설명은 역으로 투자자가 기간별 투자 목표를 정할 필요가 있음을 역설한다.

여러분이 효율적 시장론자(者)가 아니며 1장의 내용을 숙지했다면 가치 평가와 가격 경로의 두 구분에 이의가 없을 것이다. 필자의 기우일 수 있지만, 시장 모멘텀이란 개념은 가치 (value)와 완전히 다른데도 불구하고 이를 혼돈하여 서로 번갈아 가며 사용되어서는 안 된다. 주식 시장에서 가치는 상대적으로 측정된다. 이른바 상대적 가치 개념인데, 예를 들어 동일 업종 비슷한 규모의 다른 회사와 비교하거나 과거 동일 실적 추이 대비 심지어 청산가치 대비의 방식으로 가치를 측정한다. 이에 반해 주식 시장에서 모멘텀은 경로나 추세의 지속성과 관련된 정보만을 평가한다. 매도 기준과 대응도 다르다. value 투자자가 목표 가격에 도달했을 때 청산한다면 모멘텀 투자자는 추세가 약화되는 조짐이 보이면 청산할 것이다. 이때 추세는 타임 프레임 (time frame)에 따라 다르며 차트는 보통 여러 개의 추세선들 (단기 추세선, 중기 추세선, 장기 추세선)을 가진다. 물론 가치 투자에 있어서도 단기 목표가격 중기 장기 목표가격을 설정한다는 측면에서 분할된 기간 구조 가설은 힘을 얻는다. 시장의 등락 그리고 지지와 저항은 가치 투자와 모멘텀 투자간이 추구하는 서로 다른 전략에 기인한다고도 볼 수 있을 것이다. 가치 투자가 모종의 방향성을 상정하지 않는다는 의미는 아니다. 그러나 회사의 기본적인 판매 동향이나 수익성 개선은 모멘텀 투자가 말하는 주가의 국면 (형세)이나 추세 개념과는 완전히 다르다는 것이다. 또한 모멘텀 투자도 판매 동향이나 수익성 개선을 중요한 모멘텀으로 여기고 있다. 그러나 우호적 판매 동향에도 주가가 못 움직이고 있다면 모멘텀 투자자의 고려 대상이 될 수 없을 것이다.

모멘텀은 운동량, 가격의 경로, 방향성 분석을 추구한다면 밸류는 상대적 위치, 성과 비교를 추구한다. 단순 도식화 하면 모멘텀은 운동, 시간에 대응되고 밸류는 위치, 균형에 대응된다. 모멘텀 투자는 우선 추세에 대한 확증을 필요로 한다. 일반적으로 20일 이동평균선 위에서 주가가 움직이면 단기 추세를 인정하고 20일 이동 평균선과 60일 이동평균선이 정배열 (20일 이동평균선 주가가 60일 이동평균선 주가 보다 크다) 되어 있으면 중기 추세를 인정한다. 다음으로 추세를 형성하는 모멘텀에 대한 확인이 필요하다. 역시 단기와 중장기 time frame 별로 확인할 모멘텀 지표는 달라져야 한다. 단기 frame에서는 다음 분기 실적이 중요하며 장기 frame에서는 판매단가 및 판매량의 지속성이 중요할 것이다.

추세 판별 예시) 20일 이동평균선과 60일 이동평균선 비교 (KOSPI 2016.10~2017.05)

추세가 형성되면 투자 심리에도 중요한 변화가 생긴다. 모멘텀 투자는 시장 심리와 분위기 변화도 민감하게 고려한다. 보통 거래량을 동반하며 추세를 형성하면 주가에 지지선이 확보되며 그러므로 추세에 반대하는 것보다 그 추세가 연장될 가능성이 크다. 주가는 정배열 상태에 있으므로 이때 매수는 추격매수의 형태를 띨 것이다. 반대로 하락하는 주가는 저항선 돌파가 쉽지 않으며 역배열 되어 있다면 추격매도의 형태를 띨 것이다.

추세를 결정하는 동력에 따라 모멘텀 분류가 가능하다. 실적을 가진 추세라면 실적 모멘텀, 자사주 매입과 같은 수급 이슈를 가진 추세는 수급 모멘텀, 기업 인수합병 등의 이슈와 관련해 있으면 합병 이슈 모멘텀이라 부를 수도 있다. 심지어 윈도우 드레싱[8] 같은 캘린더 효과에도 계절적 모멘텀이 존재한다고 한다. 이 경우 주식 시장 내에서 모멘텀의 순환 양상이 생긴다. 단기 time frame에서 시장에 공급되는 한정된 자금 가운데 최적의 선택을 할 수밖에 없기 때문에 모멘텀 순환이 생길 수밖에 없다. 장기 time frame에서 보더라도 산업 순환 주기와 경기 변동에 따른 민감도 차이에 따라 모멘텀 순환이 발생한다. 이때 투자 전략을 상대 모멘텀 투자 또는 상대 강도 투자라고 한다. 포트폴리오 내에서 성과가 개선되는 주식을 추가로 매수하고 저조한 성과의 주식은 매도한다. 만약 주식시장이 하락기에 접어들어 모든 주식이 하더라도 자산배분 전략 차원에서 최소한의 주식 비중이 요구된다면 하락률이 가장 적은 종목에 투자한다. 일반적으로 액티브 주식형 펀드가 이 전략을 사용한다.

> **8** 펀드 매니저들이 월별 또는 분기 성과 보고를 할 때 높은 수익률 레코드가 필요하므로 월말이나 분기말에 최대한 주가를 끌어 올리는 관행

투자 기법이 고도화 됨에 따라 모멘텀 투자의 적용 범위는 커져 갔다. 개별 기업이 가지는 경쟁력 분석 보다 거시 환경에 의존하는 업종 순환 분석이 효율적 투자로 떠오르며 산업 모멘텀 효과가 생겨났다.[9] 모스코비츠와 그린블라트는 단순 모멘텀 투자에서 산업 모멘텀 투자를 통제하는 방식으로 산업 모멘텀 효과를 검증했다.[10] 또 로웬호스트는 〈국제 모멘텀 전략들〉에서 이머징 마켓의 모멘텀을 이용해 수익성을 향상시킬 수 있음을 입증하는 등 모멘텀 투자는 다방면에서 연구되고 있다.

모멘텀 투자법에서 활용되는 주식 격언은 다음과 같다.

달리는 말에 올라타라.
손실은 잘라내고 이익은 계속되게 놔둬라

> **9** 2000년 이전에 산업 모멘텀에 의한 투자성과가 개별 주식 모멘텀 성과를 압도했으나 최근에 이 효과가 떨어지고 있으며 이미 최신의 투자 전략은 아니다. [그림 6] 그 이유는, 주도 업종군이 분명히 전체 시장을 선도함에도 불구하고 업종군 내에서 개별 회사의 성과가 차별화되는 현상이 분명해지고 주도 업종군이 아니더라도 시장 점유율이 높은 글로벌 기

업과 시장 점유율이 낮은 회사 간 실적 갭이 커지고 있기 때문이다. 또한 글로벌 펀드 투자 활성화로 산업 모멘텀 보다는 국가별 투자 효과가 커지는 것도 하나의 원인이다.

[그림 6] 산업 모멘텀의 성과

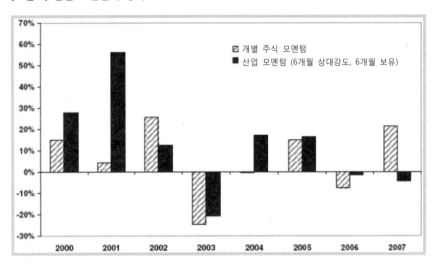

<Do Industries Explain Momentum> Tovias J. Moskowitz, Mark Grinblatt (1999)

투자 수익은 경제의 활력이 증가하고 수요가 충분하여 이것이 다시 투자를 촉진할 때 그 성과가 크다 할 것이다. 반대로 경제의 활력이 둔화하고 수요가 감소, 실업률이 높아지는 시기에는 기업들의 투자 활동은 위축된다. 그러므로 투자 활동은 경기가 어떠한지에 따라 대단히 큰 영향을 받을 것이다. 경기 자체가 투자 활동에 모멘텀이 되는 것이다. 다음 절에서는 경기를 국면별로 분석해보고 어떤 국면이 투자하기에 적당한지 또한 각 국면별에 적합한 투자처는 어디인지 살펴 보고자 한다.

⸺◦ 경기 순환 (business cycle)

경기 (economy)는 기본적으로 일정 기간 동안 확장 (expansion)과 수축 (recession)을 반복하는 경기변동 현상을 보인다. 경기는 국가의 총체적 경제활동을 의미한다. 경기가 팽창하는 동안 고용, 생산, 개인 소득 및 소비, 판매량은 증가하고, 수축하는 동안 이들 수치는 감소한다. 경기는 장기 성장 추세를 중심으로 위로, 아래로 파동을 그리며 움직이며 주기의 길이는 기간을 의미한다. 경기순환 그림이 보여주듯 팽창국면의 기간은 이전 순환주기의 최저점 (경기 저점)에서 현재 순환주기의 최고점 (경기 정점)까지 측정되며 수축국면 기간은 정점에서 저점까지 측정된다.

경기 순환 (Business Cycle)

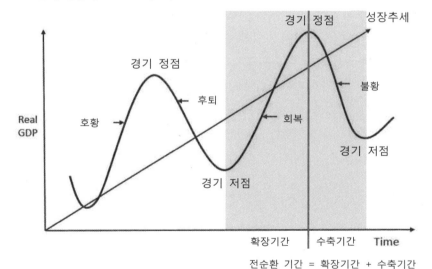

전순환 기간 = 확장기간 + 수축기간

호황: 성장 추세 위에서 확장
회복: 성장 추세 아래에서 확장
후퇴: 성장 추세 위에서 수축
불황: 성장 추세 아래에서 수축

확장국면 (expansion)은 회복국면 (recovery)과 호황국면 (prosperity)으로 나눌 수 있고 수축국면은 다시 후퇴국면(recession)과 불황국면 (depression)으로 나눌 수 있다. 현재 일반적으로 배우는 경기순환은 이렇게 회복, 호황, 후퇴, 불황의 네 국면으로 이루어져 있다. 한편 쥬글러 순환주기 (Juglar Cycle)를 입증한 경제학자 슘페터는 쥬글러 사이클을 다음 네 국면으로 분류했다 — 확장 (생산과 제품 가격 상승, 낮은 실질금리), 위기 (주가 급락과 부도 증가), 후퇴 (생산과 제품 가격 하락, 높은 실질금리), 회복. 경기의 회복과 호황국면에는 생산성이 높아지고 소비자의 구매 욕구와 총수요가 증가한다. 이에 따라 제품 가격이 상승한다. 반면 후퇴 구면에서는 초과공급으로 기업 이윤이 감소하고 투자 및 생산활동이 축소된다. 불황 국면에서는 실업률이 높아지며 고용과 소득이 크게 떨어져 총수요가 감소하여 투자가 더욱 침체에 빠진다.

사실 경기 변동의 원인, 경기 변동을 촉발시키는 외부적 충격에 대해서는 학파마다 이견이 있다. 케인즈 학파는 기업의 투자지출 및 불안정한 수요를 경기 변동의 원인으로 보았다. 케인즈는 수요를 중시하는데, 자유방임주의에 따른 부작용으로 임금은 경직되고 상대가격이 왜곡되었으며, 이에 따른 유효 수요의 부족이 대공황 (1929년)을 일으켰다고 본 것이다. 케인즈 생각에 기업은 과잉 생산할 동기가 없다. 다만 수요가 부족할 뿐이었다. 불안정한 수요에 따라 기업은 막대한 유보금에도 불구하고 설비투자를 회피한다. 따라서 국가가 경제 통제를 통해 유효 수요를 창출하도록 하고 투자 활동을 촉진시키는 정책을 펼쳐야 한다. 이른바 수정자본주의 또는 거대한 정부 역할이 이때 생긴 것이다.

반면 프리드만을 중심으로 통화학파는 경기순환의 요인을 통화량 증감과 통화 유통속도에서 찾는다. 1차 세계대전 후 (1914~18) 유럽은 전시에 포기했던 금본위제로 복귀한다. 이 과정에서 금 재고량 부족 — 이때 미국이 보유한 금 재고가 전 세계 금 재고의 40%에 이를 정도로 편중이 심했다 — 으로 인한 화폐가치 절하를 막고 전시에 풀린 통화의 회수를 위해 긴축정책을 폈다. 1920년대 미국은 유럽에 비해 엄청난 호황을 맞고 있었다. 1924년부터 시작된 주식시장 상승이 과열권에 접어들자 (Dow 1923년 1250 포인트에서 1928년 12월 4,300 포인트 기록) 이를 우려한 중앙은행 (FRB)이 1928년 긴축통화정책을 추진했다. 유럽은 전후 국채 문제와 인플레이션 수습, 금 보유량의 더딘 회복으로 미국의 대부에 상당히 의존하고 있었는데 미국 금리가 올라가자 해외대부 유인이 감소하자 유럽 금융시장에 유동성 경색이 발생해버린다. 유럽발 불황의 기운이 고조된 가운데 1929년 10월에 주식이 대폭락 (10월 한 달 동안 4,860포인트에서 3,870포인트로 붕괴)하며 미국 대공황이 시작된 것이다. 대공황 기간 동안 다우는 1932년 6월 770 포인트까지 추락했다. 전후 구조적 문제에 대처하는 데 소홀한 채 강대국들이 이미 긴축기조를 유지하고 있었고 여기서 대공황이 시작됐다는 것이다. 이것이 아직도 논란이 진행 중인 대공황에 대한 통화설이다. 결국 통화주의자들은 통화당국의 통화량 조절이 경기순환의 원인이 된다고 보는 것이다.

한편 슘페터는 경기순환과 경제 발전이 생산요소의 새로운 결합이나 기술혁신에서 오는 생산성 변화에서 온다고 본다. 키들랜드와 프레스컷은 기술 진보가 미치는 고용 효과와 실질임금 상승에 주목하여 실물적 경기변동이론 (RBC: real business cycle theory)을 정리했다. RBC 역시 기술 충격과 같은 실물적 요인이 경기변동의 가장 중요한 원인이라 보고 있다. RBC는 경기변동의 공행성[11]과 지속성을 잘 설명해준다.

경기순환과정에서 생산, 고용, 투자, 소비 등 어느 한 경제지표가 변동하였을 때 다른 지표와 변수 역시 함께 변동하는 성질

경기변동의 1차 원인이 투자에 있는 것인지, 통화 정책에 있는 것인지, 실물 충격에 있는 것인지 경제학자마다 다르게 생각한 것은 경제가 침체에 빠졌을 때 어떻게 해야 효율적으로 경제를 다시 회복시킬 수 있으며, 그 구조적 문제를 도외시하고 경기를 부양시킬 경우 향후 경기가 급속히 과열되거나 재차 침체 (double-dip)에 빠져버리는 부작용을 일으킬 수 있어서이다: 경기안정화 정책이라고 한다. 만

약 적절한 처방이 내려지지 못하면 자칫 실기 (失期)해버려 더 많은 자원과 시간을 투입해야 할 것이다. 실제로 일본의 경우 90년대 초 총수요 관리에 실패 이후 '잃어버린 10년'을 맞이했고 이후에도 엔고와 고질적 디플레이션에 시달린다. 또한 유로존은 2010년 남유럽 재정위기 이후 장기 대출 프로그램에 의존하며 적극적 개입 시기를 저울질하다 2015년 3월에 가야 양적완화를 실시한다. 은행과 국가 경제가 사망 직전에 가서야 개입하는 바람에 이를 복구하는데 더 많은 돈이 수혈되었다. 미국의 경우 약 3조 6000억 달러의 신규 달러가 발행되었고 그 가운데 약 3조 달러가 다시 연준으로 회수 즉, 6000억 달러 정도가 시장에 공급된 반면 유로존의 경우 2조 유로의 신규 화폐 가운데 6000억 유로가 회수, 1조 4000억 유로가 시장에 공급됐다.

경제학자들은 일관된 설명에서 학문적 정교함과 치밀성이 담보되지만 사실상 경기 변동의 요인을 어느 하나로 단정 짓는 것은 매우 힘든 것 같다. 또한 학자마다 설명한 경기 변동의 요인이 모두 투자의 모멘텀으로 작용함을 볼 때 우리는 굳이 하나의 이론을 취사 선택할 필요는 없을 것이다. 사실 정부의 총수요 부양 정책과 통화 정책은 2008년 1차 양적 완화와 2012년 일본의 QQE (양적 질적 완화정책)만 보더라도 매우 중요한 경기 변동요인인 것은 분명하다. 그리고 가상현실, 데이터 처리, 자율주행, 전기차 기술 혁신이 불러 온 FANG (페이스 북, 아마존, 넷플릭스, 구글) 주식을 보더라도 기술혁신에 기반한 경제의 성장성이 얼마나 높은지 알 수 있다: 경기 변동의 지속성 설명. 또한 필자 생각에 경기 변동 요인은 매우 복합적이며 여러 경제지표들이 공행성을 지닌다는 사실만으로 어느 핵심 지표를 고집하거나 추구할 필요도 없을 것 같다. 다만 우리의 목표인 주식시장과 관련해 주가지수와 상관관계가 높거나 경기예측에 대한 선행적 지표는 매우 관심 있게 살펴 볼 필요가 있다.

다음 절에서는 현재 경기가 어느 국면에 있는지 판단해 볼 수 있는 몇 가지 지표를 소개하고자 한다. 현재 투자를 늘려도 좋을 만큼 경기는 확장해가고 있으며 또 너무 과열된 것은 아닌지도 가늠해볼 수 있을 것이다.

⸺(주요 경제지표 소개

경제지표는 경제활동에 대한 통계량이며 경제적 성과 분석과 예측에 이용된다. 경제활동은 소득과 소비, 산업 활동, 투자, 고용 등의 등가적, 상호적 거래 활동을 의미하며 생산, 분배, 지출의 순환 구조로 이루어져 있다. 경제지표에는 소득, 생산, 투자, 고용 외에도 거래 조건 또는 여건과 관련된 통화, 물가, 환율 등의 통계량도 포함된다. 각 경제지표는 경기 순환과 공행하며 예측력에 따라 선행지표와 후행지표로 나뉠 수 있다. 선행지표는 8개 지표로 구성되는데 소비자심리지수, 건설수주액, 코스피지수, 장단기금리차[12] 등이 있다. [그림 7] 참고로 현재 한국의 경기동향은 2013년 3월 (선행지수와 기준순환일과의 시차는 5개월) 이후 확장국면에 있다. [그림 8]

⟨12⟩ 장단기금리차: 국고채 5년물 금리 – 콜금리 (1일물)
장기 금리가 단기 금리에 비해 커질수록 경기는 호전될 것으로 보며 장단기금리차가 0에 가깝거나 음수 (장단기 금리의 역전을 의미)가 되면 불황의 신호로 본다. 약 18개월 정도의 시차를 보이지만 반면 단기적 경기 전망에는 맞지 않다.

[그림 7] 선행종합지수 구성지표

< 선행종합지수 구성지표 증감률 >

(전월비, *: 전월차)[1]

구 성 지 표	변동폭[5]	'17.2월	3월	4월	5월	6월ᴾ	7월ᴾ
· 재고순환지표(%p)*[2]	2.318	0.7	-1.4	-3.1	-5.0	-1.8	-1.0
· 소비자기대지수(p)*	1.278	0.4	1.7	3.5	5.9	5.3	3.1
· 기계류내수출하지수(%)[3]	1.604	1.4	-1.1	-0.3	0.5	2.1	0.1
· 건설수주액(%)	9.559	12.1	-5.7	11.1	-9.6	1.5	-17.1
· 수출입물가비율(%)[4]	0.808	-0.5	0.2	0.6	0.5	0.5	0.7
· 구인구직비율(%p)*	2.035	0.0	-2.3	-2.2	-1.9	-1.9	0.4
· 코스피지수(%)	1.784	1.7	1.9	1.6	3.4	3.6	3.7
· 장단기금리차(%p)*	0.098	0.04	0.01	0.02	0.02	-0.02	0.02
선행지수 순환변동치		100.9	100.8	101.0	101.2	101.5	101.7
- 전월차		0.2	-0.1	0.2	0.2	0.3	0.2

자료출처: 통계청 산업활동동향, 2017년 7월

[그림 8] 한국 경기동향

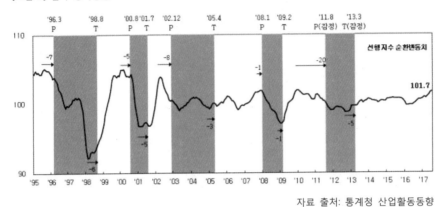

자료 출처: 통계청 산업활동동향

주지하다시피 코스피 지수는 경기 선행지표의 한 구성 요소이며 선행지표의 다른 구성 지표와 동격이다. 즉 코스피 지수를 예측하기 위한 정확한 통계량은 될 수 없다. 다만 지수 상승과 하락을 강하게 설명할 수 있다는 점에서 의미가 있다. 이번 절에서는 이해하기 쉬우면서도 주가지수와 상관도가 높은 경제지표를 소개하고자 한다. 아래 그림에서 보듯이 부분적이지만 상관관계가 높은 구간이 있으며 복합적으로 분석할 가치는 충분히 있다. BSI는 선행지표 구성요소 중 하나였다가 2006년 소비자기대지수로 대체되었다. 그러나 소비자기대지수와 마찬가지로 설문 방식으로 수집되어 즉시성이 매우 뛰어나며 여전히 선행지수 순환변동치를 보강하는 주요 경제지표이다. 고객예탁금은 통계청에서 집계하는 선행지표 구성요소는 아니지만 증권 통계지표이며 한국은행 주요 통계량 중 하나이다.

A 경기종합지수: 선행지수 순환변동치

경기종합지수는 국민경제 전체의 경기동향을 쉽게 전달하고 있다. 개별 구성지표들의 증감에 의해 경기변동의 진폭 및 방향, 전환점을 분석할 수 있도록 도와준다. 경기종합지수는 선행, 동행 종합지수로 각각 나눠 발표된다. 선행 종합지수는 미래의 경기동향을 의미이며 동행종합지수는 현재의 경기상태를 나타내고 있다. 순환변동치는 종합지수에서 장기적 성장 요인 같은 추세치 (기울기)를 제거하여 경기의 순환만을 나타내준다. 추세치를 100으로 해서 100 이상에서는 추세 이상의 성장을 100 이하에서는 추세 이하의 성장을 하고 있다 볼 수 있다. 매월 통계청에서 발표하며 산업활동 동향 보도자료에 수록된다.[13] [그림 7]에서 보듯 2017년 7월에 발표된 선행지수 순환변동치는 101.7이다. [그림 9]는 선행지수 순환변동치와 종합 주가지수의 공행성을 보여주고 있다.

12 통계청 산업활동동향 일러두기 참고

[그림 9] KOSPI와 선행지수 순환변동치

B 소비자 심리지수 (CCSI: Composite Consumer Sentiment Index)
소비자심리지수 (CCSI)는 현재생활형편, 가계수입전망, 소비지출전망 등 6 개 주요 개별 소비자동향지수 (CSI)를 표준화하여 합성한 지수이다. [그림 10] 전국 56개 도시의 2,200 가구를 대상으로 우편조사 또는 전화인터뷰 조사를 통해 작성한다. 형편은 6개월 전과 비교한 현재의 재정상태를 묻고, 전망은 현재와 비교한 6개월 후 전망을 묻는다. 2003~2016년중 장기평균치를 100으로 환산하여 100 보다 크면 장기평균보다 낙관적이고, 100보다 작으면 비관적임을 의미한다. 한국은행에서 발표하며 소비자동향조사 자료에 수록되고 있다.

[그림 10] 소비자 심리지수 (CCSI)

		'16.12월	'17.1월	2월	3월	4월	5월	6월
소비자심리지수		94.1	93.3	94.4	96.7	101.2	108.0	111.1
(전월 대비 지수차)		△1.6	△0.8	1.1	2.3	4.5	6.8	3.1
구 성 지수의 기여도 (p)	현재생활형편	△0.2	△0.5	0.2	0.2	0.3	0.5	0.5
	생활형편전망	0.0	△0.5	0.5	0.5	0.7	1.2	0.0
	가계수입전망	0.0	0.0	△0.4	0.4	0.4	1.2	0.4
	소비지출전망	△1.0	0.3	0.0	0.0	0.7	0.0	1.0
	현재경기판단	△0.5	△0.4	0.4	0.4	1.0	1.3	1.1
	향후경기전망	0.1	0.3	0.4	0.8	1.4	2.6	0.1

자료출처: 한국은행 소비자동향조사 결과, 2017년 6월

경기순환시계 (Business Cycle Clock)

주요 경제지표의 순환국면을 상승(호황에 대응), 둔화(후퇴), 하강(불황), 회복으로 나눠 아래 그림과 같이 4분면 좌표평면 위에 표시한다. 이름은 시계이지만 반시계 방향으로 움직인다. 주요 경제지표가 많이 모여 있는 분면이 우세한 경기국면이다. 매월 통계청이 국가통계포털 (KOSIS)을 통해 제공하고 있다. [그림 11]

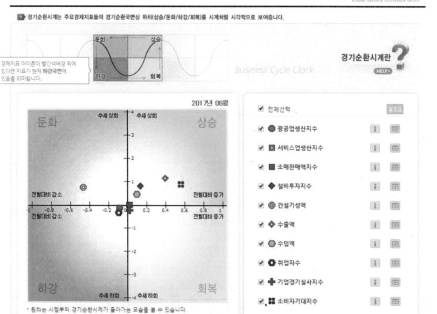

자료출처: 통계청 국가통계포털, 2017년 6월

⸻◯ OECD 종합 선행지수 (CLIs Composite leading indicators)

OECD (경제협력개발기구)에서 발표하는 경기 선행지수로서 경기 순환 전환점을
6~9개월 정도 일찍 예측한다. 산업생산을 기본으로 OECD만의 알고리즘을 통해
작성한다. 한국의 경기종합지수 순환변동치와 마찬가지로 추세 요인을 제거하여

성장 사이클을 나타낸다. GDP의 전환점 판별에 최적화 되었으며 경기 순환과 같은 방향으로 움직이지만 경기 순환의 회복이나 후퇴의 강도 또는 속도를 판별하지는 않는다. [그림 12]

[그림 12] 한국 OECD 종합 선행지수 (CLIs)

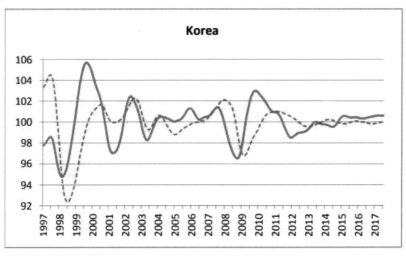

------- GDP / 공업생산*   ——— OECD 종합 선행지수

* 2012년 이후 공업생산 대신 GDP가 reference series로 대체됐다.

자료출처: OECD Leading indicators and tendency surveys

OECD 경기선행지수 (CLIs: Composite Leading Indicators)

	Chile	Mexico	Korea
Amplitude adjusted (long term average =100)			
July 2016	99.90	100.91	100.40
August 2016	99.97	100.78	100.45
September 2016	100.02	100.57	100.49
October 2016	100.02	100.30	100.52
November 2016	99.98	99.98	100.55
December 2016	99.86	99.59	100.57
January 2017	99.68	99.20	100.60
February 2017	99.53	98.88	100.63
March 2017	99.53	98.71	100.64
April 2017	99.74	98.72	100.62
May 2017	100.07	98.82	100.60
June 2017	100.38	98.88	100.57
Month on Month growth rate (%)			
July 2016	0.05	-0.05	0.04
August 2016	0.07	-0.13	0.05
September 2016	0.05	-0.21	0.04
October 2016	0.00	-0.27	0.03
November 2016	-0.04	-0.31	0.03
December 2016	-0.12	-0.40	0.03
January 2017	-0.18	-0.39	0.03
February 2017	-0.16	-0.32	0.03
March 2017	0.00	-0.18	0.01
April 2017	0.21	0.01	-0.01
May 2017	0.32	0.11	-0.03
June 2017	0.31	0.06	-0.03

자료출처: OECD

⋯⋯(투자 순환도와 페따 꼼쁠리

아래 그림은 앙드레 코스톨라니[14]가 그의 저서 〈돈 뜨겁게 사랑하고 차갑게 다루어라〉에서 소개한 '코스톨라니의 달걀'이다. 일종의 투자 순환도인데 워낙 유명해 이 모형에 금리 순환 등 이것 저것 살을 보탠 학습 자료가 많이 있다. 필자도 신입일 때부터 여러 차례 이 달걀 모형에 대한 교육을 받은 기억이 있다. 본 서에는 코스톨라니의 의도를 벗어나지 않고자 원래 모델만을 소개한다. 코스톨라니의 투자에 대한 기본 생각을 알고 나면 이 모형에 대한 이해가 쉬울 것이다.

 앙드레 코스톨라니 (André Kostolany) 1906년 헝가리 출생. 유태인인 아버지가 주식투자를 권유, 1924년 파리로 유학하여 투자활동 시작. 제2차 세계대전으로 독일이 프랑스 점령하자 모든 재산을 처분하여 미국 뉴욕으로 이주. 1950년 유럽무대로 복귀, 전후 독일 재건 사업에 뛰어들어 막대한 이익을 올림. 비영미권 출신 투자자 가운데 가장 유명한 인물 중 한명이며, 유럽의 워렌 버핏으로 불린다.

앙드레 코스톨라니의 달걀 모형

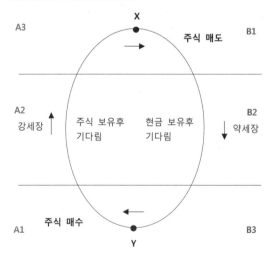

A1 조정국면: 거래량 적고 주식 소유자의 수 적다.
A2 동행국면: 거래량과 주식 소유자의 수가 증가한다.
A3 과장국면: 거래량 폭증하고 주식 소유자의 수는 많아져
　　X에서 최대점을 이룬다.

B1 조정국면: 거래량 감소하고 주식 소유자의 수 감소한다.
B2 동행국면: 거래량 증가하고 주식 소유자의 수가 감소한다.
B3 과장국면: 거래량 폭증하고 주식 소유자의 수는 적어져
　　Y에서 최저점을 이룬다.

A1 국면과 B3 국면에서 주식 매수. A2 국면 주식 보유
A3 국면과 B1 국면에서 주식 매도. B2 국면 현금 보유

출처: <돈, 뜨겁게 사랑하고 차갑게 다루어라> 앙드레 코스톨라니

　코스톨라니는 증권시장의 논리와 일상생활의 논리는 완전히 다르다고 보았다. 투자는 미래에 일어날 불확실한 사건과 관련되어 있고, '확고한 사실'에는 투자할 필요가 없다. 모두가 예상하는 일은 '기정사실'이며 기정사실이 실현되면 확고한 사실이 되어 버린다. 이번 분기 실적이 좋을 것으로 예상되면 주가는 서서히 오르기 시작한다. 실적이 좋을 것이 확실시 될수록 공시 전까지 주가는 더 빨리 상승한다. 그리고 공시 날 기정사실로 받아들여지던 호 실적이 발표되면 이미 많은 사람들이 매수하였고 더 이상 매수자가 늘지 않고 몇은 이미 수익을 챙기고 나간다. 이것이 시세를 압박하여 주가는 하락할 것이다. (물론 다음 분기에 실적이 더 좋아질 것이라 보는 매수세가 나타나면 주가는 다시 올라 갈 수 있다.) 만약 거의 확실시 되었던, 기정사실로 받아들여졌던, 실적이 기대 이하인 것으로 발표되면 주가는 바로 하락할 것이다. 여기서는 '기대 이하'의 실적이 중요하다. 이번 분기 실적이 전 분기 대비 좋아졌다 하더라도 기대 이하라면 주가는 하락한다. 코스톨라니는 '기정사실'은 이미 시장에 '선반영' 되어 막상 '기정사실이 현실화' 되면 더 이상 시장에 영향을 주지 못한다는 것을 많은 경험을 통해 알고 있었고 증권시장이 가지는 독특한 논리로 우리에게 소개하였다. 코스톨라니는 기정사실화된 악재와 호재는 선반영 되었다는 측면에서 막상 그 악재나 호재가 터지면 시장이 반전의 계기

를 마련할 수 있는 것으로 본다. 이 현상을 두고 코스톨라니는 불어로 페따 꼼쁠리(fait accompli)라 칭했다. 코스톨라니는 1990년 걸프전 당시와 제2차 세계대전의 증시가 이런 방식으로 전개되었다고 설명한다.

우리 KOSPI 시장에도 페따 꼼플리 현상을 심심치 않게 찾을 수 있다. 1997년 1월 재개 서열 14위이던 한보그룹의 한보철강 부도를 시작으로 7월까지 삼미 진로 한신공영 기아 등 대기업들이 연쇄 부도를 맞는다. 7월 태국 바트화가 폭락하며 아시아 국가들의 누적 무역적자와 부실 자산 문제가 한순간에 대두되며 인도네시아 루피아, 한국의 원화도 동반 폭락하기에 이른다. 환율이 상한가까지 폭등하며 사실상 외환시장 거래가 중단되는 등 위기 상황에 직면했다. 무리한 환율 방어로 외환보유고까지 고갈되기에 이르렀고 IMF에 긴급 파이낸싱을 요청하기에 이른다. 1997년 11월 16일 캉드쉬 IMF 총재가 극비에 방한한 것이 알려졌지만 19일 금융시장 안정대책에 IMF 긴급 파이낸싱 논의는 포함하지 않고 이후 IMF와 협상은 중지되는 듯 보였다. 금융시장 안정대책에도 불구하고 외환 거래가 다시 중지되는 등 사태는 진정될 기미가 안보였다. 22일 정부가 IMF에 구제 금융을 공식 신청 계획을 발표하고 12월 3일 IMF와 구제금융 협상 결과에 합의가 이루어지자 주식시장은 바닥을 찾아가기 시작했다. 이후 IMF와 합의한 내용에 따라 구조조정에 돌입 1998년 6월 퇴출 기업들을 확정함으로써 불확실성이 해소되고 약세장을 마무리하게 된다. 1997년 12월 초 IMF와 합의에 이르기 전까지만 해도 시장의 분위기는 IMF에서 돈을 빌릴 정도면 망한 것 아니냐는 공포 자체였다. 그러나 공기업 민영화, 은행간 합병 등 IMF와 합의한 프로그램들을 이행해나가는 과정에서 신용등급이 회복되는 등 주식시장은 1년 6개월간 랠리 하였다.

KOSPI (1996. 01 ~ 2006. 04)

1998. 06. 18 퇴출기업 발표

1997. 12. 03 구제금융 합의

　　앙드레 코스톨라니는 호재와 악재의 선반영성과 더불어 중기적으로 주식 시장은 돈과 심리에 의해 움직이며 경기와는 무관한 것이라 보고 있다. 주식시장은 장기적으로 경제와 분리할 수 없으며 경제 기초 지표와 기업 수익으로부터 너무 멀리 떨어져 나갔다면 증시는 본래 자리로 (폭락의 의미) 되돌아 와야 한다. 일본의 경우 1990년 자산 버블이 터진 이후 사상 최고치의 50% 정도 선에 머물고 있다.[15] 2차 세계대전 후의 독일 증시 또한 경기와 증시가 따로 가는 예이다. 마셜 플랜[16] 이후 50년대 서독은 연평균 7.97%의 경제성장률[17]을 기록하며 1950년대 후반, 1인당 GDP가 전쟁 전 수준인 $5,000로 회복한다. 반면 경기가 호황을 구가하는 가운데 모든 자금이 산업 투자로 들어가서 주식시장에는 돈이 없었다. 특히 인플레이션을 막기 위해 대출이 엄격히 제한되어 기업들은 채권이나 주식을 발행하여 자본을 조달할 수밖에 없었다. 다시 말해 공급에 의해 증권 가격이 계속 희석되었던 것이다. 1957년 9월 분데스방크 (독일중앙은행)가 기준금리를 0.50% 포인트 인하하고 대출기준을 완화하자 증시는 본격적으로 상승하기 시작했다.

 1990년 1월 니케이 38,295 포인트, 2015년 6월 20,457 포인트

1947년부터 1951년까지 미국이 서유럽 16개 나라에 행한 원조계획, 그 목적은 서구의 경제성장을 촉진하고 1차 세계 대전 이후의 독일 나치의 등장에서 교훈을 얻어 건전한 자본 시장 질서 재건을 통해 극우 또는 극좌 세력의 발현을 방지하는 것이다. 마샬 플랜은 서유럽의 경제적 혼란을 막음으로써 공산화 물결의 확산을 방지하고 나아가 유럽통합의 발판을 마련해준 것으로 평가받는다.

〈West German Growth and Institutions, 1945-90〉 Wendy Carlin, University College London

독일 주가지수 (1959-1983) * 1957년에 상승 사이클 시작

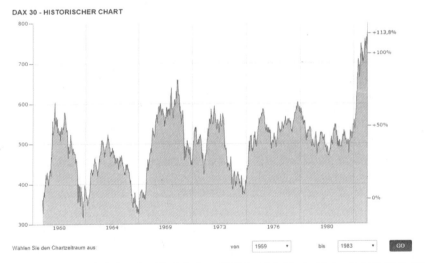

DAX 30 - HISTORISCHER CHART

이와 반대로 저성장 또는 불경기에도 주식은 상승할 수 있다. 중앙은행이 발행한 화폐가 직접투자나 소비로 이어지지 않고 부동산 시장이나 증시로 가는 경우, 주식 배당금이 감소하고 기업 이윤이 줄어드는 가운데에도 주가가 상승할 수 있다.[18] 저금리 환경에서도 실물 경기가 1년 이상 지체될 수 있으나 초과 유동성이 주식 시장

에 흘러 들어와 주가는 올라가고 결국 경기가 조금씩 호전된다면 시장은 상승 곡선을 타게 된다. 이상의 설명한 바는 금융 장세 또는 유동성 장세의 전형적 특징이다.

 〈돈 뜨겁게 사랑하고 차갑게 다루어라〉 경기: 중기적으로는 영향이 없다 (135P)

코스톨라니는 중기적으로 증시의 약세와 강세가 수요와 공급에 의해 좌우되는 것으로 보고 있다. 그는 시중에 유동자금이 풍부하면 9~12개월 사이에 주식시장으로 흘러 들어온다고 보고 있다. [그림 13] 아래 그림은 코스피와 고객 예탁잔고 및 신용잔고의 비교 차트이다. 고객 예탁잔고는 매수 대기성 자금이며 신용잔고는 공격적 투자자금으로 볼 수 있고, 두 자금은 대표적인 증시 단기자금으로 볼 수 있다. 2011년부터 2016년 말까지 박스권 내에 갇혀 있었지만 예탁금 수준은 2013년 9월부터 2014년 7월 테이퍼링 이슈 (미 연방은행의 채권 매수 규모 축소 계획)를 제외하고 20조 이상을 유지한 것으로 나타난다. 물론 유럽계 헤지펀드의 단기 자금 향방도 우리 증시에 미치는 영향이 상당하지만 풍부한 시중 유동자금은 주요 하방 경직성을 확보하는데 커다란 기여를 한 것만은 분명해 보인다. 2017년 들어 30조가 넘는 매수대기자금과 공격적 투자자금이 시장 강세를 뒷받침하고 있음을 보여준다.

[그림 13] KOSPI와 고객예탁금 관계

코스톨라니는 증시는 돈과 심리에 의해 지배되며 선반영성과 선행 효과로 인해 증시가 중기적으로 경기와 다르게 움직일 수 있다고 보았다. 그는 강세장과 약세장의 순환을 경기 순환과 무관하게 소신파 투자자와 부화뇌동하는 투자자의 심리적 관점에서 기술하고 있다. 강세장의 과장국면에서는 부화뇌동 투자자들이 주식시장에 대거 진입하며 거래량이 폭증한다.[19] 부화뇌동 투자자들은 일반적으로 장기투자를 선호하지 않으며 단기 수익률에만 관심이 있기 때문이다. 반면 소신파들은 일반적으로 장기투자를 선호하고 '안전'에 집중하기 때문에 강세장의 한복판에서 주식을 추가 매수하지 않는다. '마지막 비관론자들까지 낙관론자로 바뀌면' 시장은 강세장의 제3국면인 과장국면에 서 있다고 볼 수 있다. 증권이 부화뇌동자의 수중에 있는지 소신파의 수중에 있는지 기술적으로 알 수 있는 방법은 다음과 같다: 증권이 부화뇌동자들의 손에 있으면 부정적 뉴스에 과도하게 반응한다.

19) 코스톨라니는 결코 거래량에 관한 구체적 수치는 언급하지 않았다. 이미 거장 반열에 오른 그가 구체적 수치를 언급하며 시장에 혼란만을 줄 수 있는 수치를 제시할 리 없다. 필자도 구체적 수치가 시장에 100% 통용될 수 있다고 보지 않는다. 다만 초보자들도 이 책을 접할 수 있으니 백-테스트로 검증된 수치를 이해를 돕기 위한 하나의 예로서 제시할 뿐이다: 주봉 기준으로 상승 추세에서 평균적 거래량보다 150% 이상, 하락 추세에서 평균적 거래량보다 200% 이상

이와 반대로 오랜 기간 거래량이 적은 가운데 하락 추세를 하고 있다면 시장은 하락장의 동행국면에 있다. 여전히 시장 회복을 기다리는 부화뇌동 투자자들이 눈치를 보고 있는 시장이며 가격이 조금만 더 하락하면 그들은 어느 순간 주식을 매도할 것이다. 패닉의 정점에서 하락장의 마지막 3국면에 접어들며 부화뇌동 투자자들은 주식을 매도하기 시작한다. 이 국면에서 주가는 하락을 이어가지만 거래량은 눈에 띄게 증가한다. 소신파 투자자들이 시장에 매수 진입한다. 시장은 악재에도 저점 테스트를 이어가며 호재에 급등하는 식으로 새로운 강세장을 시작한다.

그는 시장이 과매수 상태인지 과매도 상태인지 또는 현재 시장이 어디쯤 위치해 있는 알 수 있는 핵심 기술은 없다고 했다. 그러나 시장의 심리를 파악하기 위해 부단히 시장을 관찰한 것만은 분명하다. 시세에 연연하거나 정보에 휩쓸리는 태도는 경계했다. 그리고 중앙은행의 기준금리 변동과 시중 채권 이자율의 수준, 달러와 유로 환율 등에 중요한 가중치를 둔 것은 분명하다. '채권은 주식의 경쟁 상대'이며 결국 금리와 환율이 돈의 가치를 결정하기 때문이다. 독자 여러분에게 앙드레 코스톨라니의 책은 꼭 한번 읽어보길 추천한다.

⸻(존 템플턴의 명언

남들이 절망하며 파는 중일 때 사고 남들이 탐욕스럽게 사는 중일 때 파는 것은 불굴의 용기가 필요하다. 그리고 최고의 보상을 안겨준다.

약세장에서는 대부분의 투자자들이 전망과 동향에 집중하고 있다. 그렇기 때문에 가치에 집중해야 한다.

투자에서 가장 위험한 말은 "이번에는 다르다."

강세장은 비관론에 태어나 회의론에 자라고 낙관론에서 성숙하여 희열감에 죽는다.

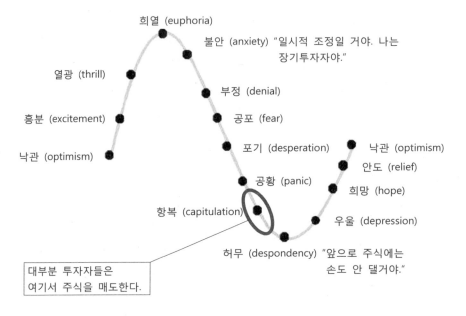

주식 등락에 따른 감정 변화 (The Equity Sentiment Roadmap)

희열 (euphoria)

불안 (anxiety) "일시적 조정일 거야. 나는
장기투자야."

열광 (thrill)

부정 (denial)

흥분 (excitement)

공포 (fear)

낙관 (optimism)

포기 (desperation)

낙관 (optimism)

안도 (relief)

공황 (panic)

희망 (hope)

항복 (capitulation)

우울 (depression)

허무 (despondency) "앞으로 주식에는
손도 안 댈거야."

대부분 투자자들은
여기서 주식을 매도한다.

⸺◯ 선반영성 문제 숙고

　주식시장은 기본적으로 실적을 추종하며 경기 변동, 금융 여건, 정책 변화, 산업 사이클 및 시장 점유율 변화에 상당히 민감하게 변화하기 마련이다. 그 외 기업의 배당성향과 증권 희석요소가 결합해 주가 수준을 결정한다. 투자가치가 어느 정도 인지, 다시 말해서 투자 수익률을 결정하는 중요한 포인트는 선반영성에 있다. 성장성이 충분하지만 제반 데이터가 미리 반영되어 가격이 이미 지나치게 높아졌다면 성장성이 결코 투자 수익률을 담보할 수 없는 것이다. 역으로 다음과 같은 물음에 직면할 수 있다: 악재가 돌출되었을 때 이 악재는 이미 주가에 선반영 되었는가. 충분히 하락해서 살 만한가. 다음 구체적 사례에서 이 질문에 대한 답을 찾아 보겠다.

1. SOC 예산 배정 축소와 건설 업종의 실적 타격
2. 중국의 사드 보복

기획재정부가 발표한 2018년도 예산안[20]에 따르면 2017년 대비 총지출이 28.4조원 증가한 429조원 가운데 SOC 관련 예산은 4.4조원 축소된 17.7조원 (전년대비 20% 삭감)이다. 〈2017~2021년 자원 배분 계획〉을 보면 SOC 예산은 연평균 7.5% 축소될 계획이다. 부동산 투기 세력 견제와 집값 고공행진을 막기 위한 '8.2 부동산 대책' 발표 이후 건설업종은 급락하는데 신 예산안 발표 이후 추가 하락하는 모습이다. [그림 14] 우리의 질문처럼 이 악재가 선반영 되어 있는가. 이 업종을 사야 하는가. 대답은: 절대적으로 아니다. 오히려 팔아야 한다.

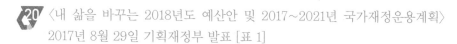 〈내 삶을 바꾸는 2018년도 예산안 및 2017~2021년 국가재정운용계획〉
2017년 8월 29일 기획재정부 발표 [표 1]

[표 1]

2017~2021년 분야별 재원배분계획(기재부)						
					(단위 : 조원, %)	
구 분	'17	'18	'19	'20	'21	연평균 증감률
총 예산지출	400.5	429	453.3	476.7	500.9	5.8
- 보건·복지·고용	129.5	146.2	159.4	172.7	188.4	9.8
- 교육	57.4	64.1	68.1	72.7	75.3	7
- SOC	22.1	17.7	17	16.5	16.2	△7.5
(전년 기준)	21.8	(20.3)	(19.3)	(18.5)	-	(6.0)
- 일반·지방행정	63.3	69.6	74.2	77.9	81.3	6.5

[그림 14] KOSPI 건설업종지수 일봉 (2017.02~2017.09)

여기서 선반영의 문제는 다음 분기 실적에 국한될 문제가 아닌 것이다. 예산 계획에서 보듯 최소 2021년까지 건설 회사들은 이전보다 공사 수주 규모 즉 매출 자체가 축소될 예정이다. 게다가 부동산 규제 또한 현정부에서 지속될 것으로 보여 착공실적 또한 떨어질 것이 예상된다. 주가가 단기적으로 엄청난 폭락을 기록했다면, 예를 들어 1개월 기준으로 50% 이상 하락했다면 단기 매수 관점에서 접근해볼 만 하지만 역시 길게 보유할 것이 아니라 단기 트레이딩으로 빠져나와야 될 주식이다. 그러므로 투자 계획을 세울 때는 사이클 관점에서 접근해야 한다. 선반영성이 자칫 1회적 이벤트로 오해되어서는 안 된다.

두 번째 생각해볼 악재는 중국의 사드 보복이다. 이때 나온 전문가의 전망은 우리나라의 대중 수출액 대부분이 중간재 77.8% 자본재 17.8%로 구성되어 있어서 무역제재가 심화되면 중국내 생산도 같이 타격을 입어 그 영향이 단기에 그칠 것으로 보았다. 필자 또한 산업별로 중국이 한국에 의존하는 정도에 따라 그 피해가 다를 것이라는 생각에 전적으로 동의한다. 다만 이때 고려할 것이 한국과 중국의 기술 격차이다. 2017년 3분기 들어 중국내 현대차 판매량이 급감하고 중국 현지공장 가동 중단까지 되었는데 이것이 과연 보복 조치의 결과냐는 것이다. 롯데마트 철수설도 마찬가지이다. 반한 감정이 높아져 소비자들이 찾지 않아 긴급한 상황인 것은 맞지만 장기적으로 더 큰 문제는 중국 내에서 유통산업 구조가 변화하고 있다는 것이다. 중국 정부는 신소매 (첨단 기술을 활용한 온오프라인 소매와 물류 융합) 전략을 통해 새로운 유통산업의 모델을 지원하고 있다. 이마트나 롯데마트의 기존 유통 전략이 시간이 문제였지 결국 도태될 수밖에 없었을 것이다.

최근 급성장하고 있는 중국의 전기차 시장에서 현대차의 전기차 모델만 세금 면제 대상에서 제외된 것은 사드 보복 일환으로 보는 것이 맞다. 그러나 업계 시각은 베이징현대의 부진의 주원인이 SUV 경쟁력 약화 및 프리미엄 자동차 시장 진출 시기를 놓친 것에 있다고 본다. 중국인들이 단순히 가성비에 만족하지 않고 최신 사양의 모델과 품질을 보며 자동차를 매수하고 있는데 현대차가 이들의 눈높이를 충족시키지 못하고 있는 것이다. 이는 소비자가 느끼기에 현대차와 중국차의 기술력 격차가 상당히 줄었음을 방증한다. 가성비를 찾으려면 굳이 현대차가 아닌 중국 브랜드 자동차를 찾는다는 것이다.

사드 보복의 더 큰 심각성은 현재의 양국 산업 의존도 문제가 아닌 중국이 이를 중국내 산업 경쟁력 강화의 기회로 보고 있다는 데 있다. 즉 사드 보복은 실적 쇼크의 문제가 아니라 아예 산업 구조의 이동을 불러 오고 자칫 중국에게 주요 산업 시장을 뺏길 수 있는 시발점이 될 수 있다는 데 있다. 그렇다면 여기서 주가의 선반영성을 논하는 것은 의미가 없다. 시간이 지날수록 한국 주식에 대한 자산배분 전략 자체를 바꿔야 한다.

그러므로 돌출된 악재는 장기적 영향과 사이클 관점에서 검토되어야 하며 추가적인 매도 또는 포트폴리오 변경의 계기가 될 수 있다. 모든 모멘텀 투자자들은 응당 그렇게 할 것이다.

·····⟨ 정량적 예측

예측은 완전히 다른 차원의 영역이다. 이는 물리학적으로 팩트이다: 우리가 4

차원에 있다고 하면 하이퍼 큐브처럼 입체 그 자체를 눈으로 볼 수 있을 것이다. 그러나 우리는 결코 사물의 앞면과 뒷면을 동시에 볼 수 없다. 시간의 한계 때문에 그렇다.

하이퍼큐브

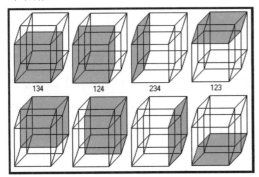

예측 활동은 원소주기율표의 빈 칸에 있는 원자를 찾듯 해볼 만한 도전 과제이다. 그런데 이 예측이 우리가 생각하는 것처럼 단순한 개념이 아니다. 실증주의 입장에서 보자면 예측이 빗나가면 그것은 틀린 이론으로 간주해버린다. 이와 관련해 재밌는 그러나 상당히 생각해볼만한 역사적 사건이 있다. 뉴턴이 처음 중력법칙을 이용해 천왕성의 궤도를 예측했을 때 오차가 너무 커서 기각될 뻔 했다. 그런데 그를 옹호하는 수많은 과학자 집단은 천왕성 밖에 관측되지 않은 어떤 다른 천체가 있어서 천왕성 궤도에 영향을 주었다는 가설을 세워 뉴턴의 중력법칙을 구조해 낸다. 새로운 예측 활동이 일어난 것인데 후에 해왕성의 발견으로 이 가설과 중력법칙은 참으로 증명된다. 순수하게 수학적 계산에 의해 해왕성이 발견되었다고 볼 수 있다.

맥스웰에 의해 빛의 전자기파 성질이 수학적으로 증명된다. 이때 활약한 물리학적 개념이 여러분이 고교시절 배운 벡터이다. 그런데 아이슈타인이 빛의 성질을 이 벡터를 통해 연구하다 전혀 맞지 않다는 것을 발견한다. 그렇게 나온 물리학 즉 일반상대성 이론이다. 아인슈타인은 일반상대성 이론을 통해 중력 렌즈 효과와 중력파를 예측한다.

이 굵직한 과학사를 통해 후에 토마스 쿤은 〈과학혁명의 구조〉에서 패러다임이 란 개념을 들고 나온다. 패러다임은 기존 이론 체계란 뜻이다. 토마스 쿤은 과학자 가 완전히 객관적 존재자라는 생각을 뒤집었다. 과학자 집단 또한 기존 이론, 믿 음, 실험법과 도구에 지배를 받을 수밖에 없으며 이들을 지배하는 탐구 모델을 패 러다임이라고 보았다. 요컨대 과학 이론과 모델 또한 통상적 사고와 지배 규범 하 에서 진리일 뿐이다. 여기서 알 수 있는 것은 예측을 위한 모델이 정태적이 아니라 동태적 성격을 가지고 있다는 것이다.

경제학은 예측 모델을 통계적으로 검증한다. 통계학적으로 예측의 편차는 $\sqrt{T}$ (T=시간)에 비례한다. 그래서 거시경제학의 예측은 그림에서 보듯 중간값을 중 심으로 상하단을 가진 밴드로 그려진다. 유럽중앙은행의 유로 지역 실질 성장률 을 보면, [그림 15] 2014년 3월 실시된 2016년 전망치 밴드는 0.7~2.9 중간값 은 1.8%로 제시되어 있다. 2015년 6월 실시된 2016년 전망치 밴드는 0.7~3.3 중 간값은 2.0%이다. 2016년 6월 실시된 2016년 전망치 밴드는 1.3~1.9 중간값은 1.6%이다. 실제 올해 확정된 2016년 유로지역의 실질 성장률은 1.7% 이다.

[그림 15] ECB 거시경제 예측

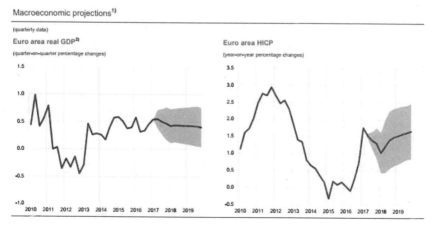

자료출처: ECB

주식 시장이 급등락 할 때 참고 해보는 지표로서 '지수 PER 밴드'가 있다. 12개월 실적 추정치를 통해 이 밴드를 그리고 지수의 저점과 고점을 그리는 방식인데 그 밴드의 상단과 하단이 무려 200 포인트 이상이다. 구체적 예시를 들 수 없는 점은 이해해주길 바란다. 독자 여러분이 과거 자료를 통해 쉽게 비교 검토해 볼 수 있다. 형태는 ECB 거시경제 예측과 비슷하다. 그런데 문제는 이런 밴드로는 정교한 투자활동을 할 수 없다. 즉 정교한 리스크 측정을 할 수 없기 때문에 차입 투자와 같은 공격적 투자를 할 때는 다른 예측 시스템이 필요로 할 것이다. 일반 투자자로서는 중간값을 가지는 경로의 상정이 최선이다.

그러므로 주식 시장에 진입할 때 우리가 흔히 접하는 시세 예측 보고서는 결코 불확실성을 축소시켜 준다고 할 수 없다. 사실상 증권사가 일반 개인투자자에게 제공하는 예측 모델의 신뢰성도 낮을 뿐더러 이를 장기적 전망에 적용할 때는 그 오차값이 더욱 커지기 때문이다.

⸻⟨ 직관과 통찰

예측과 많이 비슷하면서도 더 애매해 보이는 게 육감 또는 직관이다. 경험이 많은 트레이더 또는 매니저들에게는 소위 직관이라는 것이 있다. 예를 들어 기술적 분석 중에 시간론이 있다. 시간론은 쉽게 말해 오를 자리와 떨어질 자리를 유추하는 테크닉인데 갈 자리에서 못 올라가면 하락으로 보고 떨어질 자리에서 더 하락하지 못하면 상승으로 보는 식이다. 보통 영어로는 실패한 신호 (failed signal)라고 부른다. 경험이 많은 트레이더들은 시간론 혹은 시장의 리듬을 체화한 사람들이다. 직관이란 축적된 경험과 패턴 인지로부터 나온다. 요컨대 직관은 큰 그림 (Big Picture)을 그릴 수 있는 능력이다. 트레이더의 직관은 여기서 그치지 않고 리스크 관리체계 또한 포함한다. 결국 직관이든 실패한 신호에 의한 매매이든 다음 수를 대비해놓고 있어야 한다는 의미이다.

통찰은 질적 예측의 한 범주이다. 일반적으로 주식투자에 있어서 통찰은 특정 산업에 대한 것이다. 그런데 산업에 대한 인사이트는 산업의 투자 동향과 주기를 완전히 이해하고 있는 내부자들도 가지기 힘든 영역이다. 특히 회사를 이끄는 임원과 팀장은 결코 부정적 의견을 앞서 피력하기 힘들뿐더러 사업 기회를 잡아야 하기 때문에 낙관적 편향을 가진다. 그러므로 시장이 보내는 거짓 신호들을 잘 가려내옥석을 가려보는 판단도 통찰에 속한다 할 수 있겠다. 즉 시장에 흐르는 돈이 어디로 흘러가는가 이 흐름을 따져보자는 것이다. 만약 기업들의 투자 환경이 좋지 않아졌다면 주식을 팔아야 한다. 보통 실질금리 수준이 높아졌을 때 투자 환경이 나쁘다고 볼 수도 있겠다. 그 외 인플레이션이 심해져 제조원가는 증가하지만 가격 전가는 쉽지 않을 때도 투자 심리는 급격히 위축된다.

⸺◖ 관찰과 계획

오랜 경험이 있는 투자자들은 어떤 지표 (data)가 나의 투자 목표와 성향에 잘 맞는 지 잘 알고 있다. 특정 산업 섹터에 대해 투자를 결정하기 전에 해당 산업의 성장성과 안정성을 보여주는 지표들이 어떻게 나오는지 확인해볼 필요가 있다. 예를 들어 은행 업종에 투자한다면 연체율과 대출 성장률, 예대마진 (NIM) 등을 살펴 볼 것이다. 반도체 업종에 투자한다면 필라델피아 반도체지수, DRAM 가격 동향, 반도체 출하액 정도는 살펴 볼 필요가 있다. 해운업에 투자한다면 발틱운임지수 (BDI) 흐름 정도는 이해해야 한다.

제조업 및 내구 소비재는 대표적 경기민감업종으로서 경기선행지표를 따져볼 것이다. 위에서 소개한대로 통계청에서 발표하는 소비자 심리지수 (CCSI)와 기업경기실사지수 (BSI)는 대표적 선행지표이다. 글로벌한 관점에서는 OECD에서 발표하는 경기선행지수 (CLI), 미국 ISM에서 발표하는 ISM 제조업지표 또한 매우 유용한 투자 판단 지표이다.

KOSPI와 BSI, 소비자심리지수 관계

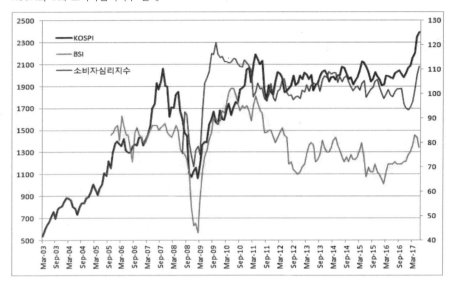

ISM 제조업지표

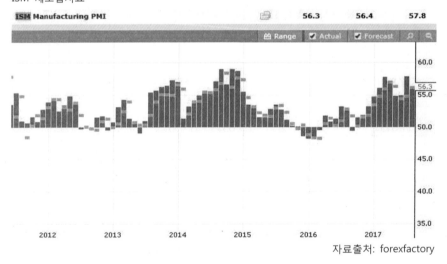

자료출처: forexfactory

    중앙은행의 스탠스 (경기 판단과 통화 정책에 대한 입장) 또한 주의 깊게 봐야 한다. 중앙은행은 위기시 최종 대부자의 역할을 자처하며 공격적인 경기부양 정책을 쓸 수밖에 없다. 중앙은행의 대표적 목표가 실업률 안정과 물가 목표 달성이라는 이른바 이중 책무 (dual mandate)를 지니고 있기 때문이다. 중앙은행은 심각한 디플레와 인플레에 빠지지 않도록 선제적 대응을 한다. 너무 급격한 디플레와 인플레가 오면 실업률이 높아지며 투자가 위축된다. 2013년 일본중앙은행은 경기불황을 타개하고자 본원통화를 60조~80조엔 공급하는 양적완화를 단행한다. 뿐만 아니라 주식시장에도 개입 인덱스 펀드 매수 계획도 발표한다. 이렇듯 중앙은행의 통화정책 또한 중요한 투자 지표가 될 수 있다.

이러한 거시 지표를 우선 살펴 보는 이유는 개별 기업의 실적은 경제 국면과 그에 따른 투자와 소비 심리에 의존할 수밖에 없다고 보기 때문이다. 일반적으로 거시지표를 먼저 보고 투자할 만한 환경인지 보는 투자분석 방식을 탑-다운이라고 한다. 반대로 기업의 혁신성과 상품, 마케팅 능력, 독점력을 우선시 하는 분석을 바텀-업이라고 한다. 재무재표 분석을 하는 이유가 여기에 있다.

그런데 주식 시장의 변동성은 경기와 기업의 성장성, 내재가치보다 훨씬 크다. 때로는 과도한 기대감 때문에 오버슈팅을 할 때도 있고 불확실성이 커질 때는 패닉에 빠지기도 한다. 그러므로 보조 지표를 통해 과열권과 패닉 국면을 적절히 피할 필요가 있다. 일반적으로 말해서 투자의 적절한 타이밍을 잡기 위해 차트 분석을 하고 보조지표를 활용해 주식 차트가 가지는 불규칙성을 제거한다. 보조지표 분석은 해석이 다양해 그 즉시성에도 불구하고 함정에 빠지는 경우가 많다. 필자의 생각에 그 유용성에도 불구하고 보조지표가 사실상 평가절하되고 있는 이유는 오직 보조지표에만 매몰된 투자자들이 너무 많기 때문이다. 즉 너무 흔해서 평가절하되고 있다고 생각한다. 그러므로 보조지표를 제대로 활용하기 위해서는 본인의 투자 성향을 정확히 알고 이에 따른 투자 원칙 정도는 수립해 둬야 한다. 또한 가격이 움직이는 모멘텀 정도는 이해하고 있어야 한다.

자주 쓰이는 보조지표의 소개는 2부에서 별도로 소개하며 여기서는 주식 시장에 대한 경험이 어느 정도 있는 독자들도 생소할 수 있는 두 가지 지표인 변동성과 미결제약정을 안내하고 실제 어떻게 활용될 수 있는지 예를 들어 보겠다.

⌐ 변동성

우선 변동성의 개념부터 정립해보자. 변동성이 크다는 것은 진폭이 커진 상태로 이해하면 된다. 반대로 변동성이 작다는 것은 진폭이 줄어든 상태이다. 진폭이 지난 일정 기간의 평균 (보통 20일) 대비 커지면 변동성이 커졌다고 말한다. [그림 16] 아래 그림은 주가가 횡보한다는 가정하에 그린 것이지만 횡보에도 불구하고 변동성이 커졌다고 할 수 있다. 통계학적 의미에서 변동성을 커졌다는 것은 상승 폭과 하락 폭이 함께 커졌음을 의미 한다.

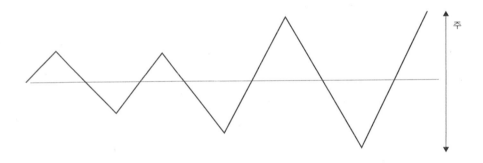

변동성은 다른 말로 리스크 (위험)이다. 변동성이 커지는 이유는 기존 거래 참여자 외 신규 거래자들이 동참했다는 것이다. 이 경우 거래량 상승을 동반한다. 각 상품별로 다를 수 있지만 지난 20일 거래량 평균의 2배 정도 기록한다면 신뢰도는 매우 상승한다. 변동성을 측정하는 대표적 보조지표로 볼린저 밴드가 있다. 볼린저 밴드는 지난 20일간 주가 상승과 하락의 표준편차를 위와 아래에 동시에 그리고 이 밴드 즉 표준편차를 벗어나는 경우 변동성이 커졌다고 판단한다. 위에서 거래량 2배라는 조건을 걸고 동시에 만족하면 신뢰도가 높다고 기술했는데, 신규 거래자가 어느 정도 진입했는지 거래량으로 판단해보자는 것이다. 평균적 움직임을 턴할 때 거래량이 많이 필요하다. 거래량은 일종의 에너지인 것이다. 로켓이 중력을 탈출할 때 필요한 속도를 탈출 속도라 하는데 이때 에너지가 많이 필요하며 대기권을 벗어나면 큰 에너지 없이 우주로 진입한다. 이와 같다고 생각하면 된다. 아래 SK하이닉스 차트로 예를 들었다. 2016년 6월 24일 볼린저 밴드를 대량 거래량과 함께 돌파하며 추세를 형성하고 있다. [그림 17]

[그림 17] SK하이닉스 (주봉) 거래량 증가후 변동성 확대 (2014.10~2017.08)

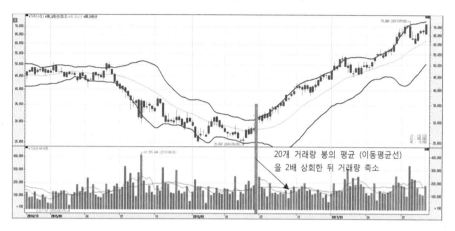

하락시에도 같은 원리가 적용된다. 일반적으로 하락시 변동성이 상승시 변동성보다 더욱 크다. [그림 18] 아래 한미약품 경우 본격적 하락은 2016년 9월 말로 보면 된다. 거래량이 지난 1개월 평균 거래량을 2배 이상 상회하는 것을 볼 수 있다. 다시 말해서 기존 한미약품 주식보유자들이 신규 거래자로 매도세에 동참하며 변동성이 커지고 이것이 볼린저 밴드의 하단을 돌파하는 것으로 기술된다. 일반적으로 하락 변동성이 더 크다. 왜냐하며 주식 거래자들이 하락을 좀 더 적극적으로 회피하는 것으로 해석할 수 있다. 또 상승시에는 이익을 작게라도 확정시키고자 기존 주식 보유자들이 짧은 시간 안에 매도자로 등장해 상승 폭을 줄이는 역할을 하며 반면 작은 하락에도 주식이 싸다고 인식하여 단기에 매수자들이 붙기 때문이다.

[그림 18] 한미약품 KOSPI 병동성 확대

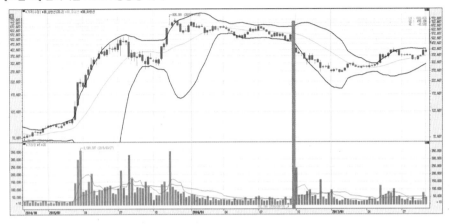

　　당일의 변동성을 가장 잘 나타내는 지표중 하나로 내재 변동성이 있다. 주식 시장에 거래되는 파생상품 중 옵션이 있는데 옵션 가격을 통해 변동성을 역 추정하는 것이다. 계산은 블랙─숄즈 미분 방정식을 따르는데 이렇게 계산된 변동성을 내재변동성이라 한다. [그림 19] 변동성은 VIX라는 선물지수로 거래도 되기 때문에 현재 시장의 속도를 효율적으로 기술한다고 볼 수 있다. 변동성은 한국거래소에서 제공하고 있다.[21] [그림 21] 아래 그림에서 볼 수 있듯이 일반적으로 시장이 하락할 때 대표변동성이 커진다는 것을 확인할 수 있다.

 내재변동성추이 KRX 제공 http://marketdata.krx.co.kr/ mdi#document=100407 [그림 20]

[그림 19] 대표변동성

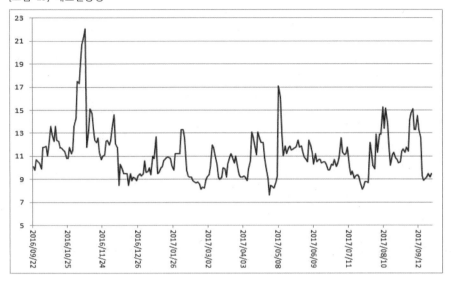

[그림 20] KRX 제공 내재변동성 지표

80099 내재변동성추이

| 품목선택 | 코스피200 옵션 ▼ |
| 조회기간 | 20160814 ~ 20170814 |

🔍 조회

컬럼 Excel CSV

⏱ 2017/08/16 오후 8:28:47

(단위:%)

일자	공평균내재변동성	풋평균내재변동성	대표변동성	역사직변동성(90일)
2016/09/06	10.10	11.90	10.90	11.50
2016/09/05	11.80	12.30	12.00	11.50
2016/09/02	11.10	12.10	11.60	11.30
2016/09/01	11.20	11.40	11.30	11.30
2016/08/31	9.40	12.60	11.00	11.30
2016/08/30	10.70	10.20	10.40	11.40
2016/08/29	10.70	12.00	11.20	11.40
2016/08/26	10.90	10.80	10.90	11.40
2016/08/25	10.30	11.20	10.70	11.40
2016/08/24	9.60	11.80	10.80	11.40
2016/08/23	9.90	11.60	10.60	11.80
2016/08/22	10.30	11.90	11.10	11.90
2016/08/19	9.30	11.40	10.20	11.80
2016/08/18	10.30	10.70	10.40	11.80

본 정보는 투자 참고 사항이며 오류가 발생하거나 지연될 수 있습니다. 제공된 정보에 의한 투자결과에 대한 법적인 책임을 지지 않습니다.
신속한 정보 제공과 보다 안정적인 서비스 제공을 위한 내부 정책 변경으로 데이터 조회기간을 1년 범위로 제한됩니다.

자료출처: KRX

[그림 21] KOSPI와 대표변동성 비교

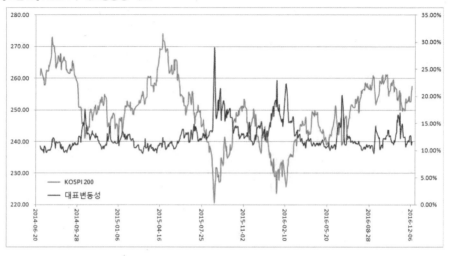

   뿐만 아니라 변동성은 평균 회귀 성격이 매우 강하다 주가처럼 한없이 상승하거나 하락할 수 없다. 어느 정도 오르면 다시 내려오고, 어느 정도 내려가면 다시 올라간다. 따라서 변동성이 높은 레벨에 있을 때는 변동성 하락을 예상한 참여자들이 늘어날 수밖에 없고 변동성 레벨이 낮을 때는 변동성 상승을 예상한 참여자들이 늘어나게 돼 있다. 이러한 특성을 이용하기 위해 변동성이라는 원 데이터 (raw data)를 적절히 변형해서 사용하는 것이 가능해진다. 물론 이 변형에는 정답이 없고 각자 감내할 수 있는 위험 관리에 따라 다르다. 필자의 경험상 원 데이터 기준으로 변동성 또는 VIX가 15.0을 넘어가면 주의를 요한다. 즉 하락시 변동성이 커지므로 12에서 15로 넘어가는 순간 좀 더 타이트하게 리스크 관리를 해야 한다. 옵션 거래자들은 변동성 매수와 매매를 동시에 할 수 있는데, 마찬가지로 필자의 경험상 매도 플레이를 해볼 만한 구간은 40일 중 10일 정도 나온다.

·····◖ 미결제약정 (open interest)

　미결제약정은 파생상품 거래 고유의 특징에서 나온다. 주식거래자들은 매번 그 수치를 확인할 필요는 없겠지만 대형주 위주 거래를 할 때는 시장 전체의 분위기에 따라 종목이 상승과 하락을 할 수 있으므로 가끔씩 확인하면 매매에 적절한 도움을 얻을 수 있을 것이다. 미결제약정은 투자자가 선물 옵션 계약을 한 뒤 장 중에 반대매매하지 않고 장 종료 후에도 계속 보유한 수량을 의미한다. [표 2] 아래 표처럼 시장 참여자 5명이 거래했을 때 총 거래량은 7개이지만 미결제약정은 3개이다. 미결제약정은 오직 신규 거래에서만 카운트되며 환매 또는 전매와 같이 기존 보유자의 반대매매가 포함되면 미결제약정은 늘어나지 않는다.

[표 2] 미결제약정 증감 예시

시간	참여자	매수 (수량, 개)	매도 (수량, 개)	미결제약정 (개)
09:00	A	2 (신규)		2
	B		2 (신규)	
11:00	C		2 (신규)	4
	D	2 (신규)		
13:00	A		1 (전매도)	3
	C	1 (환매수)		
15:00	A		1 (전매도)	3
	E	1 (신규)		
15:30	D		1 (전매도)	3
	E	1 (신규)		
장 종료후 참여자 보유수량: A 0개 B 2개 C 1개 D 1개 E 2개				

　즉 미결제약정은 신규 포지션의 증감을 나타낸다. 이는 시장의 추세적 강도를 의미한다. 예를 들어 시장이 상승했을 때 이 상승에 동참하는 선물 매수자들이 많다

면 미결제약정은 증가하고 상승세가 좀 더 연장될 것으로 보는 시장 참여자들이 많은 것으로 볼 수 있다. 반면 신규 매도자도 같이 증가했다. 그러므로 미결제약정에는 조건부 설명이 붙는다. 시장이 상승 추세를 좀 더 연장하면 손실을 보는 신규 매도자들의 반대매매 즉 환매수가 등장하고 이것이 상승세를 강화한다. 즉 그 조건부는 최근 일정 구간의 고점 돌파이다. 이 일정 구간은 개개인이 탄력적으로 설정하길 권한다. 만약 상승을 했는데 미결제약정이 오히려 감소했다면 또한 고점을 돌파 못한 상태에서 그 수가 감소했다면 상승에 대한 신뢰도는 떨어진다. 지수 상승을 이용해 기존 매수자들이 환매도에 나선 것이기 때문이다. 즉 미결제약정이 다시 증가하고 지수가 상승하려면 일정 구간의 고점 돌파가 필수적일 것이다.

　아래 차트를 보면 2017년 7월 28일 코스피 지수가 42 포인트 급락 뒤 7월 31일, 8월 1일 이틀간 22 포인트 정도 상승하였다. [그림 22] 하지만 미결제약정은 감소한 것을 볼 수 있다. 기존 매수자들의 손절 물량 또는 고점에서 미처 팔지 못한 물량이 출회된 것이다. 미결제약정은 시장의 추세연장과 반전을 가늠할 수 있는 중요한 지표라 할 수 있다.

미결제약정 증가와 추세의 단기적 강화

| 101M9 | 0 ▼ | 선물 2017년 9월물 | | 캔들 | 30초 | 1 | 일 | 당일 | 추가 |
| 307.60 ▲ | 1.65 | (0.54%) | 178,742계약 | | | (미)288,252 |

단, 미결제약정 근월물 만기까지 자연증가분 고려할 필요 있음. 그러므로 자연증가추세치를 차감한
미결제약정의 증감을 보는 것이 엄밀할 것. 로그를 이용한 평균변화율을 사용.

　이상 살펴본 변동성지표와 미결제약정은 필자가 선물 거래시 자주 참고하는 지
표이며 이 둘은 거래량과 밀접한 관련이 있다. 특정 가격을 돌파하기 위해서는 거
래량이 동반되어야 하며 일정 구간의 고점을 돌파하는 순간 변동성이 확장된다.
또한 미결제약정이 동반되어 고점을 돌파한다면 더 신뢰도 높은 추세 추종 매매를
할 수 있다.

 **03** **자산배분의 필요성**

자산배분의 이해

우리는 지금까지 주식이라는 하나의 자산 집단에서 시장의 추세 (trend)와 모멘 텀을 식별하고 하나의 주식시장이라는 차원에서 수익성과 위험을 고려했다. 이번 장에서는 주식 외 다른 자산 집단과 복수의 주식시장에서 수익성을 높이고 위험을 분산하는 방법을 생각해 보고자 한다.

자산집단 (자산군)은 위험과 수익률의 분포가 유사한 경제적 자원을 뜻한다. 또한 자산집단 간 상관관계는 0에 가깝거나 부의 상관관계를 가질 수도 있다. 부의 상관관계를 가진 자산집단은 상호보완적일 것이다. 전통적인 자산의 종류는 주식, 채권 및 현금이다. 이들은 다시 그 위험과 수익률 분포의 특성상 다음과 같이 세분 화 될 수 있다.

주식: 규모별 (대형주 중형주 소형주), 특성별 (가치주 성장주 배당주), 지역별 (국내, 선진국, 신흥국, 개발도상국 등)

채권: 등급별 (투자등급 투기등급 정크), 국공채 또는 회사채, 만기별, 지역별

⸻⟨ 현금 및 현금성 자산

이외 고려할 만한 자산 집단을 대체 자산집단이라 따로 부르며 다음이 포함된다: 귀금속, 상업용 또는 주거용 부동산 (REITs), 외국통화, 보험, 파생 상품을 들 수 있다.

자산배분이란 일차적으로 이상의 자산집단별로 투자자금을 나누는 투자방식을 뜻한다. 보다 엄밀히 말하면, 자산배분은 투자자의 위험 허용 범위 (감내할 수 있는 최대 손실금액)와 수익목표, 투자기간에 따라 위험과 기대수익 모두를 고려해 투자 포트폴리오 내 자산집단의 비율을 조정하는 전략이다. 자산배분 전략이 추구하는 바는 기대 수익의 최대화와 위험의 최소화이다.

자산배분 전략과 직접 비교할 수 있는 투자는 시장 예측활동 (Market Timing)이다. 시장 예측활동이란 경기 순환 또는 경제 상황에 대한 전망으로부터 미래 시장 가격의 움직임을 예측하여 시장 진입 및 퇴출을 결정하는 행위이다. 나아가 자산집단 간 전환을 결정하기도 하는데 이 경우 특정 자산집단 외 전체 자산 시장에 대한 전망을 필요로 한다. 예를 들어 주식시장이 하락하기 전에 주식을 매도해 채권이나 현금성 자산으로 교체하거나 미국 주식이 지지부진한 데 반해 일본 주식은 앞으로 더 강세를 보일 것으로 예상하여 일본 주식의 비중을 높이는 방식으로 투자하는 것을 말한다. 시장 간 상대 강도와 미래 시장 가격을 예측할 때 경우에 따라서 기술적 분석 (차트 분석)에 의존하기도 한다.

이에 반해 자산배분 활동은 시장의 전환점을 예측하거나 주식을 비쌀 때 사고 쌀 때 파는 일반적 투자 행태에 회의감을 가지고 보다 장기적인 관점에서 주식시장의 평균 수익률을 이겨보고자 노력하는 것이다. 결정적인 차이점은 투자자가 제시한 요구수익률과 위험에 대한 제약조건을 적극 수용하고 투자 목표를 안정적으로 달성하기 위해 계좌의 수익과 손실을 최적화 하는 노력에 있다. 자산집단의 지난 실적을 비교 분석하여 자산집단별 고유의 기대수익과 기대손실을 포트폴리오 구성과 비율 산정에 적극 활용한다. 자산배분 전략 하에서는 예를 들어 아무리 최근 주식시장이 강세를 보이고 있다 하더라도 지난 10년간 주식시장의 최대 손실률을 고려하여 일정 비중 이하로 편입 운용하여야 한다.

자산배분은 0에 근접한 또는 부의 상관관계에 놓여 있는 자산집단을 조합해 투자 포트폴리오를 만들려는 경향이 강하기 때문에 투자하는 전 기간에 걸쳐 주어진 기대수익 대비 변동성 (표준편차)은 낮출 수 있다는 장점이 있다 — 과거 실적을 근거로 이루어진 최적화 개념). 그러므로 자산배분은 과거 데이터의 검증과 예측이라는 측면에서 과학적 요건을 갖춘 투자 방법이라 할 수 있다. 그러나 과거의 관계가 미래에도 이어질 것이라는 보장은 없다. 더구나 1장에서 기술한 양의 되먹임 현상을 고려했을 때 기댓값과 실제 결과가 상당히 커질 수도 있다. 원칙적으로 자산배분이 포트폴리오 총 위험을 키우지는 않지만 성과가 높은 포트폴리오 변화를 예측하는 시스템은 아니다. 결론적으로 자산배분은 수익 변동에 대한 자산집단별 설명력을 제공하여 의사결정의 과학성과 자산운용 중간의 평가 기준을 제공하되 그 장기적 운용 결말을 담보할 수는 없다 — 회귀 계수 추정법으로 유추. 일반적으로 자산배분을 실시할 때는 자산군의 과거 수익률과 시장 전망을 적절하게 이용해 포트폴리오를 구성한다. [그림 23]은 연도별 자산군의 수익률과 순위변화를 일목요연하고 직관성 있게 보여준다. 최근에는 자산배분에 대한 투자자들의 수요가 높아져 국내 증권사와 운용사 또한 자산배분 보고서를 주기적으로 발간하고 있고, 자산군의 과거 수익률을 아래와 같이 정리하여 제공하고 있다.

[그림 22] 미결제 감소와 KOSPI 흐름

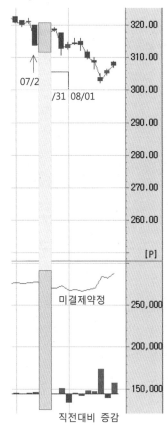

미결제약정

직전대비 증감

7월 31일, 8월 1일 지수 상승했지만
미결제약정은 감소

[그림 23] 자산집단별 수익률

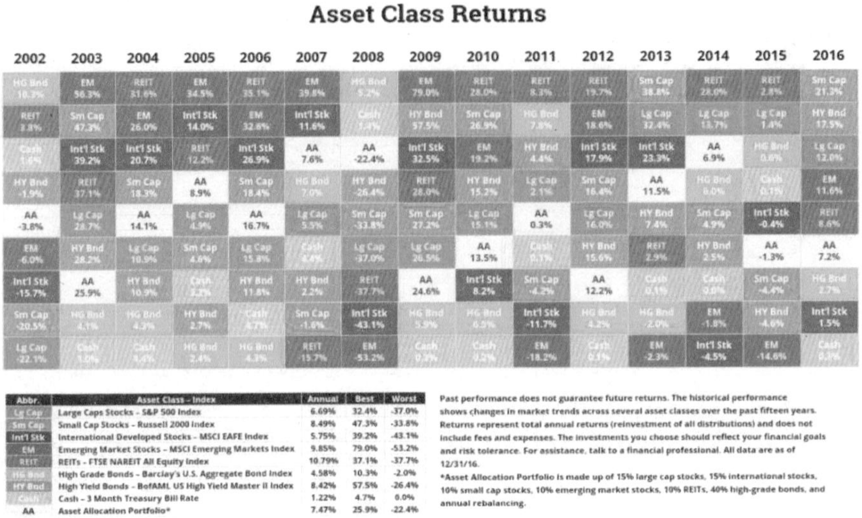

Asset Class Returns

2002	2003	2004	2005	2006	2007	2008	2009	2010	2011	2012	2013	2014	2015	2016
HG Bnd 10.3%	EM 56.3%	REIT 31.6%	EM 34.5%	REIT 35.1%	EM 39.8%	HG Bnd 5.2%	EM 79.0%	REIT 28.0%	REIT 8.3%	REIT 19.7%	Sm Cap 38.8%	REIT 28.0%	REIT 2.8%	Sm Cap 21.3%
REIT 3.8%	Sm Cap 47.3%	EM 26.0%	Int'l Stk 14.0%	EM 32.6%	Int'l Stk 11.6%	Cash 1.4%	HY Bnd 57.5%	Sm Cap 26.9%	HG Bnd 7.8%	EM 18.6%	Lg Cap 32.4%	Lg Cap 13.7%	Lg Cap 1.4%	HY Bnd 17.5%
Cash 1.6%	Int'l Stk 39.2%	Int'l Stk 20.7%	REIT 12.2%	Int'l Stk 26.9%	AA 7.6%	AA -22.4%	Int'l Stk 32.5%	EM 19.2%	HY Bnd 4.4%	Int'l Stk 17.9%	Int'l Stk 23.3%	AA 6.9%	HG Bnd 0.6%	Lg Cap 12.0%
HY Bnd -1.9%	REIT 37.1%	Sm Cap 18.3%	AA 8.9%	Sm Cap 18.4%	HG Bnd 7.0%	HY Bnd -26.4%	REIT 28.0%	HY Bnd 15.2%	Lg Cap 2.1%	Sm Cap 16.4%	AA 11.5%	HG Bnd 6.0%	Cash 0.1%	EM 11.6%
AA -3.8%	Lg Cap 28.7%	AA 14.1%	Lg Cap 4.9%	Lg Cap 16.7%	Sm Cap 5.5%	Sm Cap -33.8%	Sm Cap 27.2%	Lg Cap 15.1%	AA 0.3%	Lg Cap 16.0%	HY Bnd 7.4%	Sm Cap 4.9%	Int'l Stk -0.4%	REIT 8.6%
EM -6.0%	HY Bnd 28.2%	Lg Cap 10.9%	Sm Cap 4.6%	AA 13.8%	Lg Cap 5.5%	Lg Cap -37.0%	Lg Cap 26.5%	AA 13.5%	Cash 0.1%	HY Bnd 15.6%	REIT 2.9%	HY Bnd 2.5%	AA -1.3%	AA 7.2%
Int'l Stk -15.7%	AA 25.9%	HY Bnd 10.9%	Cash 3.2%	HY Bnd 11.8%	HY Bnd 2.2%	REIT -37.7%	AA 24.6%	Int'l Stk 8.2%	HY Bnd ...	AA 11.5%	Cash 0.1%	Cash 0.0%	Sm Cap -4.4%	HG Bnd 2.7%
Sm Cap -20.5%	HG Bnd 4.1%	HG Bnd 4.3%	HY Bnd 2.7%	Cash 4.7%	Sm Cap -1.6%	Int'l Stk -43.1%	HG Bnd 5.9%	HG Bnd 6.3%	Sm Cap -4.2%	HG Bnd 4.2%	HG Bnd -2.0%	EM -1.8%	HY Bnd -4.6%	Int'l Stk 1.5%
Lg Cap -22.1%	Cash 1.0%	Cash 1.4%	HG Bnd 2.4%	HG Bnd 4.3%	REIT -15.7%	EM -53.2%	Cash 0.2%	Cash 0.1%	EM -18.2%	Cash 0.1%	EM -2.3%	Int'l Stk -4.5%	EM -14.6%	Cash 0.3%

Abbr.	Asset Class - Index	Annual	Best	Worst
Lg Cap	Large Caps Stocks - S&P 500 Index	6.69%	32.4%	-37.0%
Sm Cap	Small Cap Stocks - Russell 2000 Index	8.49%	47.3%	-33.8%
Int'l Stk	International Developed Stocks - MSCI EAFE Index	5.75%	39.2%	-43.1%
EM	Emerging Market Stocks - MSCI Emerging Markets Index	9.85%	79.0%	-53.2%
REIT	REITs - FTSE NAREIT All Equity Index	10.79%	37.1%	-37.7%
HG Bnd	High Grade Bonds - Barclay's U.S. Aggregate Bond Index	4.58%	10.3%	-2.0%
HY Bnd	High Yield Bonds - BofAML US High Yield Master II Index	8.42%	57.5%	-26.4%
Cash	Cash - 3 Month Treasury Bill Rate	1.22%	4.7%	0.0%
AA	Asset Allocation Portfolio*	7.47%	25.9%	-22.4%

Past performance does not guarantee future returns. The historical performance shows changes in market trends across several asset classes over the past fifteen years. Returns represent total annual returns (reinvestment of all distributions) and does not include fees and expenses. The investments you choose should reflect your financial goals and risk tolerance. For assistance, talk to a financial professional. All data are as of 12/31/16.

*Asset Allocation Portfolio is made up of 15% large cap stocks, 15% international stocks, 10% small cap stocks, 10% emerging market stocks, 10% REITs, 40% high-grade bonds, and annual rebalancing.

자료출처: Best of the Web

다음 절에서는 자산배분의 성과를 변수별로 고찰해본 연구 논문을 살펴봄으로써 투자의 발전상 가운데 자산배분 전략이 차지하고 있는 의미와 우리가 투자시 피해야 하거나 적극적으로 고려해볼 만한 화두를 생각해보기로 한다.

자산배분전략의 검토

자산배분전략의 중요성은 금융 위기 이후 다시 부각되고 있다. 사실 1980년대와 90년대만 해도 채권과 주식 간 상관관계가 낮았고 자산배분전략 보다는 바이 앤드 홀드, 즉 좋은 주식을 사서 묻어두는 것이 더 중요했다. 이 기간 동안 진행된 장기적인 인플레이션 하락과 세계화 물결을 반영하여 채권과 주식 모두 강세를 보였으며 시장에 일찍 진입하는 것이 오히려 미덕이었다. 그러나 2000년 이후 로컬화 진행인 듯 보이는 뚜렷한 경기순환의 실종과 업종별 투자 주기의 빠른 순환 때문에 바이 앤드 홀드가 더 이상 잘 작동하지 않게 돼버렸다. 위에서 언급했듯 자산집단별 상관관계가 낮을수록 자산배분전략이 효용성이 커지는데 2000년 이후 인플레이션 장기 하락이 멈추며 [그림 24]과 같이 채권과 주식이 서로 상반되게 움직이는 것을 볼 수 있다. 또한 상품 측면에서도, 과거와 달리 분산 투자할 수 있는 자산군이 다양해지고 (이머징 마켓 주식, 채권, 인프라 투자 등 대안 투자 자산의 등장), ETF가 활성화 되며 낮은 비용으로 분산투자를 구현하는 것이 가능해졌다.

[그림 24] S&P 500과 미국 국채 10년물 상관관계

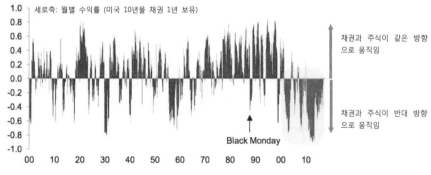

2000년 이후 주식과 채권 수익률은 음의 상관관계를 보이고 있음

기본적으로 자산배분전략은 인덱스 전략의 그 단순성과 효율성에 대한 투자철학을 상당 부분 공유하고 있다. 1974년 폴 새뮤얼슨은 〈판단에 대한 도전〉을 통해 인덱스 전략의 우수성을 알렸고 이에 영감을 받아 존 보글이 1976년 인덱스 펀드[22]를 출시해 성공적으로 시장에서 그 대중성과 유효성을 검증 받았다. 그러나 상기한 바와 같이 80년대에는 바이 앤드 홀드, 즉 증권선택활동이 여전히 가장 중요했으며 연기금과 같은 대규모 펀드 외 다른 펀드들이 이 전략을 구사하기에는 너무 수동적 투자 행위로 여겨졌다.

[22] 인덱스 전략: 주가를 미리 예측하는 것은 무모하며 장기적으로 시장을

이기는 펀드 매니저는 없다는 것이 이를 방증한다. 완벽한 분산 투자는 시장 전체에 투자하는 것이다. 강형의 효율적 시장 가설을 지지하는 투자 전략이다.

존 보글 (John Bogel)은 1974년 투자회사인 뱅가드를 설립, 1976년 개인투자자를 위한 최초의 인덱스 펀드인 First Index Investment Trust를 선보인다. 지금도 유명한 Vanguard 500 Index Fund의 전신이다.

그러던 중 1986년 브린슨, 후드, 비보워 (Gary P. Brinson, L. Randolph Hood, Gilbert L. Beebower 이하 BHB)가 발표한 〈Determinants of Portfolio Performance〉[23]에서 펀드 매니저의 역량이라 할 수 있는 증권 선택과 단기적인 시장 변동 예측이 전체 포트폴리오의 수익에 미치는 영향이 생각했던 것보다 훨씬 작은 것으로 밝혀졌다. [그림 25] 아래 그림에서 보듯이 포트폴리오의 성과를 결정하는 요인을 비중별로 살펴 보면, 증권 선택 활동은 4.6%, 주식 시장의 비중 및 진입과 퇴출을 결정하는 시장 타이밍 예측 활동이 1.8%, 차익거래 및 헤지거래를 위한 비효율적 시장의 발견 활동이 2.1% 차지한다. 그리고 전체 수익 중 91.5%가 펀드의 벤치마크 포트폴리오, 즉 포트폴리오 전체 인덱스의 성과로 설명이 된다.

[23] 〈Determinants of Portfolio Performance〉 (포트폴리오 실적을 결정하는 요소) 최초 이 논문은 Financial Analysts Journal을 통해 1986년 발표되었으며 1991년, 1995년에 걸쳐 개정되었다.

[그림 25] 포트폴리오 성과 결정요인 (비중%)

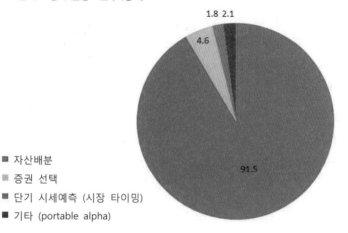

1.8 2.1
4.6
91.5

■ 자산배분
■ 증권 선택
■ 단기 시세예측 (시장 타이밍)
■ 기타 (portable alpha)

BHB는 실제 포트폴리오가 다음과 같은 4개의 전략적 활동을 통해 작성된다고 본다 — 사분면 위의 Ⅰ(로마식 숫자)분면에 해당. BHB가 어떠한 논리로 포트폴리오 성과 결정요인을 도출했는지, 어떻게 저 숫자들이 나왔는지 소개하고자 한다. 아래 그림은 BHB 논문에 수록된 것으로서, 생소한 통계학 용어가 많이 나오지만 최대한 풀어서 쓰고자 했다. 그러나 여전히 생소하다면 그림 부분은 건너뛰어도 좋다.

Ⅰ분면은 장기적인 투자 정책 (investment policy)을 의미한다. 펀드의 벤치마크 수익률로 활용된다. 이 투자 정책은 포트폴리오 내의 자산집단에 대한 표준적 배분 원칙을 의미한다. 투자 정책에 따른 수익률은 자산집단 각각에 대한 가중치와 인덱스 (원문: passive) 수익률을 곱한 값이다. Ⅱ분면은 적극적 자산 배분활동이다. 정책에 따른 투자가 수동적인데 비해 능동적 자산 배분을 추구한다. 시장 가격을 예측하거나 일시적으로 시장이 과도하게 오르거나 내리거나 한 시장 불균형 요인을 찾아[24] 정책에서 정한 비중 대비 그 비중을 늘리거나 줄임으로써 달성한다. Ⅱ분면의 수익률은 실제 가중치 (actual asset class weights)와 벤치마크 (원문: passive benchmark) 수익률을 곱한 값이다. Ⅲ분면은 정책에서 정한 자산집단

의 비중은 준수하되 개별 자산의 인덱스 수익률을 초과하고자 노력하는 활동을 의미한다. Ⅲ분면의 수익률은 정책에서 정한 표준 비중과 실제 수익률 (actual asset class returns)을 곱한 값이다. Ⅳ분면은 펀드의 실제적인 포트폴리오 운영이며 펀드가 달성한 실제 수익률을 의미한다. 이 값은 자산집단별 실제 가중치와 실제 수익률을 곱한 값이다.

◣Ａ 수익률 계량 관리를 위한 사분면

	증권선택	
	적극적	소극적
자산배분 **적극적**	**Ⅳ분면** 적극적 운용 수익률 (총 수익률)	**Ⅱ분면** 펀드 표준 전략 및 적극적 자산배분 수익률
자산배분 **소극적**	**Ⅲ분면** 펀드 표준 전략 및 증권선택 수익률	**Ⅰ분면** 펀드 표준 수익률 (BM)

BM (benchmark): 기준 수익률
총 수익률에 대한 적극적 활동별 기여도
적극적 자산배분 (시장 타이밍): Ⅱ-Ⅰ
증권 선택: Ⅲ-Ⅰ
기타: Ⅳ-Ⅲ-Ⅱ+Ⅰ = Ⅳ-Ⅰ-(Ⅲ-Ⅰ)-(Ⅱ-Ⅰ)
= 총 수익률: Ⅳ-Ⅰ

B 총 수익에 대한 각 분면의 점유율*

증권선택

	적극적	소극적
적극적 자산배분	IV분면 100%	II분면 93.3%
소극적	III분면 96.1%	I 분면 91.5%

* 설명된 분산 또는 결정계수가 정확한 통계학적 용어임, 변수 간 상관관계
   의 R square 값

적극적 활동별 총 수익에 대한 영향력 (설명력)
   적극적 자산배분 (시장 타이밍): 1.8% = 93.3-91.5
   증권 선택: 4.6% = 96.1-91.5
   기타: 2.1% = 100-96.1-93.3+91.5
   = 총 수익률 (적극적 운용 수익): 100%

C 평균 수익률

증권선택

	적극적	소극적
적극적 자산배분	IV분면 100%	II분면 93.3%
소극적	III분면 96.1%	I 분면 91.5%

* 설명된 분산 또는 결정계수가 정확한 통계학적 용어임, 변수 간 상관관계
   의 R square 값

적극적 활동별 총 수익에 대한 영향력 (설명력)
   적극적 자산배분 (시장 타이밍): 1.8% = 93.3-91.5
   증권 선택: 4.6% = 96.1-91.5
   기타: 2.1% = 100-96.1-93.3+91.5
   = 총 수익률 (적극적 운용 수익): 100%

미래 시장 가격의 움직임을 예측하는 활동을 시장 타이밍 (market timing)이라고 한다. 필자는 시장 타이밍이란 용어 외 '시장 예측활동' 또는 '단기 시세 예측'으로 번역해서 문맥에 맞게 병기하고 있다. 시장 불균형 요인을 찾아내는 분석은 기본적 분석이라고 한다. 일반적으로 기본적 분석은 시장 가격이 적정 가격보다 고평가 또는 저평가됐는지 평가하는 방법이다.

BHB 연구 발표 뒤 많은 논란이 있었는데 그중 대표적인 것이 정책 포트폴리오에 대한 오해이다. 대부분 펀드가 시가총액 상위 순으로 증권 선택을 하며 특히 연기금의 경우 분산의 공유 문제 때문에 정책 포트폴리오의 효과가 지나치게 과장되었다는 지적이다.[25] 물론 이것은 같은 유형의 펀드들은 높은 상관관계를 지닌다는 면에서 틀린 말은 아니지만 논문의 저자 후드가 지적했듯이 하나의 펀드는 명백하게 단일한 실체이며 위험을 교차 분담할 수 없으므로 공유된 분산 비판을 거부한다.[26] BHB의 연구는 하나의 펀드 내에서 정책 포트폴리오 효과와 적극적 운용 효과를 분석한 것이기 때문에 정책 포트폴리오 유사성 또는 자산배분 전략의 고정성을 다루는 것은 논제에서 벗어난 비판이다. 후드에 따르면 정책 포트폴리오는 운용 환경과 목표가 변할 때 논리적으로 자연히 함께 변해야 하며 오히려 선제적이며 수정 가능한 것이길 요구했다는 것이다. '이 경우 정책 포트폴리오는 측정했던 것보다 더 큰 효과를 발휘했을 것이다.'

 실제적 예로 국내 주식형 펀드 대부분 시가총액 상위 10위 내에서 종목 분산이 비슷하게 이루어진다. 이유는 KOSPI 시장 수익률을 추적함으로써 시장 수익률을 추적하지 못하는 위험에서 벗어나기 위함이다.

 랜돌프 후드는 2005년 〈Determinants of Portfolio Performance — 20 Years Later〉를 통해 자신들의 논문을 둘러싼 많은 논쟁들이 사실 이 논문의 핵심을 벗어난 채 이루어지고 있음을 비판했다. 그는 이 논문이 흔히 오해하는 것처럼 액티브한 운용의 배제를 주장한 것이 아니며 정책 포트폴리오를 절대불가변의 것으로 논증하는 것이 아님을 말하고 있다.

이 연구 결과는 펀드 매니저의 역량이 어디에 집중되어야 하는지 보여준다. 펀드의 성공적 운용을 위해서는 자산배분에 대한 정책 포트폴리오 작성을 더 고민하고 검토하는 노력이 더 많이 필요하며 증권에 대한 기본적 분석이나 시장에 대한 단기적 고민 그리고 비효율적인 시장 발견과 같은 노력은 훨씬 덜 중요하다는 것이다. 이것은 분명히 우리 투자자들에게도 많은 점을 시사한다. 심지어 펀드를 선택한 때 과거 수익률이나 위험 허용 오차와 같은 양적 요소만 고려할 것이 아니라 보다 상위 레벨에서 운용사의 자산배분 전략을 검토하고 그 아래 단에서 개별 자산 펀드가 추종하는 인덱스를 명확히 인지하는 것이 중요해졌다.

⸺ 초과 수익에 대한 고민

자산배분전략이 우리에게 시사하는 바는 무엇일까. 머리말에서 필자의 경험을 전했듯이 공격적 통화 정책에 대한 베팅과 증시 주변 자금을 둘러싼 고민은 남보다 한 발 앞서 시장에 진입한 데 따른 알파 (초과 수익)를 만들어 준다. 이 경우 페따꼼플리와 같은 선반영된 정보로 보기 보다는 남들 보다 일찍 베팅했다는 행위 자체에 대한 보상과 통화 정책 모멘텀이 장기적으로 주가에 작용할 것이라는 확신이 포트폴리오의 실적에 영향을 미친다고 볼 수 있다. 반면 경기 데이터와 주식 시장의 강세는 다른 거시지표, 환율 등의 영향 때문에 시차가 존재하거나 동행하지 않는 기간이 매우 크다. 자산배분전략에 대한 연구가 말해주듯 시장 예측활동은 포트폴리오의 성과에서 가장 낮은 스코어를 기록하는데 경기 전환점을 단기적으로 선행하는 데이터가 풍부하지 않아 이 영역의 노이즈가 심하기 때문이다. 또한 새로운 펀드들이나 프로 투자자들이 증가한 데 따른 경쟁 심화로 파이 자체가 점차 작아질 수밖에 없는 환경적 요소도 무시할 수 없는 것이다.

　시장 예측활동 (시장 타이밍)과 관련해 단기적 선행 지표가 부족한 것과 관련된 문제일 수 있는데 오버슈팅 (지나친 주가 상승)과 언더슈팅 (지나친 주가 하락) 구간이 추세의 양 극단에 존재하는 현상이다. 이들은 시장에서 기간상 상대적으로 매우 짧게 존재하지만 포트폴리오 성과에 큰 영향을 미친다. 하비에르 에스트라다 교수의 논문 〈Black Swans and Market Timing〉27 따르면, 1990년부터 2006년까지 15개 시장을 조사한 결과, 최악의 10일을 피하면 연간 수익률을 4% 포인트 개선시킬 수 있다고 본다. 반면 최고의 10일을 놓치면 수익률이 3% 포인트 낮아진 1.9%를 기록하는데 그친다. 아래 각주에서 보듯이 4200일이 넘는 전체 거래일 중 최고의 20일만 놓쳐도 연평균 수익률이 마이너스로 떨어진다는 것은 단기 예측활동이 실패할 경우의 리스크가 상당히 가혹함을 보여준다. [표 3] 반면 리스크 대비 보상비율만 놓고 보면 최악의 거래일들은 피해야 하지만 1987년의 블랙 먼데이처럼 매우 돌발적이다. 결국 시장 예측활동은 재미있고 도전적인 일이긴 하지만 돈을 벌기에 좋은 방법은 아니다.

 〈Black Swans and Market Timing〉 Javier Estrada, IESE Business School, 2008

[표 3]

	수익률
조사된 시장 전체의 평균 수익률	+5.5%
worst 100 days 피한 경우	+30.5%
worst 20 days 피한 경우	+12.3%
worst 10 days 피한 경우	+9.4%
best 100 days 놓친 경우 (전체 거래일 중 2.34% 차지)	−13.6%
best 20 days 놓친 경우	−0.6%
best 10 days 놓친 경우	+1.9%

갑작스러운 주식시장 붕괴: 블랙먼데이 (1987년 10월 19일)

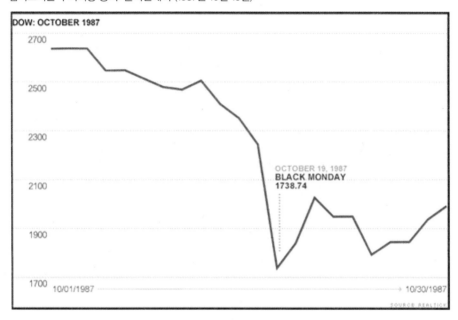

흥미롭고도 의미 있는 경험적 사실은 일반적 투자행위에서 시장에 늘 포지션을 구축하고 있는 것과 일부 구간 (트레이더들끼리 하는 말로 '보이는 구간', '자신 있는 구간')에서 단기 중기적으로 대응하고 나오는 것의 수익률을 비교해 봤을 때 오히려 후자의 경우가 장기적으로 수익률이 좋다는 것이다. 이것은 투자의 동기는 시장의 예측 활동과 거의 유사함에도 불구하고 위의 연구에 비추어 봤을 때 단기 또는 중기적 오버슈팅과 언더슈팅의 회피만으로도 개선된 실적을 얻을 수 있다는 추정을 가능케 한다. 우리는 이와 같은 사실을 다음과 같이 일반화 해볼 수 있다.

1장에서 소개한 바, 행동경제학에 따르면 인간은 손실혐오에 의해 투자에 있어 오류를 저지를 수 있다. 손실을 회피하거나 수익이 줄어드는 것을 염려해 성과가 좋은 주식은 너무 빨리 잘라 버리고 (이익 실현을 하고) 손실을 기록하고 있는 주식에 대해서는 오래 붙들고 있는 경향이 있다. 한편에서는 조급함에 행동하고 다른 한편에서는 내 선택에 대한 잘못을 인정하지 못하고 있다. 이상하게도 주식시장에서조차 파레토 법칙이 작용하는데 수익이 나는 20%의 주식이 전체 수익의 80% 차지한다. 이익이 나는 주식을 너무 빨리 매도하고 나면 전체 이익의 상당 부분을 놓치고 마는 결과를 초래할 수 있다. 그러므로 2부의 추세 편에서 보았던 타임 프레임의 개념을 이곳으로 다시 끌고 와야 하는데 단기, 중기, 장기의 추세뿐 아니라 거래 세트 (매수와 매도)마저도 타임 프레임별로 나누어 볼 수 있는 것이다. 중기적으로 일부 이익을 실현하되 장기적으로 그 주식을 포트폴리오에서 제외하지 않는 것이다. 이런 전략 하에서 전체 포트폴리오가 마이너스를 기록하기 시작하면 중기적으로 비중을 축소하는 것이 옳다. 물론 손실 혐오라는 심리적 오류에 대한 훈련이 필요로 하지만 말이다. 전적으로 최악의 구간을 피할 수는 없을 것이다. 최악의 거래일은 예측의 영역이 아닌 대응 (reaction)과 조정 (adjust)을 통해 나갈 수밖에 없다. 다만 손실 혐오와 같은 이상 행동을 적절히 통제하고 거래 구간을 분산함으로써 리스크 통제를 시도하고 시장 평균 수익을 비트해볼 수 있을 것이다.

04 자금 관리

　정량적 예측이 결코 우리의 투자 성과를 획기적으로 높여줄 수 없다고 기술한 바 있다. 과거의 패턴에 의존해 미래를 내다보는 것은 그 자체가 하나의 위대한 전제를 하고 있다. 즉 역사는 반복된다는 것이다. 또 프랙탈 이론에 의하면 패턴의 반복 구조 또는 자기 복제 또한 상당히 흥미로운 이야기다.

　주식에 있어서 정량적 예측의 가장 큰 어려움은 유의미한 할증과 할인 요소를 찾아내는 것이다. 역사의 반복은 맞는 말이지만 그렇다고 숫자의 반복을 의미하는 것은 아닐 것이다. 그러므로 우리는 기껏해야 다가오는 사건에 대해 추정하고 다가 온 현실은 인정해줄 수밖에 없다. 미래를 준비하는 데 필요한 가장 중요한 능력은 상상력이라고 감히 주장해본다. 결코 분석력이나 정보의 부족이 아니다. 상상력이야말로 큰 그림을 그리는 데 필요한 능력이며 운이 따라준다면 큰 돈도 벌 수 있다. 이것은 비즈니스 사례에서도 많이 확인할 수 있을 것이다.

　그러나 그 상상력조차 부족한 우리들이다. 만약 극단적 상황이 온다면 어떻게 할 것인가. 안타깝게도 주식 시장에서 극단적 상황은 수도 없이 반복된다. 역사의 반복은 바로 이런 것이다. 현실에서 극단적 상황을 피하기 위해 우리가 하는 것은 조금의 리스크라도 있으며 아예 시도조차 하지 않거나 보험을 들 것이다. 이번 장에서 하고 싶은 말은 이것이다. 주식 투자에서도 이런 극단적 상황을 염두 해둬야 하는 것이다.

보험 산업이 커진 것은 결코 우연히 아니다. 보험은 곧 자연의 원리, 인간에게 내재된 생명 유지 활동의 본능과도 같다. 극단적 상황을 어떻게 피할 수 있는지 알아보자.

·····(극단적 상황을 피하는 방법

레버리지에 악마가 숨어 있다.

투자에 있어 타고난 천재가 있을 수 있을지 자문에 본 적이 있다. 다른 분야는 모르겠지만 적어도 투자의 세계에서 한 번의 실패도 없이 성공할 수는 없다는 것이 오랜 투자 경험을 가진 사람들의 공통된 생각이다.

1973년 옵션 가격의 적정가치를 구하는 수학적 모델이 등장한다. 이른바 블랙 숄즈 모형이라 불리며 이 수학적 프라이싱 (가격 산정)의 전문가인 퀀트 즉 금융공학 전공자들이 투자업에 진출할 수 있는 계기가 만들어진다. 한때 월가에서는 수학적 테크닉을 구사하는 이들을 가리켜 로켓 싸이언티스트라 불렀다. 실제로 물리학, 유체역학, 열역학을 전공한 공학자들이 월가에 등장한 것이다.

1994년 블랙 숄즈 모형을 개발한 마이런 숄즈가 채권 차익거래 전문가 존 메리웨더와 함께 LTCM (롱텀캐피털매니지먼트)이라는 투자전문회사를 설립한다. LTCM의 투자전략은 차익거래이다. 차익거래란 이론 가치보다 비싸면 매도 싸면 매수한다. 예를 들어 주가지수 선물이 현물에 비추어 적정가치보다 비싸게 거래되면 선물을 매도하고 즉시 지수와 상관관계가 높은 대형주 위주로 현물을 매수하여 그 차익만큼 수익을 안정적으로 취하는 것이다. 그런데 그 적정 가치와 고평가된 선물 가격의 차이는 매우 작아서 큰 수익을 취하기 어렵다는 단점이 있다. 따라서 LTCM은 레버리지 거래 즉 자기자본 보다 더 큰 차입을 해서 자기자본 대비 수익률을 높이는 식의 투자를 감행한다. 1997년에 이르러서는 자기 자본 대비 26배에 달하는 레버리지 투자를 하기에 이른다. 그 해 마이런 숄즈는 블랙 숄즈 모형 개발에 대한 공로로 노벨 경제학상을 수상한다. 숄즈 박사는 노벨상을 받은 뒤 가진 기자회견에서 상금을 어디에 쓰고 싶으냐는 질문을 받고 주식투자를 하겠다고 말했다. LTCM 설립자와 운용자다운 답이었다. 그 때까지 LTCM은 전설적 수익률을 기록했다. 94년 설립 첫해에 28%의 수익을 냈으며 95년에는 59% 96년에는 57%의 고수익을 기록했다. 금융공학의 존재감은 97년 마이런 숄즈의 노벨상 수상으로 정점에 달한 것이다.

공교롭게도 마리런 숄즈가 노벨상을 수상한 바로 그 다음 해인 1998년 초 아시아 금융위기 한가운데 금융 데이터들은 비이성적 가격을 보여준다. 이성적 상황을 가정한 LTCM의 금융 모델이 안맞기 시작한다. 98년 초, LTCM은 대량의 주식 변동성 공매도와 러시아 채권가격 이상으로 손실을 입고 있는 상태에서 지금 상황보다 더 시장이 악화될 가능성은 100만년에 3번 정도라는 계산 결과를 믿고 러시아 채권을 매수하고 차익 거래 일환으로 일본 채권을 매도한다. 98년 LTCM의 자본은 47억 달러에 불과했지만 부채는 1,245억 달러이고 이 부채에 기초한 파생상품의 계약잔고는 1조 2,500억 달러에 달했다. 이것이 가능한 이유는 파생상품 계약시 원금의 10~15%만 있어도 계약을 인정해주는 증거금 제도 때문이다. 1998년 8월 17일 월요일, 불안했던 러시아가 채무불이행을 선언해버린다. LTCM의 일반적 또는 정상적 시나리오를 완전히 벗어나버린 이 사건으로 하루 아침에 파산해버리고 만다. 사실 LTCM은 러시아의 모라토리엄 사건 이후, 회사를 살리기 위해 모든 포지션을 청산하고자 필사적 노력을 기울였다. 그러나 금융시장이 패닉에 빠져들자 그 엄청난 포지션을 받아줄 반대 거래자, 위험을 감수하고자 하는 매수자를 구하기 힘들었다. 다른 금융기관들도 정도만 다르지 파산을 막기 위해 안전 자산마저 청산할 수밖에 없는 연쇄적 패닉 상태에 있었던 것이다. LTCM의 파산후 미국 FRB (연방 준비 은행)는 40억 달러의 구제금융을 투입하고서야 청산 절차를 진행시킬 수 있을 정도로 그 파장은 엄청 났다.

러시아 모라토리엄 선언

1998년
8월 18일
화요일
제5면

매일경제
M A E I L   B U S I N E S S   N E W S P A P E R

러시아 "外債 못갚겠다"

90일간 모라토리엄 선언…루블貨 53% 평가절하

그림이 있는 여름

실패의 원인은 모델의 불안정성이 아니라 엄청난 레버리지 사용에 있다. LTCM
의 LT는 long term, 우리 말로 장기간 투자를 의미한다. 즉 단기적으로 시장이 불
합리적 상태에 빠지더라도 장기적으로 균형 가격을 찾아갈 것이라는 투자 철학을
담고 있다. 오랜 역사에서 그 말은 사실이다. 그런데 자본 효율을 높이기 위해 레
버리지를 사용한 순간 장기 투자의 타당성은 사라지고 만다. 즉 금융 시장이 패닉
에 빠지는 순간 내가 원하지 않더라도 강제 청산을 당할 수밖에 없는 것이다. 레버
리지에는 악마가 숨어 있다는 말은 재무학의 격언이다. 투자자는 적절한 레버리지
한도 이내에서 투자를 해야 한다. 적절한 부채 비율에 대한 답은 없다. 극단적으로
말해 빚을 져가며 투자하지 말라.

·····(부정적 조언의 존중

아무리 좋은 정량적 예측 모델이 있다 하더라도 경험보다 중요한 것은 없다. 투
자에 있어 가장 경계해야 할 것은 오만함이다. 금지하는 것은 인간의 인식론적 오
만으로부터 보호하고자 함이다. 아무리 훌륭한 투자가의 반열에 오른 사람이라 하
더라도 실패가 없던 사람은 없다. 오히려 훌륭한 투자자는 자신의 실패로부터 교
훈을 얻은 사람이다. 만약 누군가 나에게 조언을 한다면 그 조언을 절대 무시하지
말 것을 권한다. 블랙 스완의 저자 나심 니콜라스 탈레브는 과도한 낙관을 경계할
것을 강조한다. 이기기보다 실수를 피할 것을 주문한다. 바둑의 위기십결을 살펴

보면 주식투자에 있어 참으로 도움이 되는 조언을 구할 수 있다. 고수의 진정한 조언이다. 그 중 세 가지를 소개한다.

공피고아: 상대를 공격하기 앞서 나를 살피라는 뜻이다. 즉 나에게 허점은 없는지 실수는 없는지 살펴보라는 뜻이다.

봉위수기: 위험을 만나면 반드시 그만두라. 넓게 말해서 나의 주 포지션이 불안하다면 반드시 축소시켜야 한다. 이것은 어찌 보면 경험이 많은 자들이나 고수들이 강조하는 매우 중요한 로스 컷 방법이다. 직관적인 반응을 요구한다.

신물경속: 가벼움과 빠름을 삼가라. 즉 경솔하게 행동하지 말 것을 주문한다.

부정적 조언에 주목하기는 남의 말을 무조건 들어야 한다는 뜻은 아니다. 때로는 모두가 부정할 때가 더 좋은 찬스일 때가 있다. 이를 주장하는 책도 있다. 심리학자 험프리 나일이 쓴 〈역발상의 기술〉이다. 이 책에서도 강조하다시피 군중과 반대로 사고하는 훈련이 투자의 방법론이 될 수 없다는 것이다. 즉 역발상적 사고는 예측 체계는 될 수 없고 일반적 예측 방식에 의문을 제기하게 하는 교정 수단인 것이다. 군중은 쉽게 전염되고 충동과 공포에 영향 받는다. 개개인은 이성적이라 할지라도 아무 증거도 없이 암시와 선전과 관습을 따른다. 사람은 본능적으로 집단의 충동을 따른다. 이러한 인간의 심리적 약점을 거꾸로 이용 가능하다는 것이 이 책의 요지이다. 그러므로 〈역발상의 기술〉은 추세의 진행 국면과 추세의 양 끝의 구분을 전제하는 것이다. 이 책에는 다음과 같은 멋진 말이 나온다. 예측은 스스로의 무게 때문에 무너진다. 그러나 나로서는 이 책이 군중심리에 대해 상당히 잘 묘사하고 있지만 모두가 같은 방향으로 움직이면 그 예언은 진실이 될 수 있다는 재귀 이론도 무시할 수 없다고 보기 때문에 역발상 사고 전체를 동의하기는 힘들다. 따라서 이 책이 시사하는 바는 다음과 같다. 군중과 함께 가다 최후의 순간에는 그들과 반대로 행동해야 한다는 것이다.

결국 부정적 조언에 주목하기는 스스로의 오만함을 방어하는 방편으로 이해되었으면 한다. 누군가 나에게 부정적 조언을 하고 있다면 때로는 나 스스로가 이런 식으로 갔다가는 곤란하지 하며 반성하고 있다면, 신물경속을 되묻는 그 시간이 바로 실수를 인정하는 나와 더 나아질 수 있는 미래의 내가 만나는 것이다.

■ 험프리 나일, 〈역발상의 기술〉에서 기술한 대중의 견해와 다르게 움직인 다우 지수

A 1945년 8월 (2,364 pt) ~ 1946년 5월 (2,817 pt): 1차 세계대전의 종전 해인 1919년부터 1921년의 경우처럼 즉각적 불경기가 찾아올 것이라 예상했지만 전후 붐이 일어나 그 전의 예측들을 모두 헛된 것으로 만들었다.[28]

28 1946년 9월 지수 급락, 46년 ~ 49년 사이 다우 24% 하락

B 1947년 1월 (2,060 pt) ~ 1954년 12월 (3,718 pt): 불경기에 대한 예측이 계속됨. 호경기가 이어짐.

C 1955년 1월 (3,759 pt) ~ 1957년 7월 (4,412 pt): 불경기에 대한 공포는 사라지고 영구적 번영에 대한 생각 널리 퍼짐.

D 1957년 7월 (4,202 pt) ~ 12월 (3,767 pt): 1957년 하반기 시장 하락 (-10%)

E 1961년 11월 (5,906 pt): 경제 성장, 수백 개의 기업이 주식 공개에 참여

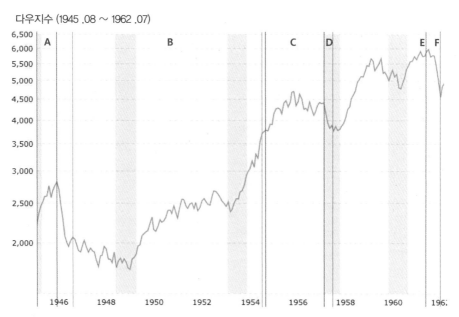

F 1962년 6월 (4,563 pt): 1962년 여름 주가 곤두박질치면서 잔인한 각성의 순간이 찾아옴.

다우지수 (1945 .08 ~ 1962 .07)

음영 부분은 주가지수 하락기를 나타냄

다우지수 (1919 .05 ~ 1921 .08)

음영 부분은 주가지수 하락기를 나타냄

----(리스크 관리 1

계좌 관리의 핵심은 리스크 관리이다. 위험 관리는 크게 두 개의 영역에서 이루어진다. 사태가 발생한 뒤의 사후 처리와 수습을 의미하는 위기 관리 (crisis management)와 사전 예방을 의미하는 위험 관리 (risk management)가 있다. 911 테러, 미국 신용등급 강등, 글로벌 대형 은행의 시스템 리스크 발생은 대표적인 위기 사건에 속하며 계좌에 심각한 타격을 준다. 사건이 발생한 뒤 하루 이틀 이내 크게는 15% 적게는 10% 정도 하락하였고 시스템 리스크와 같이 피해 규모의 불확실성이 매우 큰 경우에는 1개월 이내 추가 급락을 동반하였다. 그러나 회복 기간과 상관 없이 하루 이틀 이내 손실이 대규모로 늘어나면 레버리지 거래를 한 경우 반대 매매[29]를 당하게 되는데 향후에 주식 시장이 점진적으로 상승하더라도 주식을 재매수할 수 있는 여력이 사라진 뒤이다. 또한 큰 손실을 피해야 하는 기관 또는 재무 목표를 가지고 있는 투자자라면 향후 정상적 투자를 하기 어렵게 된다. 일단 발생 빈도와 상관없이 위기가 발생하고 나면 대규모 손실은 불가피하다. 대다수의 국내 자문사나 운용사는 상시적 위기 모니터링 시스템을 갖추고 있다고 하지만 필자의 경험으로는 유명무실하며 위기의 속성상 수면 위로 떠오르기 전에는 그 실체를 미리 알기 대단히 어렵다. 또 완전히 잘못된 진단을 내리고 있는 증권사 보고서도 나오기 때문에 그 노이즈를 걸러내려면 노련한 경험이 필요하다.

29) 신용거래시 주가 하락으로 주식의 담보가치가 하락하여 대출 상환이 어렵다고 판단하여 강제로 일괄 청산 (매도)하는 매매

관건은 사태가 가지는 불확실성의 정도이다. 일반적으로 시스템 리스크라 하며 대형 금융기관에서 사고가 나고 이것이 연쇄적이며 금융 전반, 환율 채권시장에 영향을 미치면 시장 불안감은 한순간에 커진다. 2010년에 시작된 PIGS 사태[30]가 그 예이다. 1년 뒤 해당 국가의 신용등급 및 유로 전체가 설립한 EFSF (유럽재정안정기금)의 신용등급이 강등되고 이들 은행에 노출이 높았던 미국 주요 은행과 더불어 미국마저 S&P에 의해 AAA를 잃자 시장은 패닉에 빠져들었다. 이후 유럽중앙은행 주도로 LTRO라는 초저금리 대출 프로그램을 시행하고 미국 연준은행은 3차 양적완화를 발표하며 중앙은행이 최종 대부자 역할을 하며 시장을 안정시킨다. 비교적 최근인 2015년 6월 그리스 디폴트 구제 협상을 두고 시장은 주기적 급락을 피하지 못하였다.

30) 포르투갈, 이탈리아, 그리스, 스페인 남유럽 은행들의 대출 관련 부실.

남유럽은행위기 대두시 KOSPI 하락

'남유럽은행위기' 문제가 본격적으로 하락의 빌미를 제공한 시점이 2010년 1월 중순부터이다.

주요 국가 및 보증기구 신용등급 강등

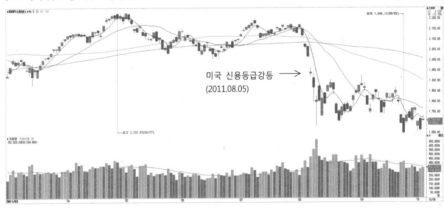

　　반면 지정학적 리스크로 대표되는 북핵실험이나 북한 국지도발은 경우에 따라 급락을 동반하지만 대부분 다른 매크로 요인에 희석되어 단기에 회복되는 경우가 많았다. 그러므로 지정학적 리스크는 그 불확실성 정도가 상대적으로 작은 것으로 보인다.

시스템 리스크에 대한 대처는 경험과 통찰이 동시에 필요한 영역이다. 즉 위기 관리를 순차적으로 전개해 나가며 위험도를 축소해야 한다. 필자의 경험에 의하면 시스템 리스크 관련 악재는 잊을만하면 반복되어 1회적 사건으로 끝나지 않는다. 이때부터는 위기 (crisis) 관리가 아니라 위험 관리로 넘어간다. 일단 위기 관리 대책을 통해 총 위험을 낮춘 이후에도 잔여 위험은 남아 있기 때문에 용인 가능한 수준 (acceptable level of risk)을 결정하고 리스크 오프 기간 동안 가격에 대한 로스 컷 및 위험 자산 비중 추가 축소를 실행해야 한다. 이렇게 리스크 관리 (risk management)를 하는 이유는 시스템 리스크에 대한 대책, 일반적으로 금융 대책이 나온 뒤 소위 안도 랠리나 유동성 랠리 등이 펼쳐질 때 자산 운용의 기회를 다시 얻기 위해서이다. 투자에 있어서 가장 최악은 다시 전개된 랠리에 동참하지 못할 정도 손실을 입고 시장에서 퇴출되는 것이다. 리스크 관리의 목표는 〈복원력 마련〉에 있다.

⸺(리스크 관리 2: 중복성과 보험을 확보하라.

이번 장에서는 위에서 잠시 언급했던 나심 니콜라스 탈레브의 〈블랙 스완〉을 인용하며 풀어보고자 한다. 〈블랙 스완〉은 인간의 인식론적 착각을 상세하게 고발하고 이 때문에 파산할 수 있다는 내용을 담고 있다. 월가에 있어서 나심은 아웃사이더 취급을 받지만 그 독특함 때문에 월가의 현자로 불리운다.

보험 산업이 성공할 수밖에 없었던 것은 인간 본성과 관련이 있다. 이것은 생존 전략과 관련이 있는데 어느 하나에 큰 강점을 가지고 있더라도 위기가 발생하여 그 강점이 부러지는 순간 빠르게 도태된다는 것이다. 즉 한 곳에 크게 의존하는 순간 취약성이 증대된다는 것이 자연계의 법칙이라는 것이다. 만약 집중화를 포기하더라도 같은 기능을 여러 기관이 분담하면 생존 확률이 높아진다. 이때 중복은 보험과 동등한 지위를 가진다. 이른바 기능적 중복을 의미한다. 저자는 '자연의 중복성

선호'를 진화적 그리고 도구의 공학적 사례를 들어 설명한다.

투자에 있어서 보험 활동을 헷지 (hedge)라 부른다. 다음은 헷지의 예시를 들어 보겠다. 물론 예시일 뿐이며 투자의 모범 사례는 될 수 없다. 삼성전자 매수후 삼성전자 투자후 자신의 투자 원금이 두 달 후 9% 이상 하락하는 일은 피하고 싶은 A 투자자가 있다. 투자하는 시점에 삼성전자 가격이 234만 5천 원일 경우, A 투자자는 9% 이상의 손실은 회피하고 싶어 하므로 삼성전자가 213만 3천원 이하로 내려가면 매도할 수밖에 없다. 그러나 투자자의 장기적 재무상태에 따르면 두 달 후 그 이상의 손실은 감내할 수 있을 때 elw를 통해 보험 전략을 실행하면 9% 이내에서 손실을 방어할 수 있다. 이때 쓰이는 공식적 전략 명칭은 프로텍티브 풋이며 주식과 elw 풋의 합성으로 구성된다. [31]

 나심 탈레브는 바벨 전략을 권유하고 있지만 재무론에서도 극단적 투자 방식에 속하므로 여기서는 보험 효과를 중심으로 전략을 설명하였다. 본 서 바벨 전략 편에서 따로 소개하도록 하겠다.

삼성전자 현재가: 234만 5천원

한국CA02삼성전자 풋: 현재가 20원 / 행사가격 216만 1천원 / 전환비율 0.001

행사가격은 '삼성전자가 216만 1천원 이하일 때'라는 뜻이며 삼성전자 호가 단위인 1,000원 씩 하락할 때마다 삼성전자의 호가 단위 곱하기 전환비율 즉 '1,000원 × 0.001=1원을 보상한다'라는 뜻이다. 만약 만기인 10월 16일 삼성전자의 만기평가가격 (최종거래일 포한 전 영업일 5영업일 종가의 산술평균)이 214만 1천원이라고 하면 20,000원 다시 말해서 20단위 (20,000 ÷ 1,000=20)가 하락한 것이므로 20원을 보상 받는 식이다. [그림 26]

행사차익 = 행사가격 − 만기평가가격 (20,000원=216만 1천원 − 214만 1천원)
elw 한 주당 상환금액=행사차익 × 전환비율 (20원=20,000원 × 0.001)

[그림 26] ELW 현재가 (삼성전자 ELW)

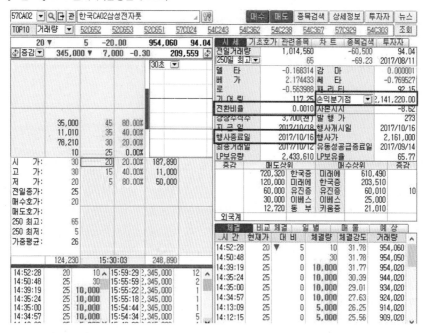

삼성전자와 삼성전자 ELW 차트 비교

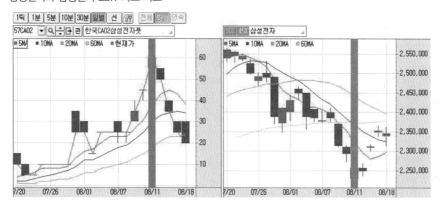

    A 투자자가 234만 5천원에 삼성전자 1주를 매수한 다음 삼성전자 풋 elw가 20원에 거래되고 있으므로 1,000주를 20,000원 주고 매입한다. 만기 평가금액이

214만 1천원에 끝났다고 하면 20,000원을 보상 받으므로 손익은 다음과 같다.

주식 현물의 손익 = 214만 1천원 – 234만 5천원 = 204,000 원 손실

elw 거래 손익 = 20,000원 보상 – 20 × 1,000주 매입 = 0 원

최종 손실 = 204,000 원

이 경우 A 투자자는 8.7%의 손실로 끝이 난다. 투자자가 청산해야 할 가격 즉 9%
손실이 일어나는 삼성전자의 가격은 213만 3천 원이다. 이때의 손익을 살펴보자.

주식 현물의 손익 = 213만 3천원 – 234만 5천원 = 212,000 원 손실

elw 거래 손익 = (28,000 = 216만 1천원 – 213만 3천원) – 20 × 1,000주 매
입 = 8천 원 이익

최종 손실 = 204,000원

즉, 이 전략은 보험료로 지급한 20,000원을 포함하여 손실을 204,000원에 고정
시키는 결과를 가져온다. 이 전략의 만기 pay-off는 다음 그림과 같다. [그림 27]

[그림 27] 프로텍티브 풋 구성시 손익구조

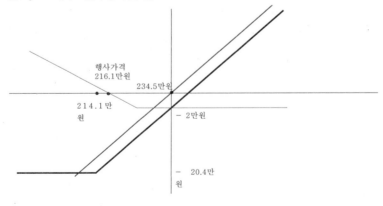

동태적 헷징 전략은 만기 pay-off를 복제하는 방식으로 운영된다. 손실률을 엄밀하게 조정하기 위한 공식이 있지만 여기서는 이 전략의 유용성을 소개하고 넘어갈 것이다. 동태적 헷징은 하락시 주식 비중을 줄여나가고 상승시 주식 비중을 늘려나가는 식으로 구현된다. 이렇게 되면 극단적 하락시 주식 비중은 0%에 가까워지면 더 이상의 손실은 발생하지 않게 된다. 이 전략이 시사하는 바는 하락하는 주식을 매입하는 행위에 대해 다시 생각하게 해준다. 하락중인 주식은 어느 임계점이 넘어가면 손절매 형식으로 비중을 줄일 필요가 있다는 것이다. 반대로 상승중인 주식은 오히려 추가 매수를 고려해야 한다. 이를 피라미딩이라 한다.

중복성과 보험 확보 전략의 구체적 전략 두 가지를 살펴보았다. 하나는 프로텍티브 풋이며 나머지 하나는 델타 헷징이다. 둘 다 손실 제한과 극단적 상황을 가정하고 이 상황이 발생할 경우 생존 즉 자금의 보존 수단을 강구하는 전략이다. 그러나 실전에서는 매번 극단적 상황을 가정하고 매매에 임할 필요는 없다. 뒤에서 설명하겠지만 (켈리 베팅) 극단적 상황의 가정 다시 말해서 투자금 전액을 잃을 경우를 가정하는 경우에는 투자 규모를 제한적으로 운용하는 것이 일반적이다. 따라서 중복성과 보험 확보 전략은 투자 기한과 손실액이 명확하며 보다 대규모로 펀딩된 자금의 운용에 적합할 것이다. 다시 말해서 대규모 자금을 가지고 짧은 시간 안에 추세 추종 매매를 계획한다면 자금의 보존을 위해서 이 전략을 반드시 고려해야 할 것이다.

나심 탈레브의 〈블랙스완〉은 자연계의 중복 현상에서 한 걸음 나아가 다음과 같이 말한다. 투자 기법과 상관없지만 이 전략의 철학적 근거가 될 수 있기에 소개하고자 한다. 탈레브에 따르면 지나친 전문화 또한 위험 요소가 될 수 있다고 지적한다. 비교우위 이론에 따르면 전문화를 권장하고 있기에 그의 주장은 주류 경제학 이론에 배치된다. 리카르도가 비교우위를 노동생산성의 차이만 가지고 설명했으며 자본 차이를 비롯해 각 국가가 처한 특수 상황, 부채나 자원의존도 등을 고려하지 않은 이상적 상황을 모두 통제한 채 이론을 정립하였다. 심지어 관세 등이 없는 완전 자유무역을 상정했으니 비교우위론의 무차별적 대입은 피해야 한다.

탈레브는 전문화에 대한 역설을 기업 역사, 생물 진화의 역사를 들어가며 설명하고 있다. 필자는 이 주장에 매우 동감한다. 트레이딩 및 헷징 전략은 파생상품 (선물과 옵션)의 결합 방법에 따라 다양하게 구사가 가능하다. 그런데 각 전략은 모두 일장 일단이 있기 마련이다. 상식과 다르게 변동이 커지며 상승하는 구간이 있는가 하면 고점에서 역 V자로 하락하는 경우도 있고 저점과 고점을 여러 번 반복하는 구간 소위 박스 구간도 있다. 6개월 넘게 조정 없이 (보통 가격 조정은 10% 하락을 의미) 상승만 하는 구간도 있다. 인플레이션 헷지 구간에 돌입해서 고배당주에 집중 투자했지만 스태그플레이션으로 빠진다면 큰 낭패를 볼 수 있다. 특히 한국은 선진 시장과 이머징 시장 사이에 있기 때문에 여러 양상이 혼재할 수 있다고 생각한다. 장기투자는 무조건 옳다는 선전 또한 정답이 될 수 없다. 투자자에게 완전한 피난처는 없다는 사실을 명심해야 한다.

주식 투자를 계획하고 있다면 손실이 커질 경우 내 자금을 지키기 위한 최후의 방편은 무엇인지 항상 고려해라.

·····(진입 규모 설정 (Kelly Criterion)

3장 처음부터 자금 관리 방법이 여러 개 있다는 말은 하지 않았다. 그래서 리스크 관리가 자금 관리의 전부인 것처럼 생각할 수도 있었을 것이다. 자금 관리의 또 다른 방법은 진입 규모 설정이다. 진입 규모의 설정과 리스크 관리의 결정적 차이는 다음과 같다. 트레이딩 과정에서 리스크 관리가 포지션 진입 후에 실행된다면 진입 규모의 설정은 포지션 진입 전 진입 규모의 설정 단계에서 이루어진다. 아래 그림 [그림 28]을 참고하기 바란다 — 트레이딩 피드백 모형은 다음 5장에서 자세히 다룰 예정이다. 포지션 진입 규모는 트레이딩 전략의 한 일환으로서 시장의 상대적 강도 및 투자자가 인식하는 시장 모멘텀에 의해 정해질 수 있을 것이다. 또한 전략 수립 및 수정, 진입과 청산이라는 하나의 거래가 연속적으로 진행되는 과정에서 축적되는 손익비 (트레이딩으로 거둔 평균 수익금을 평균 손실금으로 나눈 값), 승률 (연속적인 모든 거래 가운데 수익을 낸 거래 비율) 같은 데이터를 기반으로 진입 규모를 설정할 수도 있다. 이것은 현재 시장 자체의 방향 또는 추세나 강도, 모멘텀과 상관없이 트레이더의 시장 대응 원칙 및 분석력, 선호하는 업종이나 포지션 전략, 심지어 심리까지 반영된 트레이더 고유의 매매 기록과 직접 관련되어 있다. 투자 매매일지를 작성해보라는 이야기를 들어 보았을 텐데 그 유용성이 여기에 있는 것이다.

[그림 28] 트레이딩 과정 (피드백 모형)이

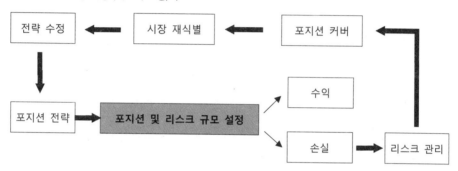

매매 통계는 시장에 대한 예측과 전혀 다르다. 시장 (객체)과 나 (주체)의 관계에 봤을 때, 시장 분석과 예측이 외부 데이터에 의해 작성된다면 — 확률론에 의해 도출된다 하더라도 — 매매 통계는 트레이더 자기의 데이터, 내부의 데이터이다. 트레이더 고유의 투자성향이며 결국 투자성향이 시장을 판단하는 근거, 선호 종목, 수익과 손실에 매우 큰 영향을 미친다는 원리가 작동되는 것이다.

진입 규모의 설정은 자금 관리에 있어서 두 가지 의의를 갖고 있다. 하나는, 최악의 경우 연속 손실을 강요하는 시장 상황에서 파산 위험을 피한다는 것과 다른 하나는 투자금의 장기 성장에서 최적의 진입 규모를 결정한다는 것이다. 예를 들어, 앞면이 나오면 판돈만큼 받고 뒷면이 나오면 판돈을 빼앗기는 동전 던지기 게임을 한다고 하자. 내 자본금이 500원일 때 100원씩 건다고 해보자. 게이머는 100원씩 걸어 600원, 700원이 되면 200원씩 올려서 걸어 800원 1,000원을 만들어 게임을 종료하고 싶을 것이다. 그런데 만약 최악의 경우 5번 연속 뒷면이 나온다면 게이머는 파산하게 될 것이다. 실제로 동전을 던져보면 이런 경우가 종종 있다. 그렇다면 승률 50%인 이 게임에서 얼마씩 걸어야 돈을 벌수 있는지 생각해 봄직하다.

바로 이번에 소개할 켈리 비율이 반복되는 일련의 베팅에서 장기적으로 자본을 키울 수 있는 베팅 사이즈 (진입 규모)를 결정하는 테크닉이다. 확률에 대한 지식이 어느 정도 있어야 하기 때문에 어려울 수 있겠지만 켈리 비율을 구하는 과정은 투자에 대한 기본적 원칙을 수립하고 감각을 키우는 데 큰 도움을 줄 것이다.

켈리 비율은 다음과 같다.

$$Kelly\% = p - (\frac{q}{R}), \quad R = \frac{b}{a}$$

R : 손익비 (수익/손실 비율)
b : 수익배수
a : 손실배수
p : 승률
q : 패율

예를 들어 ― 이런 게임은 찾기 힘들겠지만, 승률이 55%, 초기 자본금은 1000원, 100원을 걸어서 이기면 100원을 받고, 지면 120원을 빼앗긴다고 하자. (수익배수는 1, 손실배수는 1.2)

$$0.55 - (\frac{0.45}{\frac{100}{120}}) = 0.01$$

켈리 비율은 0.01이다. 백분율 1%이다. 즉 자본금의 1%를 걸 때 가장 높은 기대수익률을 얻을 수 있다. 게임 최초에는 1,000원의 1%인 10원을 걸고 이후 게임에서는 평가금의 1%를 건다. 이보다 더 많이 걸게 되면 다음 시뮬레이션처럼 오히려 수익이 줄어드는 것을 볼 수 있다. [그림 29] 자본금의 5분 1 (20%)을 걸게 되면 230번째쯤 참여했을 때 모든 돈을 잃게 되며, 10분의 1 (10%)을 걸었을 때 유리한 국면에서 돈을 많이 버는 것 같다가도 불리한 국면에서 손실을 키우게 됨을 볼 수 있다. 이것을 주식시장에 적용하기 위해 조금 더 고도화 해보자.

[그림 29] 500번 참여한 결과 시뮬레이션

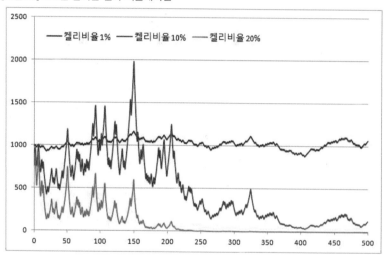

투자이든 갬블이든 수익, 손실 분배는 다음과 같이 이루어진다. 이길 경우 베팅 금액×수익배수 'BR[32]×베팅 비율(f)×수익배수(b)'만큼 배당금을 획득하고, 질 경우 'BR×베팅 비율(f)×손실배수(a)'만큼 물어줘야 한다. 보통 갬블에서는 이길 경우 베팅 금액의 b배의 이익을 얻고 질 경우 베팅 금액 전체를 빼앗긴다. 이 갬블 규칙을 이용해 켈리 비율의 간단한 버전부터 설명해보고자 한다.

32 bankroll: 게임 자금

$$f = \frac{pb - q}{b} = \frac{pb - (1-p)}{b}$$

f : 현재 BR 가운데 베팅에 쓰일 자금 비율. 즉, 베팅 비율

b : 수익 배수 (수익률). b배의 이익금

p : 승률 (단, p > 0.5 왜냐하면 손실 배수가 1이기 때문에)

q : 패배 확률, $1-p$

참고로 는 기대수익률을 의미한다.

(예시)

승률 (p): 51%

수익 배수 (b): 100%

베팅 비율 (f): $\dfrac{0.51(1.0+1)-1}{1.0}=0.02$

f 값 0.02. 그러므로 현재 보유자금 (BR) 중 2%만 가지고 게임에 참여해야 한다. 이번에는 (식 A)가 어떻게 나왔는지 유도해보고자 한다. 미분을 모르면 (식 B)로 건너뛰어도 상관없다.

■ 켈리 비율 유도 과정

승리할 경우 베팅 금액 f × b 만큼 배당금을 획득하고 패배시 베팅 금액 f × a 만큼 잃는 게임의 경우.

B_n : n번 게임 후 자금 (w + l = n)

B_0 : 초기 자금

w : 게임에서 이긴 횟수

l : 게임에서 진 횟수

b : 수익 배수, b배의 이익금

a : 손실 배수, a배의 손실금

f : 켈리 비율

n번 게임을 한 뒤 평가자본을 구하면.

$$B_n = B_0 (1+fb)^w (1-fa)^l$$

위 식을 확률함수로 표현하면.

$$(\frac{B_n}{B_0})^{\frac{1}{n}} = (1+fb)^p (1-fa)^q \qquad\qquad p=\frac{w}{n}, q=\frac{l}{n}, p+q=1$$

여기서 $(\frac{B_n}{B_0})^{\frac{1}{n}}$ 은 베팅 1회당 기댓값을 의미한다. 양변에 자연로그를 취해 기대수익률을 구하면. (여기서 수익률은 로그수익률을 의미함)

$$E(\log X) = p\log(1+fb) + (1-p)\log(1-fa) \qquad\qquad X=(\frac{B_n}{B_0})^{\frac{1}{n}}$$

이때 $E(\log X)$ 는 기대수익률 (베팅 1회당 평균 수익률)을 의미한다.

기대수익률을 최대로 하는 f 값을 구하기 위해 미분을 한다. $\frac{dE(\log X)}{df}=0$ 을 만족하는 값 f 에서 $E(\log X)$ 는 최대값을 갖는다.

$$(f(x)g(x))' = f'(x)g(x) + f(x)g'(x)$$

$$(f(x)^n)' = nf(x)^{n-1}f(x)'$$

$$(\log_e x)' = \frac{1}{x}$$

미분 공식을 이용하여 위의 식을 미분하면. (로그함수의 밑 e 생략)

$$\frac{dE(\log X)}{df} = p\frac{d\log(1+fb)}{df} + (1-p)\frac{d\log(1-fa)}{df}$$

$$= \frac{pb}{1+fb} - \frac{a-pa}{1-fa}$$

여기에 0을 대입하면.

$$0 = \frac{dE(\log X)}{df}$$

$$0 = \frac{pb}{1+fb} - \frac{a-pa}{1-fa}$$

$$pb(1-fa) = (1+fb)(a-pa)$$

$$fba = pb + pa - a$$

$$\therefore \quad f = \frac{pb-(1-p)a}{ba}$$

그러므로 위 식에 a =1 (손실 배수, 100%)을 대입하면 단순한 게임 규칙을 가정한 (식 A)를 얻을 수 있다.

다음으로 복잡한 규칙을 가진 베팅에서 기대수익률 및 켈리 비율이 어떻게 계산되는지 살펴보고자 한다. 주식 매매에 활용할 수 있도록 로그 진수에서 변량이 어떻게 대입되는지 잘 살펴봤으면 한다.

어느 투자자 매매 통계를 살펴보니 매매의 10%는 평균 2배 (200%)를 벌었고, 30%는 0.5배 (50%)를 벌었다. 손실을 기록한 매매의 비중은 60%였고 이때 손절한 규모는 평균 50%였다고 하자.

$$\frac{dE(\log X)}{df} = \frac{d}{d} \quad = \frac{0.1\times 2}{1+2f} + \frac{0.3\times 0.5}{1+0.5f} + \frac{0.6\times -0.5}{1-0.5f}$$

$$\frac{dE(\log X)}{df} = 0 \text{ 인 f 값을 구하면}$$

$$= 0.2(1+0.5f)(1-0.5f) + 0.15(1+2f)(1-0.5f) - 0.3(1+2f)(1+0.5f)$$

$$= 0.05 - 0.525f - 0.5f^2$$

$$= 0$$

$$\therefore \quad f = 0.0879 \text{ or } -1.1379$$

즉 켈리 비율은 8.79% 또는 −113.79%이다.[33] 음수의 f 값은 버린다. 만약 f 값이 모두 음수이면 베팅을 해서는 안 되는 게임이다. 이길 수 있는 확률을 높이거나 이겼을 때 보상값이 더 커져야 한다. [그림 30]은 (식 C)의 그래프로서, 0.0879 또는 8.79%씩 베팅했을 때 가장 높은 기대수익률을 보이며 0.2 근처 또는 20%씩 베팅하면 기대수익률은 0 이하로 나온다는 것을 알 수 있다.

[33] 아래 링크를 이용하면 이차방정식을 쉽게 구할 수 있다.
https://www.mathsisfun.com/quadratic-equation-solver.html

[그림 30] 켈리 비율과 기대수익률 함수

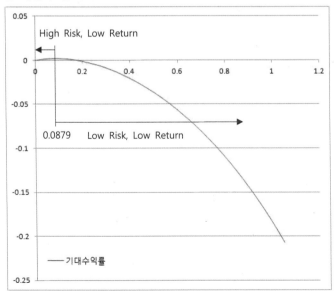

만약 여러분이 주식 투자를 할 때 결국 손실이 나고 있다면 승률과 손익비 모두를 고민해야 한다는 의미이다. 또한 만약 f 값이 1이상, 100% 이상이 나온다면 차입 베팅을 해도 좋을 정도로 매우 유리한 게임이라는 뜻이다.

아래 그림들은 이 투자자가 8.79% 보다 줄여서 4%씩 투자하는 경우와 20%로 올려서 매매 (500회 시행)를 했을 때의 시뮬레이션이다. 상승 및 하락 강도를 달리하고 상승 및 하락 국면이 초기와 중기 후기로 나뉘는 6번의 상황을 가정한 결과, 모두 8.79%에서 최적의 결과를 얻은 것을 볼 수 있다.

랜덤 시뮬레이션 1

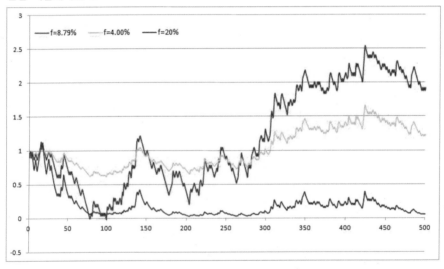

랜덤 시뮬레이션 2

랜덤 시뮬레이션 3

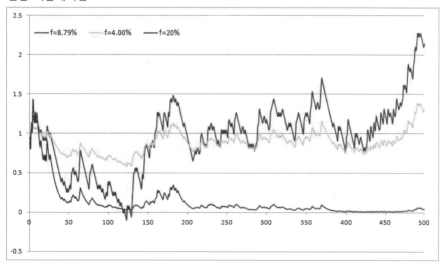

랜덤 시뮬레이션 4

랜덤 시뮬레이션 5

랜덤 시뮬레이션 6

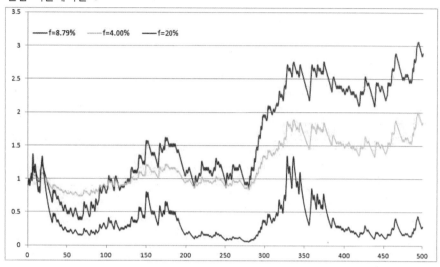

시뮬레이션 결과와 켈리 비율은 분할 매수 기법에 일정한 기준을 제공해준다. 수익이 증가하는 곳에서는 과감해지고 손실을 보거나 수익이 줄고 있을 때는 매입 규모를 줄여야 한다는 것이다. 다시 한번 강조하고 싶은 것은 매매 통계에는 시장의 트렌드나 시장 상황과 별도로 기존 우리의 판단과 매매 스타일이 함축되어 있다. 켈리 비율은 어떤 불변의 게임 규칙 또는 승률 등을 근거로 자금 관리를 위한 최적의 넘버를 제시하고 있지만 역으로 내가 유리한 승부를 벌이고 있는지 질 수밖에 없는 승부를 하고 있는지 생각할 수 있는 지점들을 제공해주고 있다. 켈리 비율을 알기 위해 매매일지가 필요하다. (물론 HTS를 통해 자신의 매매내역을 출력해 볼 수도 있다.) 그런데 사실상 켈리 비율 산정이 문제가 아니다. 가만히 나의 과거 매매 내역을 시장과 비교해 살펴보는 시간이 필요하다. 때로는 시장은 변하는데 오직 하나의 매매 스타일만 고집하는 자신을 발견하게 되기도 한다.

05 내 포트폴리오에 주도주만 남기는 방법

우리는 2장에서 모멘텀 투자와 추세를 추종하는 매매가 어떻게 이루어지는지 살펴보았다. 생각보다 길고 강한 추세 현상 이면에는 모멘텀과 군집 효과가 있다. 이번 장에서는 추세 추종 매매가 어떻게 관리되어야 하는지 알아볼 것이다. 하비에르 에스트라다가 지적됐듯이 (3장 참고) 결정적 상승 구간을 놓치면 수익률이 극감한다. 그러므로 추세 추종 매매는, 그 노이즈에도 불구하고, 구사할 수밖에 없는 전략이다. 특히 조정 및 하락을 벗어나 안정된 시장에서는 적극적으로 활용되어야 한다고 생각한다. 1장 KOSPI와 다른 자산군 비교에서 알아봤듯이 주식은 수익률 대비 위험이 높은 자산군에 속하기 때문에 평균 수익률을 아웃퍼폼하고자 하는 전략은 계속 고민되어야 한다. 모멘텀 투자는 그 전략의 일환이다.

주도 업종은 주식시장 상승을 선도하며 투자자 모두 그 산업의 성장성과 수익성을 인식하고 있기 때문에 거래가 대량으로 이루어진다. 상승장, 심지어 하락장에서도 상대적 강세를 보인다. 사실상 뚜렷한 시장 전반의 호재 (통화정책 등)가 없다면 주도 업종만 상승하고 다른 업종의 주식들은 하락하는 양극화된 시장 국면이 더 많다. 주도주는 주도 업종 내에서도 시장 점유율과 전망, 자본의 규모와 이익률이 다른 회사의 주식보다 앞서는 주식을 의미한다. 그러나 주도 업종의 지위가 불변하진 않다. 재고 순환 및 설비 투자, 기술 혁신 그리고 경쟁에 의한 시장 점유율 하락 등에 의해 산업 경기가 변동하기 때문이다. 그러므로 우리는 주도주가 순환적으로 등장하는 현상을 이용해 업종 배분 전략을 실행하고자 한다.

⸺(주도주 투자가 어려운 이유

우선 이처럼 쉬워 보이는 주도주 투자가 잘 쓰이지 않는 경우는 무엇일까. 일단 주도주에 대한 판단은 이미 주가가 많이 올라 있는 상태에서 이루어지기 때문에 가격 부담을 느낄 수 있다. 투자자 개인이 가지고 있는 목표 투자 기간에 따라 높은 가격은 투자 수익률에 영향을 미친다. 특히 고점에서 돌발 악재를 만날 경우 낮은 가격에서 매수한 투자자들이 급하게 매도하기 때문에 주가가 오를수록 단기 급락에 대한 위험성을 안고 있다. 투자자가 보이는 가격 하락에 대한 일반적인 반응은 불안을 느끼는 동시에 주식이 하락 추세에 접었다는 사실을 부정하여 손절 자체가 쉽지 않다. 그래서 완전한 초보 투자자가 아니라 어느 정도 주식 시장을 경험한 투자자들은 상당히 오른 주식을 추격 매수하는 것에 두려움을 안고 있기 마련이다.

매수 대기자들은 소위 눌림목 구간을 적절한 매수 시점으로 판단한다. 소폭 조정을 거치고 있는 주식은 이러한 매수 대기자들에 의해 지지 받을 수 있다. 지지 가격대를 확인하면서 매수하는 것이 심리적으로 편하다고 본다. 이런 지지 가격 확인이 필요한 이유는 단기 트레이더들의 존재 때문이다. 단기 트레이더들은 짧은 타임 프레임 안 (일간 심지어 분 단위)에서도 변동성을 극적으로 키우기 때문에 고점에서 단기적으로 하락하는 경우 손실이 어디까지 커질지 모르는 불확실성을 회피하기 위해서 그렇다. 그런데 여러분이 단기 투자자가 아니고 또 계좌 전액을 베팅하지 않는다면 굳이 매수를 눌림목에서 할 필요는 없다는 게 필자 생각이다. 경험상, 차트 분석은 주도주에서 그리 유용하지 않다.

놀림목 구간 (SK하이닉스, 2016 .12 ~ 2017.09)

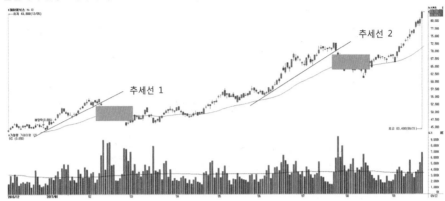

눌림목이란 추세선 또는 추세 밴드의 하단선을 벗어나 일시적인 가격 조정을 받는 구간을 의미한다. 전 고점 또는 횡보 구간을 지지해야 한다. 그러나 이와 같은 분석은 매우 후행적이며 손절을 적극 감수해야 한다. 다만 고점 돌파시 감수해야 하는 손절 크기보다 작아 트레이더들이 자주 이용할 뿐이다. 본문에서 언급한 바와 같이 계좌 전액을 베팅하지 않는다면 굳이 눌림목 구간을 기다릴 필요는 없다.

주도주 투자와 추세 추종 투자가 어려운 마지막 이유는 새로운 추세의 등장이 한 순간에 일어난다는 것이다. 완만한 각도로 고점을 형성하는 것이 아니라 급하게 전고점 또는 주요 매물대를 돌파해버린다. 매일 매분, 모니터 앞에서 자리를 지키고 있지 않는 이상 갑자기 올라버린 시장을 편하게 살 수 있을 리 없다. 만약 무조건 전고점 또는 매물대 돌파 뒤에 매수를 한다면 절대로 큰 추세를 놓치진 않겠지만 추세 되돌림이 일어난다면 큰 폭의 손절매를 각오해야 한다. 그래서 돌파 매매법은 가장 안전해보이지만 가장 어려운 매매법에 속한다.

KOSPI 200 주요 매물대 돌파

　그럼에도 불구하고 일련의 투자 규칙 하에서 이루어진다면 추세 추종, 주도주 투자야말로 가장 유리한 게임 방식이다. 추세는 생각보다 길고 강력하다. 경기 순환이 그 뒤에 있고 군중이 앞에 있다. 정리해보면 어려운 이유로 나열된 게 기껏해야 부담감, 두려움이었다. 그렇다면 어떻게 이 심리적 어려움을 극복할 수 있을지 간단한 제안을 해보겠다.

----◯ 심리적 어려움을 극복하는 방법 강구

　심리적 어려움을 극복할 수 있는 간단한 제안은 바로 가격만 보지 말고 시간을 함께 보라는 것이다. 가격 돌파가 일어나면 시장을 보는 새로운 관점이 필요하다. 가격 돌파가 이루어진 뒤 그 영역에서 5일 이상 지지하면 그 영역은 시장의 새로운 영역이다. 그 가격이 바로 시장이 인정하는 새로운 가격이다. 그러므로 그 영역에서 기대수익을 평가하고 리스크 관리가 이루어져야 한다 — 필자가 개인적으로 만들어서 사용하는 용어는 'price shift' (가격 이동)이다.

　그리고 보유시 청산 기준도 가격 외 기간을 고려해보자는 것이다. 목표 가격과 손절 가격, 보유 기간을 동시에 설정에 포지션 진입을 한다. 적당히 올라 조급함에 판 주식이 판 가격에서 훨씬 많이 올라가 허탈한 적이 종종 있다. 그것은 단순히 목표 가격 산정을 잘못한 데 그친 것이 아니라 보유 기간을 생각해 보지 않아서 그렇다. 만약 우리의 계획대로 주도주 투자를 결정해 매수했다고 하자. 현재 이익 모멘텀이 살아 있고 업황도 좋다. 이미 추세 또한 상승세이다. 그런 주식을 다 판 뒤에도 주식이 계속 올라가는 것을 보며 매도한 가격보다 높은 가격에 매수하는 것처럼 어려운 일도 없다. 그 상황이 오면 누구라도 심리적으로 힘들다. 만약 더 높은 가격에 추격 매수를 하고 머지않아 갑자기 조정을 겪게 되면 그야말로 최악의 심적 부담을 안을 것이다. 사실상 추세 상승중인 종목의 목표가격을 맞추는 건 그 업종 분석의 전문가 집단인 증권사 애널리스트들에게도 어렵다. 결국 보유기간을 매매 계획에 포함하는 것은 심리를 다스리는 방법이기도 하다.

예를 들어, 반도체 D램 가격 상승과 반도체 슈퍼 사이클이라는 모멘텀을 이용해 SK하이닉스를 매수했다고 하자. 현재 경쟁자는 삼성전자와 인텔, 마이크론, 샌디스크 외에 보이지 않는다. 그런데 2017년 1월 반도체 굴기를 선언한 칭화유니 그룹이 난징에 약 35조원을 투자해 메모리 반도체 공장을 추가로 짓기로 결정했다. 이 업체는 기존 84조원 규모의 투자에 이어 매우 공격적 행보를 보이고 있다. 중국 반도체 업체 라인들의 준공 시기는 2019년에서 2021년까지 집중되어 있어 동기간동안 공급량이 늘면서 정체기에 접어들 것으로 예상된다. 그렇다면 주가의 선행성을 고려해 2019년 초에서 2020년까지 보며 투자 목표기간을 계획해보는 것이다. 이 기간 동안 SK하이닉스를 분할 매도하고, 모든 주식을 매도한 뒤 주식이 오른다 하더라도 심리적인 부담에서 자유로울 수 있다. 우리는 충분히 계획하고 합리적 근거에 의해 보유했으며 최초 분할 매도 이후에는 다른 모멘텀을 가진 주식을 포트폴리오에 편입하면 된다.

업종 간 상대 강도 파악

주도주 선정의 첫 번째 단계는 업종 간 상대 강도를 파악하는 것이다. 업종의 상대강도는 특정 기간 동안 업종 지수와 전체 시장 지수의 상승률을 비교함으로써 알아낼 수 있다. 시장 전체와 비교해서 상승률이 높은 업종 지수의 랭킹을 구해 지수 상승률을 상회하며 랭크가 높은 업종이 선도 업종이 된다. 참고로 업종 상대강도는 보조지표 가운데 RSI[34] (상대 강도 지수)와 다른 개념이다.

 RSI (Relative Strength Index)

$$RSI = 100 \times (\frac{U_n}{U_n + D_n}) = 100 \times (1 - \frac{1}{1 + RS})$$

U_n: n일 전부터 오늘까지 상승한 날의 상승률

D_n: n일 전부터 오늘까지 하락한 날의 하락률 (절대값)

RS: $U_n \div D_n$

먼저, (HTS마다 다를 수 있다) 아래 그림 [그림 31]과 같이 최소 60일 동안 기간별 업종 시세를 등락률 순으로 랭크한다. 이때 업종의 60일 누적 거래대금이 최소 2조는 넘어야 한다. 아래 그림에서 주도 업종으로 고려될 만한 업종들은, 전기전자 의약품 화학 업종이다.

[그림 31] 기간별 업종 시세 (등락률 순, 조회구간 2017 .06 ~ 09)

업종	현재가	기간대비	등락률(%)	거래대금	외국인	개인	기관계	기타법인
전기전자	19,404.16	▲ 1,817.05	10.33	896,108	-44,735	9,507	16,021	19,208
의료정밀	2,943.26	▲ 111.08	3.92	10,506	316	-198	-88	-29
의약품	10,417.82	▲ 237.95	2.34	138,464	-1,917	-924	2,340	502
화학	5,506.44	▲ 118.19	2.19	372,971	1,374	-11,159	10,194	-409
보험업	20,698.93	▲ 422.38	2.08	85,135	5,630	-550	-21	-5,059
철강금속	5,004.14	▲ 25.51	0.51	105,425	6,426	-6,370	529	-586
은행	338.60	▲ 1.11	0.33	30,356	2,750	-1,579	304	-1,476
금융업	523.49	▼ 3.74	-0.71	459,470	16,121	-11,674	7,967	-12,414
기계	874.98	▼ 8.46	-0.96	77,728	-1,048	245	1,059	-256
서비스업	1,171.14	▼ 28.23	-2.35	297,451	4,408	-8,791	4,578	-196
음식료품	4,276.86	▼ 263.41	-5.80	59,450	950	315	-1,336	72
전기가스업	1,189.29	▼ 80.45	-6.34	35,167	595	-1,575	947	33
통신업	357.21	▼ 31.56	-8.12	56,374	-3,352	1,809	1,622	-78
섬유의복	274.28	▼ 28.16	-9.31	13,041	530	-380	-4	-145
운수창고	1,509.33	▼ 183.71	-10.85	62,877	1,593	861	-458	-1,995
비금속	1,192.24	▼ 163.05	-12.03	13,763	-197	253	-143	88
증권	1,984.67	▼ 274.58	-12.15	61,331	989	-1,654	835	-171
건설업	103.59	▼ 17.09	-14.16	59,873	-1,610	1,378	280	-48
종이목재	305.90	▼ 50.96	-14.28	8,802	7	76	73	-156
유통업	424.06	▼ 75.35	-15.09	163,718	-860	2,676	-1,420	-395

다음 할 작업은 기간을 6개월 정도 확대해 종합지수와 상대비교를 하는 것이다. 아래 그림들은 전기전자, 의약품, 화학 업종의 상대비교 차트이다. 상대비교 차트는 60일 기간 조건과 별도로 6개월 정도의 경로를 살펴본다. HTS별로 다를 수 있다.

종합지수와 전기전자업종 상대비교 차트

업종명	시작일 거래대금(억)	시작일 비중(%)	종료일 거래대금(억)	종료일 비중(%)	상승률(%)
☑ KOSPI(종합)	14,058,830	100.00	15,553,366	100.00	10.63
☐ KOSPI 100	10,992,864	78.19	12,378,251	79.59	12.60
☐ 대형주	11,157,307	79.36	12,251,402	78.77	9.81
☐ KOSPI 50	9,385,668	66.76	10,687,347	68.71	13.87
☐ 제조업	8,486,380	60.36	9,497,245	61.06	11.91
☐ K200 고배당지수	6,734,655	47.90	7,443,355	47.86	10.52
☐ K200 저변동성지수	6,733,761	47.90	7,159,190	46.03	6.32
☑ 전기전자	4,168,313	29.65	5,110,618	32.86	22.61
☐ 금융업	1,684,091	11.98	3,037,646	19.53	80.37
☐ 중형주	1,730,500	12.31	1,703,225	10.95	-1.58

초보자를 위한 주식투자 실전교실

종합지수와 화학업종 상대비교 차트

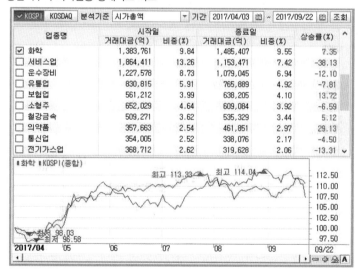

업종명	시작일		종료일		상승률(%)
	거래대금(억)	비중(%)	거래대금(억)	비중(%)	
☑ 화학	1,383,761	9.84	1,485,407	9.55	7.35
☐ 서비스업	1,864,411	13.26	1,153,471	7.42	-38.13
☐ 운수장비	1,227,578	8.73	1,079,045	6.94	-12.10
☐ 유통업	830,815	5.91	765,889	4.92	-7.81
☐ 보험업	561,212	3.99	638,205	4.10	13.72
☐ 소형주	652,029	4.64	609,084	3.92	-6.59
☐ 철강금속	509,271	3.62	535,329	3.44	5.12
☐ 의약품	357,663	2.54	461,851	2.97	29.13
☐ 통신업	354,005	2.52	338,076	2.17	-4.50
☐ 전기가스업	368,712	2.62	319,628	2.06	-13.31

종합지수와 화학업종 상대비교 차트

업종명	시작일		종료일		상승률(%)
	거래대금(억)	비중(%)	거래대금(억)	비중(%)	
☑ 화학	1,383,761	9.84	1,485,407	9.55	7.35
☐ 서비스업	1,864,411	13.26	1,153,471	7.42	-38.13
☐ 운수장비	1,227,578	8.73	1,079,045	6.94	-12.10
☐ 유통업	830,815	5.91	765,889	4.92	-7.81
☐ 보험업	561,212	3.99	638,205	4.10	13.72
☐ 소형주	652,029	4.64	609,084	3.92	-6.59
☐ 철강금속	509,271	3.62	535,329	3.44	5.12
☐ 의약품	357,663	2.54	461,851	2.97	29.13
☐ 통신업	354,005	2.52	338,076	2.17	-4.50
☐ 전기가스업	368,712	2.62	319,628	2.06	-13.31

우선, 화학 업종은 5월 중순부터 5월 말까지 지수를 빠르게 아웃퍼폼하고 8월

지수 (시장 전체)가 약세를 보이는 동안에도 상승세를 이어 갔다. 여기까지 흐름은 좋아 보인다. 그런데 9월 중순, 시장이 상승하는 가운데 더 이상 오르지 못하고 시장이 하락할 때 더 빨리 하락하는 모습이다. 미국이 북한을 겨냥한 세컨더리 보이콧을 2017년 9월 22일 시행한 가운데 중국 화학 업체가 큰 타격을 입을 것으로 보이며 중국은 일련의 사드 보복 차원에서 국내 화학제품에 대해 반덤핑 조사 강화에 나서고 있다. 향후 불확실성이 매우 커 보인다. 그러므로 화학 업종을 주도 업종으로 선정해선 안 된다.

다음은 의약품 업종을 보자. 최근 3년간 의약품의 영업이익률은 12~15% 정도로 고부가 가치 산업에 속하며 원외처방 실적 호조세로 이익 성장률도 견조하다. 고가의 바이오 의약품 시장이 급성장하고 있고 특허 만료에 따라 바이오시밀러[35] 시장 또한 순차적으로 확대될 전망이어서 국내 제약 업체에겐 기회 요소이다. 한국은 2012년부터 국가 의료 R&D 예산의 35%가 바이오시밀러 개발에 투입되고 있어 가장 성숙한 개발 시장으로 평가 받고 있다. 현재 (2017년 9월 기준) 12개 바이오시밀러 승인이 완료됐고, 36개 바이오시밀러를 개발 중이다. 가장 성숙한 바이오시밀러 시장은 보유한 유럽 5개국 경우와 비교해 봐도 결코 뒤지지 않고 있다 (19개 바이오시밀러 의약품 승인, 29개 개발 중).

 바이오시밀러는 바이오 의약품의 복제 의약품을 의미한다. 오리지널과 비교시 품질, 임상 시험에서 동등한 효능을 입증한 의약품이다. 바이오시밀러의 장점은 오리지널 바이오 의약품 대비 10% 순주의 비용으로 복제약을 개발할 수 있고 제품 개발 기간도 절반 정도밖에 지나지 않는다. 이미 시판되고 있는 약을 복사하기 때문에 신약 개발 대비 개발 성공률이 높고 일반 화학 의약품 복제약보다 높은 가격에 판매할 수 있다.

전기전자 업종은 반도체 호황에 기대고 있다. 삼성전자의 17년 3분기 추정 영업이익 14조 가운데 반도체가 10조원을 차지할 정도이다. 반도체 가격 상승에 따른 마진율도 높아 SK하이닉스 2분기 영업 이익률은 46%를 기록하고 있다. 타이트한

메모리 수급, 후발 업체들과 3D NAND 기술 격차 등으로 반도체 호황은 2018년까지도 지속될 전망이다.

현재 주도업종은 결론적으로 전기전자와 의약품 업종이다. 마지막으로 할 일은 업종별 구성종목을 살펴보고 Top-Picks를 선정하는 것이다. 수익성과 안정성을 동시에 고려하는 방법으로 최근 분기대비 순이익 증가율이 10% 이상 달하고 연간 매출액 증가 추이가 뚜렷한 종목 가운데 부채비율이 상대적으로 낮은 종목을 편입하길 권한다. 타인자본 비중이 높은 채 성장한 회사는 레버리지 효과로 재무비율이 과대 증가했기 때문에 향후 매출액이 조금만 낮아져도 주가가 크게 하락할 수 있기 때문이다.

다음은 녹십자의 재무제표 가운데 매출액, 영업이익 추이 및 업종 내 타사와 부채비율을 비교한 그림 [그림 32]과 표 [표 4]이다.

[그림 32] 녹십자 매출액 및 영업이익 추이

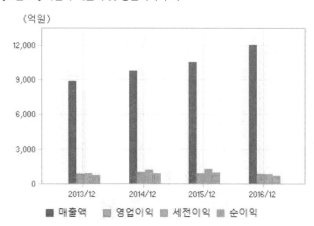

[표 4] 녹십자와 타사 부채비율 비교

부채비율 (%)	2013/12	2014/12	2015/12	2016/12	2017/06
녹십자	31.6	44.5	41.8	46.4	53.4
B 제약	116.5	145.9	59.2	57.4	54.7

이상의 절차로 업종 간 상대강도를 파악하여 월별 또는 분기별로 위 과정을 반복 검토한다. 우리가 노리는 효과는 다음과 같다. 밸류 대비 상대적으로 낮게 거래되고 있는 업종과 주식을 선정하는 것이 아니라 성장 기대치를 반영하며 주가가 상승하는 그리고 철저하게 시장을 선도하는 업종에 집중한다. 그 가운데 성장성과 안정성을 고려하여 주식을 선정하는 것이다. 아래 그림 [그림 33]처럼 모멘텀이 약화되거나 상대강도가 올라오는 업종이 보이면 비중을 조절하는 방식으로 포트폴리오를 변경해 나간다.

[그림 32] 주도 업종 갈아타기 개념도

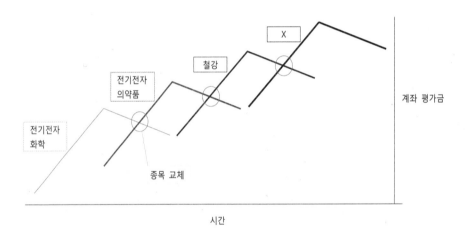

⋯⋯(상승장 모형의 고려

추세 추종 또는 돌파 매매 스타일은 강한 추세를 놓치지 않는다는 장점이 있지만 반면 그 어떤 매매보다 손절 (로스컷) 폭이 크다. 때문에 실패 케이스를 점검하고 유형별로 데이터를 축적해 나가며 실패율을 줄이는 수밖에 없다. 즉 일반적으로 (대부분의 경우) 추세를 추종하고 강세 업종만을 매수하되 몇 가지 실패 가능성이 있을 때는 보수적으로 접근하여 평소보다 적은 비중으로 진입하거나 로스컷을 짧게 가져갈 수 있을 것이다.

데드 캣 바운스 (dead cat bounce: 이미 죽은 고양이가 바닥에 튕겨 오르는 것) 처럼 과도하게 하락한 업종이 6개월 이상 상대 강세를 보이는 경우도 있을 것이다. 보통 숏 스퀴즈[36) 때문에 그렇다. 데이터에 신경을 많이 써야 하기 때문에 개인 투자자들이 적용하기는 쉽지 않다. 이외 여러 유형 가운데 비교적 간단하면서도 합리적으로 잘 예측되는 유형이 있어 소개하고자 한다.

보통 강세장 국면이 길게 연장될수록, 보다 먼 미래 이익을 할인해서 주가에 반영하게 된다. 사실 주가에 반영된다는 표현은 사후적 분석이며 이 경우에는 투자 심리가 과열되어 사고 보자는 심리가 강하기 때문이다. 주가가 처음 상승할 때는 다음 분기 또는 1년 내 실적이 양호할 것으로 보여 완만하게 매수세가 붙는 것이 정상이다. 반면 급하게 오르는 종목일수록 '미래에' 이 기업은 정말 좋은 실적을 낼 거야, 지금은 아니지만 이런 호재로 봤을 때 '미래에' 큰 회사로 성장해 있을 거야 라는 미래 성장성을 갖다 붙인다.

이 미래 성장성을 '프리미엄'이라고 자주 부른다. 2007년 중국 상해지수가 5,000 포인트를 돌파했을 때 — 2015년 다시 돌파하기도 함, 2017년 9월 기준 3,300 포인트, 중국이 미국을 곧 따라잡는다라는 구호가 유행했었다. 이때 중국의 PER이 50 배에 달했다. 즉 50년 뒤에는 중국이 미국을 확실히 따라 잡을 것이라 는 기대와 확신이 있었다. 이때 중국 기업들의 상장 붐이 불었는데 이 신규상장주들의 PER은 200~300배까지 갔다. 엄청나게 고평가 된 것이다. 이렇게 먼 미래의 수익까지 끌어다 주가를 합리화 시킬 정도로 과열된 시장이었다는 것이며, 역으로 과열된 국면에 접어들수록 미래 수익을 주가에 반영시킨다.

강세장에서 기업 실적이 주가에 반영되는 순서는 바로 다음 분기, 12개월 선행,

먼 미래 순이다. 시장 전반적으로 이 실적 기대감이 주가에 반영되는 순서에 따라 각 단계별로 주도주가 바뀐다. 성장 전망이 다르기 때문이다. 2017년 현재 IT 은행 업종이 현재실적으로 상승하고 있는 반면 전기차 업종의 상승은 먼 미래 실적 또는 성장성을 기대하며 주가가 상승한다. 위에서 중국의 예만 들었지만 미래 실적만 가지고 주도 업종이 형성될 때는 주도 업종 선정 전략에서 약간 보수적으로 바라봐야 한다. 보통 신성장 업종은 변동성이 매우 크며 적정 밸류만 가지고는 종목을 살 수 없기 때문에 강세 파동의 후반에서 주도업종을 형성하는 경우가 많다. 만약 이들 신성장 업종이 과도하게 시장에서 주목 받으면 보수적 투자를 할 필요가 있을 것이다. 만약 1차 강세 파동이 끝나면 오히려 다시 현재 이익을 반영하는 업종 위주로 2차 강세 파동을 형성할 수 있다. 증권업종 또한 강세장의 마무리를 장식하기도 한다.

⸺(트레이딩 피드백 모형

아래 그림 [그림 34]은 4장에서 간단히 소개하고 넘어간 트레이딩 피드백 모형과 자산배분전략과 거시 분석이 결합된 확장형 모형이다.

[그림 33] 자산배분전략이 결합된 트레이딩 피드백 모형

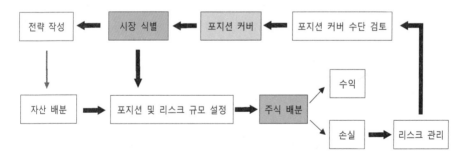

관리의 기본 단계는 계획, 실행, 검토이다. 포트폴리오 관리도 비슷하다. 계획 단계에서 할 일은 현재 주식시장이 강세장인지 약세장인지, 강세장의 (경기순환

과 관련한) 거시적 모멘텀은 무엇인지 확인하는 것이다. 물론 거시적 모멘텀 확인에 지나치게 집중할 필요는 없다. 계획 단계에서 가장 중요한 활동은 주도 업종의 판별이다. 주도주 선정까지 마친 다음 외국인, 기관의 매수 · 매도 동향을 참고한다.[37] 매매동향과 주가 추이를 비교하면서 어느 시점부터 기관 또는 외국인이 매매에 적극 가담했는지 살펴본다. [그림 35] 향후 매매 타이밍을 잡는 데 힌트를 얻을 수 있기 때문이다. 매매동향을 자세히 보면 주체별로 중기적인 매매 패턴을 알 수 있다. 이런 패턴 인식은 이 업을 전문으로 하는 증권사 직원 정도에게 필요하며 일반 투자자가 디테일하게 들어갈 필요는 없다. 참고만 할 뿐이다. 여기서 중요한 점은 외국인 기관의 '양매수세'만을 선별할 필요가 없다는 것이다. 기관 매수세만으로 또는 외국인 매수세만으로도 큰 추세를 유지하는 경우가 매우 많다. 주가가 오른다는 것은 매수할 때 현재가보다 최소 한 호가 이상으로 매수하는 거래자들이 많을 때 오르는 것이지 현재가보다 아래 호가에서 기다리며 매수하는 거래자들이 많으면 가격이 지지될 뿐 오를 수는 없다. 다시 말해서 외국인이 팔고 있지만 현재가보다 높은 가격에 매도 호가를 제시하고 기관이 이 매도 호가를 적극 수용하며 매수세를 유지하면 주가는 충분히 상승할 수 있으니 외국인 매수 동향에 과하게 민감할 필요가 없다는 것이다. 이상의 단계를 시장 식별이라고 한다.

[그림 35] SK하이닉스 주체별 매매동향

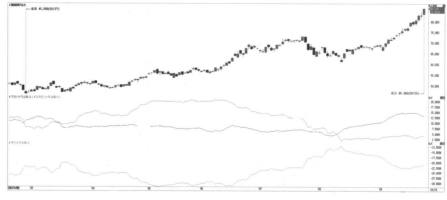

▪기관(누적순매수) ▪외국인(누적순매수) ▪개인누적순매수

업종 대표주의 견조한 상승세를 판단할 때, 기관 또는 외국인 둘 중 하나의 매수세가 뚜렷해야 하며, 기관 외국인 모두 팔고 있는데 개인 매수세만으로 오르는 경우는 거의 없다. 개인 매수 외 기관 또는 외국인의 매수세가 적극적으로 가담하는 모습을 보여야 매수할 수 있다고 생각하자.

계획 단계에 반드시 포함돼야 할 것은 그렇다면 자금의 어느 정도를 투하해야 할지, 손절 가격대는 얼마인지 결정하는 것이다. 이는 상위의 전략 및 자산 배분과 맞물려 있는데, 전략적으로 주식 비중을 키워 가야 하는지 주식 비중을 줄여야 하는지에 달려 있을 것이다. 거시 순환과 관련 경기가 확장 국면에 있다고 판단하면 주식 비중을 늘리는 전략을 채택해야 한다. 주식 비중을 늘리기로 결정했다면 포지션의 크기도 키워 볼 수 있고 손절 가격도 여유 있게 설정할 수 있을 것이다. 물론 포지션의 크기를 설정할 때에도 개개인의 위험 선호 또는 감수성을 고려해야 할 것이다. 전체 금융 자산 가운데 1년을 기준으로 최대 손실 폭이 어느 수준 이하인지 자문해본다. 만약 강세장인지 약세장인지 판단이 서지 않고 전체 금융 자산 가운데 주식에서 200만 원 이상 손실을 보고 싶지 않다면 최초 주식투자 자금은 250만 원이다. 그 계산법은 각주를 참고하기 바란다.[38] 장세에 판단이 내려지고 주식에 대한 비중도 손절 기준도 정해졌다면 실행 단계로 넘어간다.

 최대 40% 하락이 일어날 수 있는 확률 20%, 최대 50% 이익을 얻을 수 있는 확률 20%

$$\frac{dE(\log X)}{df} = \frac{d}{df}(0.2\log(1+0.5f) + 0.3\log(1+0.1f) + 0.3\log(1-0.1f) + 0.2\log(1-0.4f))$$

f 의 해를 구하면 100.248, -0.498, 0.501이 나온다. 이 가운데 0.501을 채택하였다.

실행 단계에서는 주도주로 선정된 종목들을 매수한다 (포트폴리오 교체를 포함하면 기존 주식 매도). 매수하고자 하는 당일 분위기에 따라 타이밍이 결정된다.

그러나 이런 타이밍에 지나치게 몰두할 필요가 없으며 이 책에서도 다루지 않는다. 종목 교체시 기존 가지고 있는 주식을 먼저 팔고 새로운 주식을 사는 것이 유리한지, 새로운 주식을 먼저 사고 기존 주식을 나중에 파는 게 유리한지 언급만 하고 넘어가고자 한다. 물론 예탁금이 없을 경우 기존 주식을 먼저 파는 수밖에 없겠지만 유상증자에 참여해야 하는 경우도 있는데 이렇게 타이트하게 계좌 운용하는 것은 바람직하지 않을 것이다. 기존 주식의 운용 목표 기간에 근접한 경우 또는 이익 보존 컷[39]을 이 단계에서 실행에 옮기지만 가장 중요한 것은 손실에 대한 리스크 관리이다. 즉 계획 단계에서 설정된 손절을 정확하게 지키는 것이다. 이것을 중요하게 강조한 이유가 사람의 심리 때문이다. '손실에 대한 혐오' 때문에 이 손절은 사실 매우 어렵다. 몰라서 못하는 게 아니라 알면서도 못한다. 그러므로 계획된 매매가 강조되는 것이다. 그러므로 비약적으로 표현해 실행 단계에서 가장 중요한 부분은 무엇보다 손절이다. 위 모형도에서 포지션 커버 수단 검토는 파생상품을 트레이딩하지 않는다면 주식 전부를 매도하느냐 조금씩 매도하느냐의 차이일 것이다. 파생상품을 하고 있다면 콜 매도를 할 수도 있다. 참고로 ETF 가운데 '커버드 콜'이 있는데 손실분을 일정 수준 보전하는 수단이 결합된 지수형 상품이다. 어쨌든 손실을 보고 있다면 무엇이든 해야 한다. 여러분은 왜 검토 단계가 손절 다음에 오는지 그 이유와 의미를 숙지해야 한다. 하락하는 이유를 검토한 후에 파는 것이 아니라 팔고서 검토 작업을 해야 한다. 이때 검토는 복기 작업일 것이다.

 운용 목표에 부합하지 않는 경우에도 종목을 매도해야 한다. 손실이 나고 있을 때의 컷이 로스 컷이다. 이익이 나고 있지만 이익 규모가 줄어서 매수가 근처에 오면 이 경우에도 매도할 필요가 있다. 이때의 컷을 이익 보존 컷이라 부른다.

검토 단계에서는 시장 주도 업종과 주도주를 주기적으로 살펴보는 일을 한다. 직장인 경우 시시각각 종목을 볼 수 없으므로 시장이 끝난 뒤 혹은 퇴근 뒤 주가등락을 살펴보고 내일 오전에는 매도해야 하든지 아니면 점심시간을 이용해 매수해야 하든지 결정내리는 시간이 될 수 있을 것이다. 그러나 투자자라면 이 정도는 기본이다. 수익률과 손해 보고 있는 주식을 감상하고 지나가면 안 된다. 내가 가지고 있는 주식보다 더 좋은 주식은 없는지 시장에서 소외되지 않겠다는 일념이 필요하다. 만약 강세장이고 기존 주식의 보유 목표 기간이 많이 남은 상태에서 더 강한 새로운 주도 업종이 발견되면 포트폴리오에 매수할 준비를 해야 한다. 이제 손절 후를 이야기할 차례이다. 비로소 검토를 하는데 이때 우리가 하는 작업은 시장 재식별이다. 주도주가 이렇게 하락하는 동안 전체 시장 분위기는 어땠는지 비교도 해보고 매도세가 나온 이유는 무엇인지 관련 뉴스와 증권사 레포트들을 찾아보면 새로운 계획 수립을 해야 한다. 위에서 우리가 선정한 주도 업종은 전기전자와 의약품이었다. 주도 업종은 통상적으로 이전 횡보 구간 거래량이 지지 매물대로 작용한다. 여러분만의 거래 계획과 원칙들을 축적해보길 바란다.

■ 어느 고수와의 인터뷰 — 매매 계획 위에 심리 원칙

좋은 매매는 일말의 두려움이 없이 행해지는 것이다. 불안 탐욕 의심 모두 좋은 매매를 하지 못하고 있다는 반증이다. 불안감을 컨트롤 하는 계좌 관리야 말로 궁극의 트레이딩 비법이다. 매매를 할 때 흔들린다면 적절히 빠져나올 준비를 해야 한다. 원하는 타이밍에 올라오지 못하면 역방향을 고려해야 한다.

n6 기술적 분석

1) 기술적 분석은 무엇인가?

기본적 분석이 앞서 설명했듯이 경제와 산업, 기업 자체를 분석하는 방법인데 반해 기술적 분석은 주가의 움직임과 거래량을 분석하는 방법이다. 주가의 하루하루 움직임과 거래량을 차트에 표시하여 그 자체를 분석하는 방법이며 다른 말로는 차트 분석이라고도 한다.

2) 기술적 분석은 왜 하는가?

① 투자심리

유럽의 전설적인 투자자 앙드레 코스톨라니는 주가의 단기적, 중기적인 움직임을 결정하는 데에는 투자자들의 '심리'가 90%를 차지한다고 말했다. 이는 투자의 결 정을 내리는 데에 있어서 경제나 산업의 상황과, 기업 자체를 분석하는 것도 중요하 지만 투자자들의 심리를 분석하는 것이 무엇보다 중요하다는 것을 말해준다. 같은 경우라도 주가는 투자자들의 심리에 따라서 각각의 경우마다 다르게 반응할 수 있 기 때문에 투자결정을 내리는 데에 있어서 심리분석을 간과해서는 안 된다.

주가에 영향을 미칠 수 있는 수많은 요인들은 결국 투자자들의 심리를 통해 수요 공급이라는 형태로 주가에 나타나므로 주가의 움직임 자체를 분석하면 투자자들의 심리를 주가 그래프를 도구로 하여 간접적으로 분석할 수 있다.

이런 이유로 증권시장에는 '주가는 투자심리의 결정체'라는 말이 있다. 물론 투자 심리를 분석하는 방법에는 기술적 분석 이외에도 많은 방법들이 있다.

② 매매의 기준

비행기에 계기판이 없다면 어떻게 될까? 목적지까지 제대로 가지도 못할 것이고 자칫하면 추락할 위험도 있다. 비행기를 목적지까지 안전하게 운항하기 위해서 조 종사가 계기판의 고도나 속도, 방향 등의 정보를 기준으로 조종해야 하듯이 투자자 도 바람직한 투자를 하는 데에 있어서 어떤 기준이 필요한데, 그 대표적인 기준으로 차트라는 도구를 쓴다. 물론 차트가 아닌 경제지표나 기업의 실적 등을 그 기준으로 삼을 수도 있겠지만 주가는 대체적으로 경제지표나 기업실적과 동행하지 않고 선행 한다는 점, 또 실전에서의 적용이 매우 애매한 점 등 때문에 기술적 분석을 매매의 기준으로 이용하는 것이다.

③ 맹신은 위험하다

우리가 투자를 위하여 의사결정을 내릴 때 어떠한 특정 방법만을 맹목적으로 따라서는 위험하다. 기술적 분석도 마찬가지다. 시중의 일부 서적들이나 강의 등에서 특정 기술적 분석을 익혀 그것만 알면 언제나 성공할 수 있고 마치 큰 돈을 벌 수 있 을 것처럼 소개하지만 실상은 그렇지 않다. 이는 특히 초보자들이 주의해야 한다. 기술적 분석을 공부하다보면 정말 내일, 한달 뒤의 주가를 알 수 있을 것 같 은 환상 을 가지게 되고 실제로 시중에 그런 식으로 환상을 품게 만드는 책이나 자료, 강의 들이 일부 있지만 실상은 그렇지 않다. 이러한 환상은 결국 초보자들에게 '쪽박'이 란 단어로써 보답한다. 어떠한 분석 방법이든 궁극적으로 미래를 예측하고자 하는 것이기 때문에 반드시 한계가 있을 수밖에 없다는 것을 알고 접근해야 한다. 항상 그러하리라는 확신보다는 가능성이라는 관점에서 접근을 해야 신중한 자세를 견지 할 수 있다.

3) 기술적 분석의 분류

수학에도 집합, 방정식, 함수, 미분, 적분 등의 분류가 있듯이 기술적 분석도 여러 가지 부분으로 나눠서 분석해 볼 수 있다.

봉의 형태, 거래량, 이동평균선, 추세, 패턴, 갭, 각종 보조지표 등 초보자들에게는 아직 생소한 용어들일 것이라 생각된다. 물론 이외에도 여러 가지 부분이 있고 유명한 기술적 분석 이론들도 있지만 여기서는 꼭 알아야할 필수적인 것들만 열거하겠다. 각 부분을 모두 충분히 공부하여 이해해야 보다 효과적인 기술적 분석을 할 수 있을 것이라 생각된다.

덧셈 뺄셈을 모르고 수학을 할 수 없듯이 기술적 분석에서도 기초가 중요하다. 이 책에서는 각 파트별로 기초적인 설명을 다루어 여러분들이 차트를 해석하는 데 있어서 수학에서의 덧셈 뺄셈과 같은 '기초지식'을 쌓는 데에 중점을 둘 것이다.

4) 차트의 이해

다음 그림은 우리나라의 대표기업인 삼성전자의 주가 차트다. 차트에서는 아래와 같이 기본적으로 봉, 이동평균선, 거래량, 거래량 이동평균선으로 이루어져 있다. 이것이 기본이고 기술적 분석은 주로 이것들을 분석하는 것이다. 다음 차트에서 빨간색, 파란색 막대기들이 있는데 그것이 봉(candle stick)이 다. 위와 같이 주가의 움직임을 봉으로 나타내기 때문에 위 차트를 봉차트(candle stick chart)라고 한다.

사실 차트의 종류에는 봉차트 외에 선차트, 바차트라는 것들이 있지만 봉이 다른 것들보다 주가의 하루 움직임을 한눈에 알기 쉽게 표시할 수 있어서 대부분 봉차트를 사용한다. 봉은 캔들 스틱이라고도 하는데 막대의 모양이 촛대와 비슷하다고 하 여 붙여진 이름이다.

봉 차트의 예, 삼성전자 (2017. 02 ~ 09)

위쪽의 빨간색, 파란색 막대는 봉차트이고, 아래쪽의 막대는 거래량이다. 하나하나의 막대기의 높이가 그 날에 삼성전자 주식이 거래된 수량을 알기 쉽게 표시해준다.

이 차트는 2017년 9월 25일 종가 기준으로 7달 정도의 거래현황과 변화를 한눈에 알아 볼 수 있게 해주고 있다. 가장 오른쪽 막대가 9월 25일이고 주가는 2,681,000이며 전일보다 상승한 상태이며 거래량은 18만 6천주 이상으로 20일 평균치보다 낮은 편이라는 것을 알 수 있다. 아직은 뭔가 낯설기만 이런 차트가 무엇이고, 그것을 통해 어떤 정보들을 얻을 수 있는지 지금부터 자세히 알아보도록 하자.

5) 인간 대 컴퓨터

인간의 고유한 지적 영역이 구별되어 있다는 믿음이 얼마나 과했는지 잘 보여준 사건이 있다. 2016년 3월 이세돌과의 바둑 경기에서 구글이 선보인 인공지능 알파고는 인간의 직관을 모방했지만[40] 더 성공적인 결과 (good fit)를 보여주었다. 인간 고유의 능력이라 여겨진 직관이 컴퓨터의 계산으로 구현 가능한 것이 되어 버렸다. 이것은 마치 새의 양력을 비행기로 구현한 것과 같다. 알파고의 수는 정석에 익숙한 기사들의 눈에 마치 실수인 듯 보였지만 — 경기도중 그들은 프로라면 두지 않는 수라고 말하며 이세돌의 승리를 성급히 예단하기도 했다 — 퍼즐의 큰 그림에서 보였을 때 결국 최적의 수 (값)였다. 해설자들은 그 부분에서 가장 놀랐다. 이세돌의 패색이 짙어지자 기계가 묘수를 선 보였다고 말했다. 바둑은 경우의 수가 너무 많아 아무리 컴퓨팅이 뛰어나더라도 모든 경우의 수를 무작위로 계산할 수 없다. 바둑판에 돌을 모두 채우는 경우의 수는 10의 150승이며 슈퍼 컴퓨터가 계산해도 수십억 년이 걸린다. 따라서 컴퓨터는 완벽한 계산 대신 인간 바둑 기사처럼 몇 가지 착점 위치를 추린 뒤 (넓이) 그 뒤에 어떤 그림이 펼쳐질 수 있는지 (깊이) 예상하는 방식으로 최적의 수를 결정한다. 인간의 직관력을 흉내 내게 된 것이다. 직관을 인간 고유의 영역으로 생각한 것은 직관이 추상화 능력과 관련되어 있기 때문이다. 다른 종의 개를 보고도 저것은 개, 이것도 개라고 분류할 수 있는 것은 추상화된 개의 관념을 지니고 있어서 그러하다. 고도로 훈련된 직관은 복잡한 문제를 빠르고 효율적으로 압축하여 해결 방안을 도출하게 해준다. 이것을 패턴 인지형 직관이라고 부른다.[41] 패턴 인지에 의한 의사결정은 많은 경험과 데이터의 축적이 이루어질수록 정확성이 높아지는데 결국 직관이란 경험과 통계적 결과를 바탕으로 만들어졌다는 사실이 중요하다. 그러므로 인공지능의 '모사된 직관'이 내린 결정의 정확도가 더 높을 수밖에 없다.

알파고를 만든 딥마인드 창업자 데미스 하사비스 인터뷰

"저는 어제 이세돌 프로에게 한 가지를 물었습니다. 어떻게 경우마다 수를 결정하나요. 이세돌 프로가 그러더군요. 바둑은 수가 너무 많아 직관에 의존해 결정한다고. 네, 바둑은 직관력이 중요한 게임입니다. (중략) 알파고는 둬야 할 수를 좁히고 그 수에 대한 평가를 합니다. 프로그래머의 개입 없이 말이죠. 돌을 둬야 할 수를 좁히는 것, 이 부분이 사람의 직관과 닮아가는 부분입니다. (중략) 우리는 직관을 모방할 수 있는지 테스트했고, 인간 전문가를 모방할 수 있다는 결론을 얻었죠. 그것을 이번 대국에서 확인할 수 있을 겁니다."

 1장에서 언급한 휴리스틱 참고

알파고가 인간의 직관을 모방하는데 사용된 몬테카를로 트리 탐색 (MCTC)

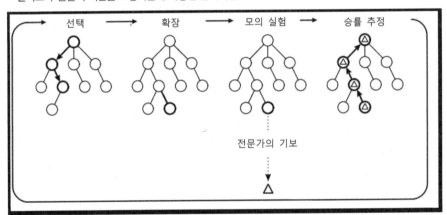

6) 컴퓨터가 주식 매매를 하는 세상

프로 바둑기사들이 묘수라고 감탄했듯이 컴퓨터는 우리가 미처 알지 못했던 우리의 오류나 결핍을 방대한 데이터에서 찾아낼 수 있다. 우리가 무엇을 원하는지 무엇을 필요로 하는지 우리 자신보다 더 잘 알 수 있다.

사실 직관에 대한 과도한 믿음이 깨진 충격은 필자 또한 컸다. 왜냐하면 오랜 숙련을 통해 트레이딩 능력을 키울 수 있다고 믿어 왔기 때문이다. 일반 개인 투자자들은 투자 판단에 있어서 직관 능력이 상당히 요구된다고 믿어 왔다. 증권사 신입 시절 차트를 보며 오를지 내릴지 바로 알 수 있어야 한다는 선배들의 말은 10년만에 완전히 구시대의 것이 되어 버렸다. 개인으로서 아무리 고민하고 경험의 강도를 높여도 컴퓨터를 이길 수는 없다. 이런 상황에서 손으로 차트 매매를 한다는 것은 사무라이의 무사도처럼 기초 훈련으로서 의미 있더라도 실전에서 승률이 극히 낮을 수밖에 없을 것이다.

오늘날의 트레이딩은 컴퓨터로 이루어진다. 컴퓨터의 결정력 및 자금 집중도도 크지만 그 속도 면에서 비교할 수 없다. HFT (High Frequency Trading)의 경우 0.001초도 안 되는 사이에 주문 집행이 이루어진다. 이런 상황에서 단타 매매는 많이 생각해볼 문제이다. 무엇보다 컴퓨터의 장점은 하사비스의 말처럼 감정적 동요, 두려움이 없다. 높은 승률에 따라 움직일 뿐이다. 그러므로 고정된 스타일도 없다. 이것은 사실 주식 투자자들에게 정확히 요구되는 덕목이다.

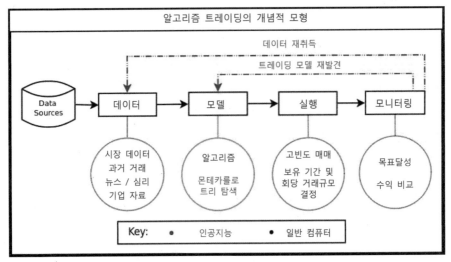

7) 보조지표의 제한적 적용

오늘까지 잘 맞던 보조지표가 내일부터 계속 안 맞을 수 있다. 기술적 지표에 의한 판단은 휴리스틱 추론법에 속하며 그러므로 확증 편향이나 자기 위주 편향과 같은 인지적 오류에서 자유로울 수 없다.

보조 지표를 이용한 매매가 인지적 오류에 쉽게 빠지는 이유가 보조 지표를 과도하게 신뢰하고 예측 시스템으로 활용해버리는 데 있다. 그러므로 보조지표는 다음과 같이 제한적으로 사용되어야 할 것이다: 보조 지표는 시스템 트레이딩에서와 마찬가지로 매매의 규칙 또는 기준점을 제공하는 것이다. 보조 지표를 통해 미래를 예측할 수 있다고 믿어서는 안 된다. 이와 같은 주장은 컴퓨터와의 대결이 아니라 인식 능력의 한계에서 비롯된다.

만약 귀납법으로 (심지어 평생의 경험으로) 어떤 법칙을 만들었다고 하자. 그러나 이것이 과연 절대적 진리인지 확신할 수 없다. 이것이 바로 검은 백조 이야기, 추수감사절의 칠면조 이야기이다. 단지 감각경험의 범주로서 정합성[42]을 띄고 있는 것이지 필연인지 우연의 일치인지 증명하는 것은 어렵다.[43] 물론 우리는 학자 수준의 엄밀함을 가지고 세상을 사는 것은 아니지만 이따금 회의적으로 사태를 따져 보는 것도 나쁘지 않은 자세일 것이다 — 엄밀하게 투자하는 사람들만 있다면 주식 시장이 존재하지도 못할 것이다 또 우리의 매매 스타일이 그다지 엄밀함을 추구하지도 않는다.

[42] 대상의 변화 지켜보지 않아도 그 규칙성을 알고 익숙하게 받아들임.

[43] 데이비드 흄 (1711–1776, 영국 철학자) 인과율 비판

절대적인 시장 지표와 매매 전략, 스타일, 매매 비법을 추구하지 말라. 마치 무한동력을 찾는 것처럼 무모한 일이다. 다시 한번 강조하지만 보조 지표는 결코 예언지표가 아니다. 판단과 액팅의 기준으로 쓰여야 한다 — 그것도 후행적 기준이다. 보조 지표는 후행지표이다.

주식 투자자들은 각자 다른 생각과 매매 스타일을 가지고 있지만 반드시 인정하고 받아 들여야 하는 규칙은 단 하나이다. 그것은 어제의 시장과 오늘의 시장은 다르다는 것이다 — 과장이 있는 표현이지만 완전히 틀린 표현도 아니다. 주식 시장은 종종 빠른 상황 대처 능력을 요구한다. 그렇지 않으면 손실이 엄청 커질 것이다: '빠른'이란 표현도 부적절하다 '확고하고 기민한' 상황 대처 능력을 요구한다.

여기에서 언급한 빠른 상황 대처 능력이 결코 단타 매매를 의미하는 것은 아니다. 필자는 단타 매매를 추구하지도 추천하지도 않는다. 우리가 할 수 있는 최선의 상황 대처는 계획된 리스크 관리와 포지션 커버이다. 그리고 price shift (가격 이동)가 일어난 이유에 대해 정보적 판단을 내려 새로운 전략으로 포지션을 재구

축해야 할 것이다. 단, 여기서 정보적 판단은 (컴퓨터에 비해) 인간에게는 매우 제한적으로 이루어질 수밖에 없음을 인정해야 한다.

8) 가격과 거래량

우리가 인지적 편향이나 대중 심리의 특징을 검토해 본 것은 이상 현상 (abnormal returns)을 이해하는 데에서 나아가 집단 압력이 주가에 작용하는 것을 이용해 보다 성공적인 투자를 유도해내기 위함이다. 거래량은 집단 압력을 잘 드러낸다 — '주가는 거래량의 그림자이다.' 참고로 거래량은 보조지표가 아니다. 거래량에 대한 보조지표는 VR, OBV 등이 있다.

압력에 대한 표상으로부터 거래량을 이해하는 것은 매우 적절하다. 압력은 수축과 팽창 운동으로 파동 (wave)을 그리며 전파된다. 2장에서 변동성의 평균 회귀 성격을 언급했는데, 거래 압력이 수축되면 변동성은 내려오고, 팽창되면 변동성이 증가할 것이다. 여기서 우리는 중요한 사실을 유도해낼 수 있는데, 주가의 추세선 상 평균 회귀성보다 거래량의 평균 회귀성이 더 근원적이며 강하다는 것이다. 그림에서 보다시피 주가의 추세선보다 거래량의 추세선은 상대적으로 완만하다. 기본적으로 거래가 대량으로 몰린 뒤 가격이 상승하듯이 거래량이 바로 바로 갱신되기는 힘들다. 거래량이 매일 급격하게 증가하는 현상은 다음과 같이 해석될 수 있다: 새로 주식을 사는 투자자가 늘어나는 만큼 매도하는 기존 주식 보유자들도 늘어난다는 (주식 시장에서는 이것을 '손바뀜'이라고 말함) 뜻이며, 증가하는 매도세와 매수세만큼 주가의 변동성도 매우 커질 것이다.

주가의 운동량이 커지려면 먼저 집단 압력이 팽창해야 할 것이다. 생각해보자. 주가가 매우 작은 범위에서 매수 호가와 매도 호가가 제시되어 있고 적극적으로 매도하려는 사람도 매수하려는 사람도 적은 상태에서 투자자를 유인할 만한 사건이 일어났다. 이것이 매수 우세와 관련해 있다면 매도 물량이 적은 상태이기 때문에 평소 같으면 하루에 걸쳐 소화될 물량이 단 몇 분 만에 소화될 것이다. 이렇게 거래가 증가됐다. 매도자의 입장을 보면 평소에 그는 시장 가격에서 기껏해야 한 두 호가 높은 가격으로 매도 호가를 제시했지만 물량이 빠르게 소진되는 것을 관찰하고 이번에는 세 호가 네 호가 올려서 매도 호가를 제시할 것이다. 바로 매도하는 것이 아니라 매수세가 위로 올라오길 기다리는 것이다. 이렇게 되면 가격이 상승한다. 결론적으로 주가의 상승은 거래량을 필요로 하는 것이다.

역으로 주가의 운동량 (변동성)도 크고 거래량도 커진 상태에서 거래량이 줄었다고 해보자. 그동안 시장을 지배한 이벤트가 더 이상 투자자들의 흥미를 끌지 못한다. 주가가 충분히 올랐다고 판단해 투자 수익률 측면에서 투자자를 더 이상 유인하지 못하는 상황이다. 매수자가 줄자 주식을 팔고 싶은 사람들은 이전처럼 기다려서는 좀처럼 매도할 수 없을 것이다. 그러면 시장 가격보다 아래에서 매도 호가를 제시해야 한다. 결론적으로 거래량의 부족은 매도 대기자의 적체를 불러 오고 어느 순간 가격 하락으로 이어지게 된다. 주가가 매일 오른다고 매수세가 매일 증가하기보다는 가격 부담 때문이라도 줄었다가 늘었다가를 반복한다. 그래서 매도 대기자들은 최초 계획보다 길게 기다릴 수 있다. 때문에 주가가 눌림목을 거치는 동안 거래는 잠시 줄어들 수 있다. 그런데 이 기간이 길어지고 간헐적 매도 물량에도 반발 매수세가 이어지지 않으면 거래량이 계속 줄어든다. 결국 주가가 상승 추세를 유지하기 위해서는 거래량이 단계적으로 줄어드는 모습을 보여선 안 된다. 작은 거래량으로 주요 매물대를 돌파하는 경우도 있는데 이 경우에도 돌파시 매수에 가담하지 못한 주체들의 추격 매수세가 증가하며 전고점을 붕괴시키지 않는 거래량 증가가 동반될 것이다. 여기에서 더 중요한 점은 고점 부근에서 매수세가 실종되는 즉 고점부근에서 거래량이 축소되는 모습을 보여서는 안 된다는 것이다. 고점 부근에서 가격 저항이 일어나 단 번에 돌파되지 못하더라도 대량 거래가 일어나 손바뀜, 기존 주식 보유자와 신규 매수자 간의 교대가 일어나 향후 돌파될 가능성을 열어두는 모습을 보여줘야 한다.[44]

 44 여기서 가능성이란 말을 사용한 이유는 변동성 측정은 가격으로 이루어지기 때문이다.

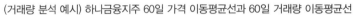

(거래량 분석 예시) 하나금융지주 60일 가격 이동평균선과 60일 거래량 이동평균선

거래량을 보면 아주 강한 매수와 약한 매도의 반복으로 주가는 상승한다는 것을 알 수 있다.
다만, 거래량이 꾸준히 오르는 트랜드를 보이고 있지 않다는 점에서 많은 점수를 줄 수 없을 것이다.

하락의 마무리에서도 마찬가지로 거래량의 감소 현상이 일어난다. 하락 추세에
서 거래량이 줄다가 패닉 셀링 (공포 매도) 국면에서 거래량이 급증한다. 1차 단계
인 손바뀜이 반복되는 과정에서 변동성이 확대된다. 2차 단계가 바로 하락의 마무
리인데, 저점 부근에서 신중한 매도와 신중한 매수가 이루어지며 거래량이 감소한
다. [그림 35]는 장기 하락 추세의 마무리에서 거래량 변화를, [그림 36]은 중기 하
락 추세의 마무리에서 거래량 변화를 잘 보여주고 있다.

[그림 35] 2008년 KOSPI 200과 거래량 (주봉)

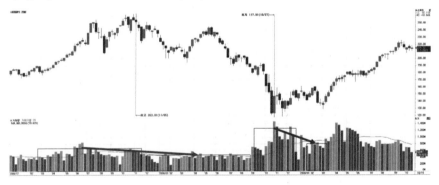

[그림 36] 2011년 KOSPI 200과 거래량 (일봉)

　　보조 지표가 가격의 과거를 시간적으로 재구성한 것이라면[45] 거래량은 현재 가격과 일대일 대응에 놓인다. 또한 기간 거래량 또는 국면별 거래량은 가격의 추세와 일대일 대응에 놓인다. 결국 보조 지표가 가격에 후행인데 반해 거래량은 동행이다.

 　보조지표를 구하는 공식들을 어느 정도 알면 이해가 쉬울 것이지만, 공식을 아는 것이 직접적 도움이 되지 않을 것이라 생각하여 생략한다. 아쉬운 대로 보조지표는 크게 추세를 측정하기 위한 것과 상대적 위치를 측정하기 위한 것으로 분류 가능하다는 것만 언급하고 지나가고자 한다. 가격을 산술 평균하는 방식에서 현재가는 상대적 위치 의미를 가지며, 시간단위와 가격을 곱하는 방식에서 시간은 가중 (또는 가속도) 개념이다.

9) 거래량을 이용한 트레이딩에 앞서

　　가격 파동의 이면에 거래량의 팽창과 수축 운동이 있다는 표상에서 시작해서 주가의 움직임에 거래량이 어떻게 작용하는 기술했다. 문맥상 핵심은 거래량은 투자자의 행동과 심리 그 자체라는 것이다. 파동 운동으로 표현하면 거래량은 에너지이다. 그러므로 타임 프레임을 일간으로 설정하든 분으로 설정하든 원리의 적용은 동일할 것이다. 경험상 스캘핑 매매에서는 진입 가격이 조금만 달라져도 그 결과가 완전히 다르다. 상승이든 하락이든 방향을 맞췄다 하더라도 몇 틱[46] (tick) 차이로 손절이 나가버리기 때문이다. 심리적 긴장감 때문에 그런데, 단타 매매를 해야 한다면 심리적 긴장감을 줄일 수 있는 방법을 강구해야 한다.

 최소가격변동 단위 또는 호가 단위. 거래소 종목의 경우 주권 가격이 500,000원 이상인 주식의 한 틱 (호가 단위)은 1,000원이다. KOSPI 200 선물의 경우 0.05 포인트가 한 틱이다.

주권 가격	호가 단위	
	거래소	코스닥
500,000원 이상	1,000원	
100,000 ~ 500,000원	500원	100원
50,000 ~ 100,000원	100원	
10,000 ~ 50,000원	50원	50원
5,000 ~ 10,000원	10원	10원
1,000 ~ 5,000원	5원	5원
1,000원 미만	5원	1원

10) 거래량을 이용한 트레이딩 예시

이번 절에서는 거래량을 이용해 어떻게 매매하는지 구체적 사례를 통해 설명하고자 한다. 필자가 직접 거래한 결과이며, 진입 판단의 근거를 적어 놓았다. 지나간 차트 위에 대고 여기서 매수해서 이때 매도해야 한다는 식의 설명은 과체적화 (over fitting)된 결과여서 실전에 큰 도움이 안 된다고 판단했다. 그래서 실시간 판단한 근거가 어떠한 결과를 가져오는지 바로 보여주는 방식이 더 설득력 있어 보였다. '거래량은 주가의 에너지이다'라는 원칙은 어떤 타임 프레임에서도 유효하다.

필자가 거래한 상품은 S&P 500 지수 선물이며 결제는 달러로 이루어진다. 보통 결제이므로 실제 매매가 이루어진 날은 청산일보다 2일 앞선다. 2017년 8월 1일의 일봉 차트를 보면 7월 27일까지 지수가 상승하면서 거래량도 동반 상승하다 27일 이후 거래량 수준이 줄어들었다. [그림 37] 비록 아래 꼬리를 길게 달며 반발 매수세도 만만치 않음을 확인했지만 그 뒤 주가가 전 고점 부근까지 회복하는 모습을 보였음에도 거래량이 줄어든 채 상승했다. 참고로 캔들 해석상 고점에서 아래 꼬리가 긴 것은 교수형 캔들에 속한다. 8월 2일에도 이 교수형 캔들이 출현했고 반발 매수세가 줄었다. 주가가 어느 정도 회복한 것은 거래량을 보아, 매수세가 강한 것이 아니라 장 후반 매도세가 약해진 것으로 해석하였다. 이런 상황이라면 매수 포지션을 짧게 가져갈 수밖에 없고 매도하기에도 기존 추세를 거스르기 때문에 지양한다. 8월 8일 전고점 돌파를 한 뒤 차익 실현 매물 및 후속 매수세가 없어 하락 전환한다. 고점 돌파를 시도했지만 거래량이 받쳐주지 않았음에 주목하고 선제적인 매도 포지션 구축. 본격적인 하락은 7월 27일의 저점 이탈로 보고 저점에서 추가 매도, 손절 가격은 7월 27일의 고점으로 정함.

8월 10일 장대 음봉으로 하락한 뒤 11일~14일 반등 구간에서도 거래량 늘어나는 모습 보이지 않아 매도 거래를 몇 차례 더 하였다. 트레이딩의 결과는 이하 [그림 38]와 같았다.

[그림 37] 트레이딩 계획

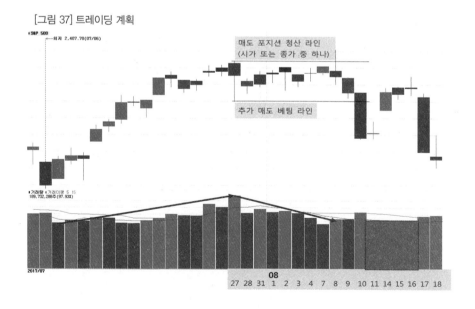

[그림 38] 트레이딩 결과 공유 (실계좌)

| 계좌번호 | | 정승환 | | ▼ | | | 비밀번호 | **** | |

| 수량 | | 선물청산손익 | | 옵션청산손익 | |

매매일자	청산일자	종목코드		청산구분	수량	매수가격	매도가격	선물청산손익
08-15	2017-08-17	ESU17	매수 진입	매도	1	2451.50	2454.00	125.000
08-15	2017-08-17	ESU17		매도	1	2452.25	2452.75	25.000
08-15	2017-08-17	ESU17	매도 진입	매수	1	2454.50	2453.25	-62.500
08-15	2017-08-17	ESU17		매수	1	2450.00	2470.75	1,037.500
08-15	2017-08-17	ESU17		매수	1	2463.25	2466.25	150.000
08-14	2017-08-16	ESU17		매수	1	2463.00	2465.00	100.000
08-11	2017-08-15	ESU17		매수	1	2462.00	2461.50	-25.000
08-11	2017-08-15	ESU17		매수	1	2467.75	2472.50	237.500
08-11	2017-08-15	ESU17		매수	1	2468.50	2463.00	-275.000
08-11	2017-08-15	ESU17		매수	1	2468.00	2452.00	-800.000
08-09	2017-08-11	ESU17		매수	1	2438.75	2444.50	287.500
08-09	2017-08-11	ESU17		매수	1	2438.75	2441.00	112.500
08-08	2017-08-10	ESU17		매수	1	2439.25	2448.75	475.000
08-08	2017-08-10	ESU17		매수	1	2448.00	2455.50	375.000
08-08	2017-08-10	ESU17		매수	1	2453.00	2465.75	637.500
08-07	2017-08-09	ESU17		매수	1	2464.75	2467.00	112.500
08-04	2017-08-08	NQU17	매수 진입	매도	1	5951.00	5953.75	55.000
08-04	2017-08-08	NQU17		매도	1	5954.75	5955.75	20.000
08-01	2017-08-03	NQU17		매도	1	5893.00	5896.75	75.000
	2017-08-02	ESU17		매도	1	2464.50	2465.25	37.500
(00:00 시	2017-08-02	ESU17		매도	1	2467.50	2468.00	25.000
기준으로	2017-08-02	QMU17		매도	1	48.700	49.100	200.000
날짜변경	2017-08-01	ESU17		매도	1	2470.50	2470.75	12.500
미 포함)	2017-07-31	QMU17		매도	1	44.400	49.775	2,687.500

07 차트의 구성

1) 봉(candle stick), 봉의 형태

① 봉

주가는 고정된 것이 아니고 하루에도 수없이 상승과 하락을 반복한다. 시가, 종가, 고가 ,저가에 대해서는 앞에서 설명하였다. 시가는 9시 정각에 그 날 처음으로 결정된 주가이고 고가는 하루 중 가장 높았던 가격, 저가는 하루 중 가장 낮았던 가 격, 종가는 오후 3시 정각에 마지막으로 결정된 주가다. 그 날의 종가가 시가보다 높게 끝난 경우 봉은 빨간색으로 표시되고 그 날의 종가가 시가보다 낮게 끝났을 경 우 봉은 파란색으로 표시된다. 그 날의 저가와 고가는 아래꼬리와 위꼬리로 표시되 는데 이런 설명만으론 이해하기 어려운 분도 있을 것 같아 봉의 모양에 대한 이해를 돕기 위하여 주가의 봉의 모양과 하루 중의 움직임의 관계들을 예를 들어 표시하였다.

〈그림 3〉 봉의 모양

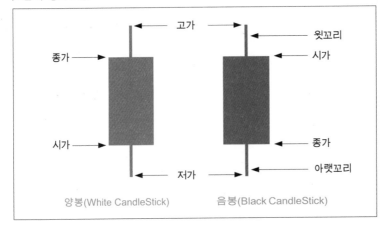

양봉(White CandleStick)　　　음봉(Black CandleStick)

　다음 차트는 삼성전자의 10일간 차트다. 이 기간동안 삼성전자의 주가는 약 2,457,000 (12일)에서 높게는 2,684,000 (25일)까지 움직였다는 것을 알 수 있다.

　거래량은 하루에 적게는 17만 7천주 (21일)에서 많게는 28만 4천주 (14일) 정도 된다는 것도 알 수 있다.

　9월 22일은 시가가 2,648,000원으로 시작하여 장중에 2,623,000원까지 내려 가기도 하였으나 결국 2,680,000원까지 올라갔다가 종가는 2,650,000원을 기록 하며 마감했다.

삼성전자 (2017. 09. 12 - 09. 25)

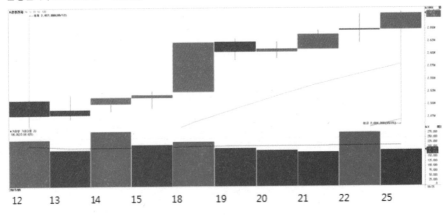

앞에서 설명한 것들은 봉차트 중에서도 일봉차트다. 봉 하나가 하루의 움직임을 표시하고 있기 때문에 일봉차트라고 한다. 봉차트의 종류가 일봉차트만 있는 것은 아니다. 봉 하나가 한 주의 움직임을 표시하면 주봉차트, 한 달의 움직임을 표시하면 월봉차트라고 하고 실제로 사용되고 있다. 위의 삼성전자 차트에서 18일부터 22 일까지 5일간의 기록을 하나의 봉을 만들면 주봉 한 개가 되는 것이다.

〈그림 4〉 일봉차트의 예

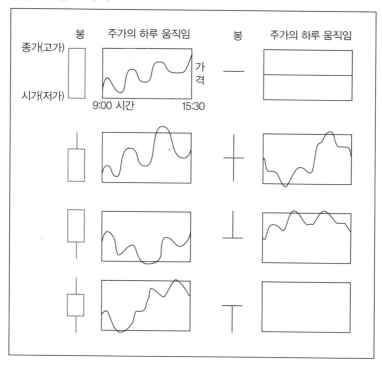

〈그림 5〉 주봉차트

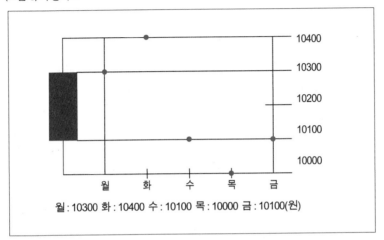

월 : 10300 화 : 10400 수 : 10100 목 : 10000 금 : 10100(원)

위는 주봉 하나의 모습과 주가의 월~금요일의 추이다. 이 주봉의 시가는 월요일 가격이 되고 종가는 금요일 가격이 된다. 시가보다 종가가 낮은 가격이기 때문에 봉 은 파란색으로 표시된다.

② 봉의 형태

봉의 모양이 매매를 결정하는 데 있어서 결정적인 역할을 할 수 있는가? 경험으 로 볼 때 대부분의 경우 그렇지 않다. 물론 하루 이틀 앞을 보고하는 단타매매의 경 우라면 봉의 모양이 다른 경우보다 중요한 판단 자료로 쓸 수 있으나 그 역시 정답 은 아니다. 단타매매를 하지 않는 경우라면 특히 봉의 모양은 매매에 대한 판단을 내리는 데 있어서 참고해야 할 일부 요인으로 삼을 수 있을 뿐이다. 시중의 일부 기 술적 분석에 대한 책이나 자료에서 A라는 특정한 봉의 모양이 나타나면 주가는 이 후 상승하고 B라는 봉의 모양이 나타나면 주가는 이후 하락하는 차트를 띄워놓고 마치 그 봉 모양이 나오면 이후 주가는 항상 그렇게 될 것 같은 환상과 편견을 가질 수 있는데, 이는 초보자에게 매우 위험하다. 그러한 책을 보고 있노라 면 일견 타당 성이 있어 보이지만 그것은 수많은 차트들 중에서 거기에 맞는 차트만 추출해 놓았 기 때문에 그렇게 보이는 것이지 모든 경우가 그런 것은 아니고 오히려 대부분은 그 러한 공식에 들어맞지 않는다. 이 책을 읽은 독자는 그런 책이나 자료들에서처럼 이 모양이면 '매수', 이 모양이면 '매도'라는 식의 내용을 접했을 때 절대 환상을 갖지 말기를 바란다.

이후에 설명하게 될 패턴이라는 것도 수학공식처럼 딱딱 정답이 나오는 것이 아니라, 상대적으로 생길 가능성이 높은 것을 분류해 놓은 것이라고 생각하는 것이 더 올바른 접근방법이라고 하겠다.

2) 거래량

거래량은 주식이 거래된 수량을 뜻한다. 어떤 날 하루 중에 A라는 사람과 B라는 사람이 삼성전자라는 주식을 각각 300주 700주씩 매수하였고, C라는 사람과 D라는 사람이 각각 500주씩 매도하였다면 그 날의 하루 거래량은 1,000주다. 이렇게 대부분의 주식은 매일매일 이 사람의 손에서 저 사람의 손으로 거래된다. 어떠한 주 식이 시장에서 얼마나 거래되는지(수요와 공급)를 나타내주는 거래량과 거래량의 추이는 투자자들의 심리를 분석할 수 있는 중요한 지표다.

거래량에 대한 기술적 분석은 사실 초보자들이 깊이 이해하기 힘들기 때문에 자세한 설명은 하지 않겠으나 필수적으로 알아두어야 할 것 두 가지만 설명하겠다.

① 주가 급등 뒤 대량 거래에는 매수하지 말라

흔히 초보자들은 주가가 처음 상승할 때는 쳐다보지 않다가 한참 올라서야 비로 소 추가 상승의 확신을 가지고 대거 매수에 동참하게 되는 경향이 있다. 이 때는 거 래량이 평소보다 크게 증가하게 되고 이 후 매수할 사람이 더 이상 나타나지 않게 된다. 이 시점부터 주가의 천정권일 경우가 많다. 이런 주식은 결국 폭락으로 이어 지므로 상당히 주의해야 한다. 주가가 단기간에 폭등한 상태에서 거래량이 크게 증 가하는 주식은 쳐다보지 않는 것이 좋다.

다음은 문재인 대통령의 정치테마주로 급등했던 KNN의 2017년 2월부터 4월까지 차트이다.

주가는 2월 14일까지 1,000원 초반에 머물렀고, 거래량도 80,000주 수준에 머물렀다가, 2월 22일부터 거래량이 천만주 넘게 늘면서 급등한다. 3월 3일 거래량은 비정상적이라 할 수 있는 8천만주 이상 거래되다 후속 매수세가 급감하며 고점에서 반복적으로 급락하는 모습을 보여준다. 중요한 것은 노란색으로 표시해둔

3월 3일 8천만주 거래가 이루어진 데 반해 기관으로 잡힌 순매수량은 8,000여 주에 불과하다. 동시에 개인은 14,800여 주 매도하였다.

중요한 것은 (거래량 캔들에서 노란색으로 음영을 준 부분이다.)

KNN 일봉 차트 (2017. 02-2017. 04)

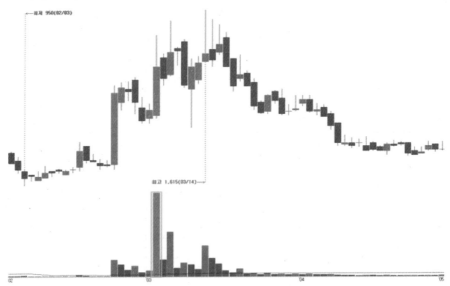

KNN 순매수 동향

일자	종가	대비	등락률	거래량	외국인	개인	기관계
합계						-79,148	39,528
17/03/09	1,330 ▼	130	-8.90	14,167,007		-4,433	1,003
17/03/08	1,460 ▲	5	0.34	8,594,169		27,765	-2
17/03/07	1,455 ▲	100	7.38	45,064,331		-31,172	-227
17/03/06	1,355 ▼	45	-3.21	17,241,632		2,311	1,000
17/03/03	1,400 ▲	165	13.36	86,741,866		-14,841	8,098
17/03/02	1,235 ▲	40	3.35	5,923,216		268	852
17/02/28	1,195 ▼	70	-5.53	4,101,725		-5,262	1,671
17/02/27	1,265 ▼	40	-3.07	10,570,511		-2,625	7,394
17/02/24	1,305 ▼	15	-1.14	6,652,446		-8,261	17,235
17/02/23	1,320 ▲	20	1.54	12,105,909		733,905	-1,000
17/02/22	1,300 ▲	275	26.83	17,138,052		7,056	-3,000
17/02/21	1,025	0	0.00	71,463		1,000	
17/02/20	1,025 ▼	15	-1.44	159,495		1,911	
17/02/17	1,040 ▼	5	-0.48	86,162			
17/02/16	1,045 ▼	35	-3.24	461,243		-2,911	
17/02/15	1,080 ▲	70	6.93	1,009,734			
17/02/14	1,010 ▲	5	0.50	59,156			
17/02/13	1,005	0	0.00	89,871			
17/02/10	1,005 ▲	6	0.60	108,708		1,000	-1,000

② 주가 바닥권에서의 거래량 증가에 매수하라

주가가 장기간 하락하거나 크게 하락한 뒤 일정 가격대에서 거래량이 눈에 띄게 증가하면 매수를 고려할 수 있다. 거래량 증가는 주가가 한참 오른 후가 아니라 바닥권에서 이루어지는 것이 좋은 것이다.

다음은 두산인프라코어의 8개월간 차트이다. 2015년 12월 14일 전 저점을 갭하락으로 무너뜨린 뒤 급락하고 있다. 2016년 1월 15일 의미 있는 손절성 물량이 출현한 뒤 21일 무슨 이유에서인지 강한 매수세가 들어온다. 손바뀜이 일어난 거래량으로 추정되는데 그 뒤 거래량 감소되며 악성 매도는 사라진다. 이후 3월 2일 재차 거래량을 동반하며 전 고점을 돌파한다. 이 시점에서 우리는 거래량 시그널에 의해 매수해볼 수 있을 것이다.

두산인프라코어 일봉 차트 (2015. 10~2016. 06)

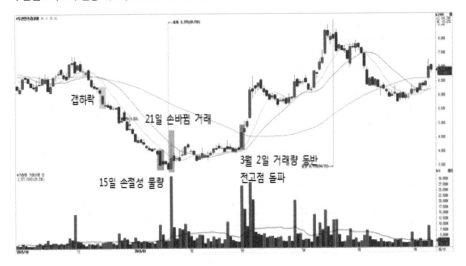

　앞서 말한 것처럼 이러한 패턴은 수많은 사례 중에 하나일 뿐이지 절대적인 것은 아니지만, 상당히 설득력이 높고, 기본적인 지식에 해당하므로 반드시 기억하도록 하자.

　갭하락 : 전일종가보다 훨씬 더 낮은 가격으로 당일시가가 결정될 때를 말한다. 봉과 봉사이의 격차(gap)를 두고 하락하면 갭하락, 반대로 격차를 두고 상승하면 갭상승이 된다.

　위의 2가지 상황을 요약하면, 주가가 크게 오른 뒤의 거래량 증가는 상승하던 주가를 하락으로 전환시키려는 힘을 나타내는 경우가 많고, 반대로 주가가 크게 하락 한 뒤의 거래량 증가는 하락하던 주가를 상승으로 전환시키려는 힘을 나타내는 경 우가 많다는 것을 알 수 있다.

3) 이동평균선

날짜	주가	5일 이동평균선 가격
1월 3일	1000원	—
1월 4일	1200원	—
1월 5일	1300원	—
1월 6일	1100원	—
1월 7일	1500원	1220원
1월 10일	1400원	1300원
1월 11일	1700원	1400원
1월 12일	1500원	1440원
1월 13일	1200원	1460원

이동평균선은 차트에서 여러 가지 색의 실선으로 표시된다. 이동평균선은 일정 기간의 주가평균치의 진행방향을 나타내준다. 5일선이라 하면 현재부터 5일간 주가를 평균하여 현재 차트에 표시한 것을 계속 이어서 만든 선인데 구하는 방법을 예를 들어보자.

3~6일까지의 이동평균선 가격은 그 날을 포함해 과거 4일간의 주가 자료가 없기 때문에 구할 수 없다. 5일부터 이동평균선 가격을 구해보면,

*7일의 5일 이동평균선 가격 =

3일 주가 + 4일 주가 + 5일 주가 + 6일 주가 + 7일 주가 / 5

= 1000 + 1200 + 1300 + 1100 + 1500 / 5 = 1220(원)

*10일의 5일 이동평균선 가격 =

4일 주가 + 5일 주가 + 6일 주가 + 7일 주가 + 8일 주가 / 5

= 1200 + 1300 + 1100 + 1500 + 1400 / 5 = 1300(원)

5일 평균이므로 5로 나눈 것이다. 1월 11일부터도 마찬가지로 구한다.

이렇게 구한 5일 이동평균선 가격들을 선으로 이으면 비로소 '이동평균선'이 된

다. 20일 이동평균선, 60일 이동평균선도 위와 마찬가지 방법으로 구하는 것인데, 이는 차트에서 보는 바와 같이 모두 자동으로 구하여 표시해주므로 여러분들은 원리만 알고 있으면 된다.

① 이동평균선의 종류

차트에서 볼 수 있듯이 주로 쓰는 것은 5일선, 20일선, 60일선, 120일선 등인데 이는 투자자들의 각자 취향에 따라 다를 수 있다. 사람에 따라서 10일선이나 40일선 등을 추가로 보기도 하고 240일 등의 장기 이동평균선을 보기도 한다. 일반적으로 5일선이나 10일선은 주로 단기적인 움직임을 보여주므로 단기선이라 하고, 20일, 60일선은 중기선, 120일, 240일선은 장기선이라고 한다. 또 5일선은 생명선, 20일선은 심리선, 60일선은 수급선, 120일선은 경기선이라 부르기도 한다.

② 이동평균선의 역할

기술적 분석에서 이동평균선이 하는 역할이 무엇인지 알아야 분석 방법을 알 수 있게 된다.

③ 방향성 확인 역할

5일 이동평균선이 상승하고 있다는 의미는 무엇인가? 단기적인 주가의 추세가 상승하고 있다는 의미다. 즉 우리는 5일, 20일, 60일 등 각각의 이동평균선들을 통하여 단기적, 중기적, 장기적 주가의 추이가 어떤지를 이동평균선을 통해서 쉽게 알 수 있고 이를 투자의 판단지표로 활용할 수 있다.

④ 지지선 저항선 역할

주가가 하락하다가 일정한 가격대에서 더 이상 떨어지지 않고 지지가 되어주는 부분을 지지선이라고 하고, 주가가 상승하다가 일정한 가격대에서 더 이상 상승을 하지 못하는 부분을 저항선이라 한다. 지지선이나 저항선에는 여러 종류가 있지만 이동평균선이 지지선이나 저항선의 역할을 하기도 한다. 지지선이나 저항선이 되는 원리를 예로 들어보자.

주가가 20일선 아래에서 움직이고 있다는 뜻은 현재 주가가 20일 동안의 주가 평균치보다 낮은 가격에 있다는 뜻이고 이는 최근 20일 동안 그 주식을 매수한 사람들의 평균매수단가보다도 현재 주가가 낮기 때문에 최근에 매수한 사람들은 손해를 보고 있는 사람이 많다는 의미다. 상황이 이렇게 되면 최근 20일 동안에 그 주식을 매수한 사람들은 주가가 본전만 되면 팔아버려야지 하는 본전심리를 갖게 되고, 주가가 20일선 근처까지 오르면 이러한 사람들이 주식을 매도하기 때문에 주가가 잘 오르지 못하는 현상이 나타난다. 이런 이유로 이동평균선은 저항선 역할을 할 수 있게 되고, 또 차트를 보는 사람들은 대부분 이런 원리를 알고 있기 때문에 이동 평균선보다 주가가 아래에 있을 때는 그 이동평균선 가격에서 매도하려는 사람들이 실제로 많아져 저항선이 되는 경우가 많다.

지지선의 경우도 마찬가지다. 주식을 매수할 때 자신이 가지고 있는 자금을 한꺼번에 매수하는 경우보다는 조금씩 나눠서 분할로 매수하는 경우가 많은데 매수 후에 주가가 오르면 비싸서 추가매수를 하지 못하고 있다가 다시 하락하여 처음 매수 가격 근처에 오면 다시 나머지 자금을 매수하기 때문에 주가 하락을 막아주어 지지선이라는 개념이 생긴다.

이동평균선이 주가보다 아래에 있을 때 주가가 올랐다가 다시 밑에 있는 이동평균선에 근접하면 실제로 매도를 하려는 사람보다는 매수를 하는 사람이 많아질 수 있다. 따라서 차트에서 이동평균선이 주가와 가까운 위치에 있을 때에는 지지가 되는지 저항이 되는지 여부를 관찰하는 습관을 들여야 한다.

우리은행 (2017 .02 ~ 2017 .09)

위 차트에서 2017년 4월부터 시작해서 8월까지 4개월간은 계속해서 상승추세를 이어가고 있지만, 8월 중순경 5일선이 20일선 아래로 꺾여 내려오면서부터 (데드 크로스) 추세는

반전되고 이전에 지지선 역할을 해주었던 20일선은 한번 무너진 이후로 저항선 으로 작용하며 주가는 내리막을 걷고 있는 모습이다.

⑤ 이동평균선의 배열 상태

● 정배열, 역배열

차트에서 이동평균선이 위로부터 단기선, 중기선, 장기선의 순서로 배열되어 있는 것을 정배열 상태라고 하며 반대로 위로부터 장기선, 중기선, 단기선의 순서로 배열되어 있는 것을 역배열 상태라고 한다. (우리은행 차트에서 5월에서 7월까지 전형적인 정배열 상태이다.)

이동 평균선들이 한 곳에 모이는 경우가 많다.

주가는 상승과 하락을 반복하면서 이동평균선도 정배열에서 역배열, 역배열에서 정배열 상태로 계속 변하는데, 어떤 상태의 주식을 사는 것이 유리한가에 대해서는 일반적으로 주가가 상승추세에 있는 정배열 주식을 매수하는 것이 유리하다고 볼 수 있겠다. 또한 일반적으로 상승이든 하락이든 추세의 방향이 결정되기 전에는 이동 평균선들이 한곳이 모이는 경우가 많다.(OCI 차트의 12월 말의 차트 모양을 보라.) 이러한 수렴과 확산의 과정의 변화를 이해하며 투자 판단에 참고한다면 분명 도움이 될 것이다. 다만 이미 지난 차트를 통해서 볼 땐 뭔가 한눈에 주가가 예측될 것 같지만 막상 실전에서 내일의 주가를 예측한다는 것은 상당히 어려운 부분이라고 할 수 있다. 그러므로 작은 지식 몇 가지를 알게 되었다고 자만하지 말고, 늘 시장 앞에 겸손한 자세로 스스로 더욱 깊게 공부하는 투자자가 되길 희망해 본다.

● 골든크로스, 데드크로스

이동평균선 역배열 상태에서 단기이동평균선이 중기 또는 장기이동평균선을 상향 돌파할 때를 골든크로스라고 하며 반대로 정배열 상태에서 단기이동평균선이

중 기 또는 장기이동평균선을 하향돌파할 때를 데드크로스라고 한다. 역시 중기이동평 균선이 장기이동평균선을 돌파하는 경우에도 상향돌파냐 하향돌파냐에 따라 골든 또는 데드크로스라고 한다. 자주 쓰이는 용어이니 필히 알아두어야 한다.

4) 추세

미끄러운 얼음판 위에서 어떤 물체에 힘을 한번 가하면 그 물체의 반대방향으로 더 큰 힘을 주기 전에는 멈추지 않고 일정기간 계속 진행하는 것을 볼 수 있다. 이 것을 물리학의 관성의 법칙이라고 하는데 주가에도 이 법칙이 그대로 적용된다. 즉 주가도 한번 방향이 정해지면 그 방향으로 일정기간 파동을 이루며 계속 진행하려 는 성질이 있는데 이 일정 방향의 흐름을 추세라고 한다. 추세에는 상승추세와 하 락추세 그리고 비추세(추세가 없는 영역)가 있다. 주가는 상승추세가 시작되면 일 정기간 계속되는 성질이 있고 하락추세가 시작되면 역시 일정기간 계속되는 성질 이 있다.

① 상승추세

〈그림 6〉 상승추세

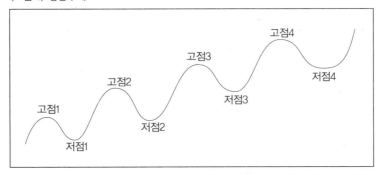

상승추세란 주가의 저점과 고점이 계속하여 높아지는 것을 말한다. 주가가상승하더라도 일직선으로 쉬지 않고 상승할 수 없다. 주가가 오르면 항상 이익을 실현하 려는 매도세력이 더 강해지기 마련이라 하락하게 되고, 어느 정도 하락하게 되면 어 느 순간부터 매수세력이 다시 강해지면서 주가는 상승한다. 이렇게 주가가 상승추 세에 있더라도 일직선으로 쉬지 않고 오르는 것이 아니라 파도의 움직임처럼 올랐 다가 내렸다가 하며 점진적으로 파동을 이루며 오른다. 이것은 하락추세에서도 마 찬가지로 적용된다.

앞의 그림에서 고점2는 고점1을 돌파하고 고점3은 고점2를 돌파하며 계속 고점을 갱신하고 저점2는 저점1까지 하락하지 않고 저점3은 저점2까지 하락하지 않는다. 이렇게 계속하여 저점과 고점이 높아지는 것을 주가의 상승추세라고 한다.

② 하락추세

하락추세란 상승추세의 반대 개념으로 주가의 저점과 고점이 계속하여 낮아지는 것을 말한다.(그림7)

〈그림 7〉 하락추세

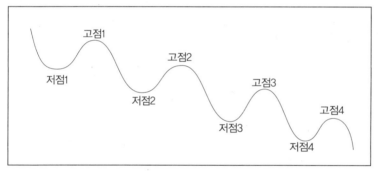

고점2는 고점1을 돌파하지 못하고 고점3은 고점2를 돌파하지 못하고 하향하며 저점2는 저점1을 하향돌파하며 저점을 갱신하고 저점3은 저점2를 계속하여 하향 돌 파한다. 이렇게 계속하여 저점과 고점이 낮아지는 것을 주가의 하락추세라고 한다.

③ 상승추세의 이상신호

〈그림 8〉 상승추세의 이상신호

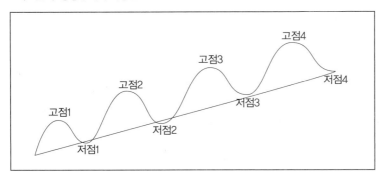

고점1에서 고점3까지는 계속 고점이 높아지므로 상승추세에 이상이 없다. 그러나 고점4가 고점3보다 낮아지고 주가가 하락하기 시작하였으므로 여기서 상승추세에 이상이 생긴다. 이는 상승추세가 계속되지 않을 수도 있다는 것을 의미하며 주식 을 매도할 준비를 해야 한다.

④ 상승추세에서 하락추세로 전환

고점4가 고점3을 돌파하지 못한 이후 주가가 하락하여 저점4가 저점3을 처음으로 하향 돌파하였다. 이는 상승추세가 완전히 무너지고 하락추세가 시작되었다는 신호이므로 주식을 매도해야 할 시기다.

하락추세의 이상신호와 하락추세에서 상승추세로 전환되는 과정은 앞의 그림 과 설명을 거꾸로 이해하면 되기 때문에 설명을 생략한다.(지면 관계상 생략하는 것이지 결코 이 부분이 중요하지 않아서 생략하는 것이 아니므로 확실히 이해해야 한다.)

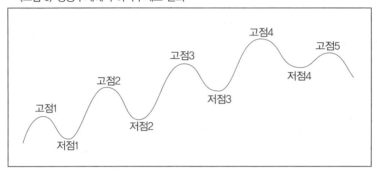

〈그림 9〉 상승추세에서 하락추세로 전환

고점1
저점1
고점2
저점2
고점3
저점3
고점4
저점4
고점5

⑤ 비추세

현대차 주봉 차트 (2015 .11 ~ 2017. 09)

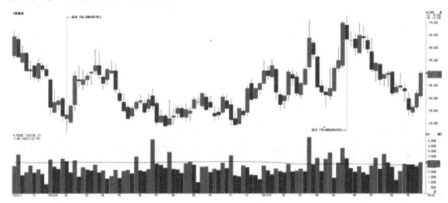

위의 차트는 현대차의 2016년, 2017년 주가현황으로 2016년 2월부터 상승추세 도 하락추세도 아닌 것을 볼 수 있는데, 이를 비추세 또는 횡보추세라고 한다.

이러한 상태에서는 주가가 상승추세로 전환하는지 하락추세로 전환하는지 지켜 보고 난 후에 상승으로 방향이 정해질 때 투자하는 것이 좋다.

◐ 추세의 예

추세는 한번 시작하면 관성의 법칙이 작용하여 일정 기간 계속된다고 하였다. 그 러므로 추세가 완전히 상승 전환되었다는 것을 확인하기 전까지는 주가가 많이 떨어졌다는 이유로 함부로 매수하는 것은 위험하다. 2016년부터 2017년 1월까지 제주항공 차트를 같이 살펴보자.

제주항공 일봉 차트 (2016 .03 ~ 2017. 01)

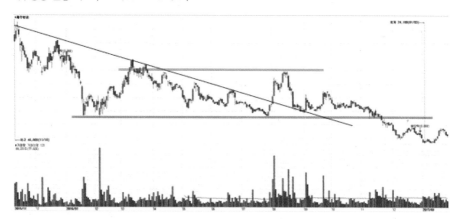

이 종목은 2015년 11월 상장이후 추세적으로 하락하고 있었다. 2016년 8월 거래량이 붙으며 추세 하락선을 강하게 돌파한다. 게다가 2016년 1월과 2월에 기록한 저점 29,000원을지지 (녹색선)하는 것처럼 보인다. 하지만 직전 고점 부근에서 몇일 머무르지 못하고 하락 반전한다. 하락 추세에 있는 주가가 반전하는 것이 쉽지 않음을 보여준다.

5) 패턴

'역사는 반복된다'는 말이 있다. 이 말이 주가에도 적용될 수 있을까? 그렇다. 세상이 변해도 인간 심리는 옛날이나 지금이나 근본적으로 같기 때문에 가능하다. 주 가가 폭등하면 '흥분'하고 주가가 폭락하면 '공포'와 '두려움'이 생기고, 주가가 매수 가보다 하락하고 더 떨어질 것 같은 것을 알면서도 '미련'을 쉽게 버리지 못하는 등 의 인간의 근본 심리는 변하지 않는다. 이러한 심리는 주가 차트에도 그대로 표출되 며 역사적으로 반복되는데 이 중에서도 반복적으로 자주 나오는 차트 유형들을 패 턴이라고 하며 분석해 볼 가치가 있다.

패턴에는 추세전환형(추세반전형) 패턴과 추세지속형 패턴이 있다. 추세전환형 패턴이라는 것은 특정 패턴이 나온 이후에 추세가 상승추세에서 하락추세로 바뀌거 나 하락추세에서 상승추세로 바뀌는 현상이 나오는 것을 말하고, 추세지속형 패턴 은 말 그대로 상승추세 또는 하락추세가 계속 이어지는 것을 말한다.

① 추세전환형 패턴

〈그림 10〉 헤드 앤 쇼울더 형 패턴(Head & Shoulder Pattern)

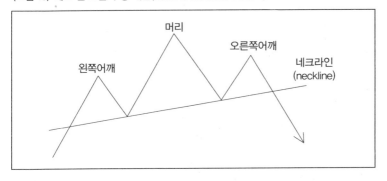

◐ 헤드 앤 쇼울더 형 패턴

사람의 머리 어깨처럼 생겼다고 하여 헤드 앤 쇼울더 형이다. 상승추세가 하락추세로 전환되는 형태이며 앞의 '추세' 부분에서 살펴본 바와 같이 상승추세에 이상이 생기는 오른쪽 어깨에서는 주식 매도를 고려해야 하는 부분이고 네크라인이 붕괴되 면 하락추세로 전환될 가능성이 많기 때문에 매도하는 것이 좋다.

◐ 역 헤드 앤 쇼울더 형 패턴

헤드 앤 쇼울더 형을 뒤집어 놓은 패턴이다. 하락추세가 상승추세로 전환되는 형태이고 오른쪽 어깨 부분과 주가가 네크라인을 돌파하는 부분에서는 하락추세가 상 승추세로 전환되는 시점일 가능성이 높으므로 주식 매수를 고려할 시기이다.

〈그림 10〉 헤드 앤 쇼울더 형 패턴(Head & Shoulder Pattern)

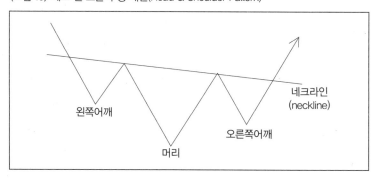

이중천정형(쌍봉형)과 이중바닥형(쌍바닥형) 패턴

〈그림 12〉

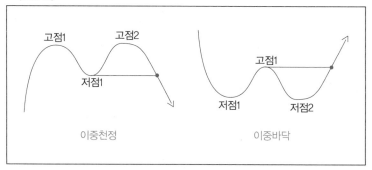

　이중천정형은 고점2가 고점1을 돌파하지 못하고 주저앉는 형태로 상승추세에 이상이 생겨 하락추세로 전환되는 패턴이고 이중바닥형은 그 반대로 생각하면 된다. 이중천정형에서의 신뢰할만한 매도시점은 주가가 A를 하향돌파할 때이고 이중바닥 형에서의 매수시점은 주가가 B를 상향돌파할 때다. 매우 신뢰도가 높은 패턴이므로 숙지해야 한다.

✪ 다중천정형과 다중바닥형 패턴

〈그림 13〉

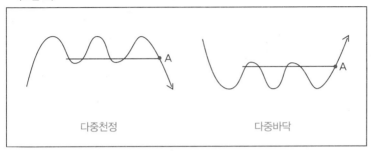

다중천정형과 다중바닥형은 이중천정형과 이중바닥형의 변환형으로 봉의 개수가 더 많은 형태이고 다른 것들은 같다.

✪ V형, 역V형 패턴

〈그림 14〉

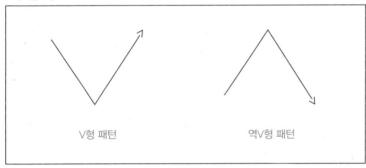

급등 후 급락 또는 급락 후 급등이 길지 않은 기간을 두고 나타나는 형태로써 매매타이밍을 쉽게 잡을 수 없고 매우 조심해야 하는 유형이다.

② 추세 지속형 패턴

● (이등변)삼각형 패턴

〈그림 15〉

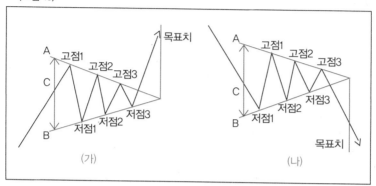

(가)는 주가가 상승 추세를 유지하다가 고점이 점차 낮아지면서 상승추세에 이상이 생기지만 저점은 오히려 높아지면서 추세의 방향을 정하지 못하고 한 점으로 수렴하는 형태다. 고점을 서로 연결한 A선과 저점을 서로 연결한 B선이 삼각형의 모습을 하고 있어 삼각형 패턴이라고 한다. 낙관과 비관이 대립하는 애매한 시장 국면에서 자주 생기지만 주가는 결국 A선을 돌파하며 원래 추세방향이었던 상승추세로 지속되는 경향이 많기에 추세 지속형 패턴에 속한다. 주가 상승 목표치는 일반적 으로 C의 길이만큼 잡는다. 지속형 패턴에 속하긴 하지만 추세가 전환되는 경우도 적지 않다. 주가가 A선을 돌파하지 못하고 B선을 하향돌파하며 오히려 하락추세가 시작되는 경우가 있기 때문에 실전에서는 주가가 어느 쪽으로 방향을 틀고나가는 지를 보고 매매판단을 내려야 한다.

(나)는 (가)와 반대로 이해하면 된다. 하락추세가 지속되는 형태이다.

● 상승삼각형, 하락삼각형 패턴

〈그림 16〉

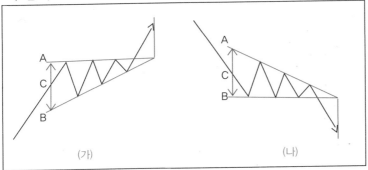

(가)　　(나)

삼각형 패턴보다 조금 더 신뢰도가 높은 패턴이다. (가)는 A선 돌파시 매수를 고려해야 하며 (나)는 이미 하락추세인 주식이므로 주식을 들고 있어서는 안되고 매수 했다 하더라도 B선 하향이탈시는 매도를 고려해야 한다.

● 쐐기형 패턴

〈그림 17〉

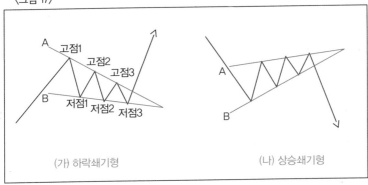

(가) 하락쐐기형　　(나) 상승쐐기형

(가)는 주가가 상승하다가 고점과 저점이 같이 조금씩 낮아지나 그 폭이 점점 줄어들어 한 곳으로 모였다가 다시 상승이 지속되는 패턴이다. 삼각형패턴은 A선과 B 선의 방향이 반대이나 쐐기형은 방향이 같다. A선을 돌파하는 시점에서 매수를 고 려해야 한다.

(나는) 하락추세가 지속되는 형태다. 쐐기 형성중에 상승추세 전환으로 잘못 알고 매수하였더라도 B선 이탈시는 하락추세가 지속되려는 신호이므로 매도를 고려해야 한다.

⬆ 사각형 패턴

〈그림 18〉

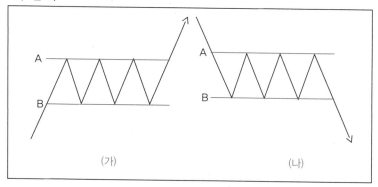

(가)는 주가가 상승하다가 A선과 B선 사이에서 등락을 거듭하다가 기존 추세대로 A선을 돌파하고 상승하는 패턴이다. 이 패턴은 확률적으로 추세가 지속될 가능성이 많기에 지속형 패턴에 속해있기는 하나 그렇게 신뢰도가 크지 않다. 얼마든지 B선을 하향이탈하고 하락추세로 전환될 수 있으므로 역시 실전에서는 추세방향을 확인하고 대처해야 한다.

(나)는 (가)와 마찬가지다. (가)와 같이 얼마든지 반대의 경우가 나타날 수 있으므로 방향을 확인하는 것이 필요하다.

이 패턴들 외에 다이아몬드 패턴, 깃발형 패턴 등이 더 있기는 하나 실전에서 출현 빈도가 높지 않으므로 설명을 생략한다.

6) 갭(gap)

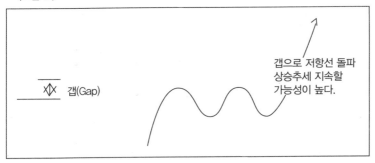

〈그림 19〉

갭(Gap)

갭으로 저항선 돌파
상승추세 지속할
가능성이 높다.

갭은 영어 뜻 그대로 빈 틈, 공백이라는 뜻이다. 어떤 날 주가의 시가가 전일 종가보다 훨씬 높게 시작하여 상승하거나 반대로 어떤 날의 주가의 시가가 전일 종가보다 훨씬 낮게 시작하여 하락할 때 나타난다. 이렇게 주가가 갑자기 급등하거나 급 락할 때 봉과 봉 사이에 공간이 생기는데 이를 갭이라고 한다. 매수 또는 매도 세력 한쪽이 다른 세력을 제압할 때 이런 현상이 나타나는데 예를 들어 주가가 지루하게 횡보하거나 점진적인 상승을 하다가 갑자기 큰 갭이 나타나며 급등하면 이는 추세 방향으로 강한 힘이 분출되는 것을 뜻한다. 특히 저항선이나 지지선을 갭으로 돌파 하면 신뢰도가 높다. 이 갭은 그 자체가 지지선이나 저항선의 역할을 하기도 한다.

7) 각종 보조지표

보조지표는 주가, 거래량, 추세, 이동평균선, 패턴 등의 분석으로 부족한 부분을 보완할 수 있는 매매 지표다. 그러나 이 보조지표는 말 그대로 매매의 판단을 할 때 보조의 역할을 하는 것이다. 마치 여기에 대단한 비밀이 숨어있는 것처럼 환상을 가 지고 맹신하게 되면 낭패를 볼 수 있다. 어디까지나 주가와 거래량을 기본적으로 분 석한 뒤에 참고적으로 분석해야 하는 것이다.

보조지표엔 여러 가지가 있으나 대표적으로 많이 쓰이는 보조지표는 볼린저 밴드, 스토캐스틱, MACD, RSI 등이 있다. 자세한 보조지표의 사례는 별책으로 수록된 "주식차트 초보 탈출하기"를 참고하여 필히 공부하길 바란다. 여기에서는 보조지표에서 공통적으로 적용될 수 있는 다이버전스 신호에 대해서만 설명하고자 한다.

① 다이버전스(divergence) 신호

주가의 저점은 낮아지는 데도 불구하고 지표의 저점이 더 이상 낮아지지 않거나 오히려 높아지는 현상, 반대로 주가의 고점이 높아지는 데도 불구하고 지표의 고점 이 더 이상 높아지지 못하고 오히려 낮아지는 현상을 말한다. 이는 향후 추세가 전 환될 가능성을 암시하는 신호다. 실제로 출현 빈도가 높고 상당히 중요한 신호이므 로 이것만 확실히 터득해도 실전투자에 있어서 중요한 참고자료로 활용할 수 있다 고 생각한다.

CJ CGV 일봉 차트 (2016 .07 ~ 2017 .02)

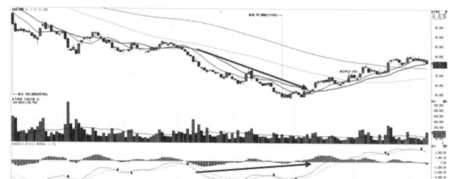

이동평균선은 하락하고 있지만 MACD 오실레이터의 저점은 상승

위 차트는 CJ CGV의 2016년 7월부터 2017년 2월중의 차트이다. 거래량 차

트 아래 MACD와 MACD 오실레이터가 있다. MACD는 대표적인 추세 지표이며 MACD 오실레이터는 추세의 강도를 나타낸다. 주황색 막대가 기준선 0 위에서 커질수록 상승 추세는 강화되며 청색 막대가 기준선 0 아래에서 작아질수록 하락 추세가 강화된다. 2016년 12월까지 가격차트 이동평균선과 주가는 역배열에 놓여있다. 그러나 12월 초 MACD 오실레이터를 보면 청색 막대의 저점이 높아지며 기준선 위로 올라오는 모습을 보이고 있다.이를 다이버전스라고 하며 향후 추세가 반전될 수 있다는 것을 암시하는 현상이다. 다이버전스가 나온 이후에 10일 이동평균선 (회색선)이 20일 이동평균선 (주황색선)을 돌파하는 골든크로스가 나타나는데, 이 시점에서는 거의 확신을 가지고 매수에 임할 수 있는 구간이라고 하겠다.

참고로 이후 주가를 보면 앞에서 살펴본 것처럼 11~12월 중에 계속 저항선으로 작용했던 20일선을 12월 9일에 돌파한 이후에는 오히려 지지선 역할을 해주는 모습을 볼 수 있다.

가 나온 이후에 10일 이동평균선 (회색선)이 20일 이동평균선 (주황색선)을 돌파하는 참고로 이후 주가를 보면 앞에서 살펴본 것처럼 11월 12월 중에 계속 저항선으로 작용했던 20일선을 12월 9일에 돌파한 이후에는 오히려 지지선 역할을 해주는 모습을 볼 수 있다.

LG상사 일봉 차트 (2017 .04 ~ 2017 .09)

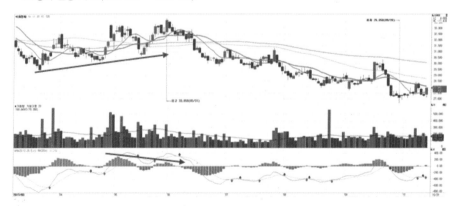

LG상사의 가격 차트와 보조지표인 MACD이다. 2017년 3월 중순부터 저점과 고점 모두 높이는 상승세를 타고 있다. 5월 31일 주가는 전 고점을 강하게 돌파하는 모습을 보였지만 MACD 오실레이터는 전 고점에 형성된 값 대비 현저히 낮은 모습이다. 이를 하락 다이버전스라고 한다. 이후 주가는 6월 16일 10일선과 20일선 데드크로스 발생하고 하락하는 모습을 보여주고 있다.이처럼 다이버전스 신호는 매수 시점뿐만 아니라 매도 시에도 상당 히 도움이 되는 지표로 활용될 수 있다.

SK하이닉스 주봉 차트 (2014 .11 ~ 2017 .09)

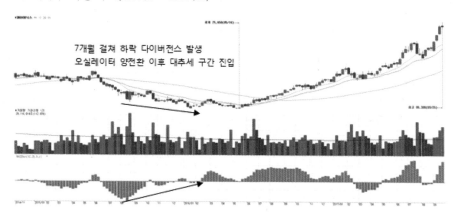

(8) 손절매(sale with a loss, stop loss, loss cut)

앞으로 주가가 더 떨어질 것을 예상하고 매입 가격보다 더 낮은 가격에라도 손해를 보면서 주식을 매도하는 것을 말한다. 주식투자 대회에서 수차례 우승하는 등 증 권가에서 상당한 주식 고수로 알려져 있는 분에게 주식투자에서 가장 중요한 것이 무엇이냐고 물어보니 첫째가 손절매, 둘째도 손절매, 셋째도 손절매라고 한 일화가 있다. 실제로 손절매는 주식투자에서 상당히 중요한 매매기법으로 인정되고 있는 만큼 초보자는 이에 대한 충분한 이해를 구하고 실전투자에 임해야 한다.

손절매를 하는 데에 있어서 가장 큰 적은 본전 심리다. 주가가 오를 것을 예상하여 주식을 매수했는데 오히려 떨어지면 잘못 매수했다는 생각이 들게 되고 본전만 오면 팔아야겠다는 생각이 들게 되는데, 이러한 본전심리는 종종 치명적인 결과를 낳게 된다. 다행스럽게도 주가가 매수한 가격까지 올라주거나 더 올라줄 수도 있겠 지만 모든 경우가 항상 그렇게 되질 않기 때문이다. 본전심리 때문에 손절매를 하 지 않으면 주가가 본전까지 오르지도 못하고 계속 하락하는 사태가 일어날 때 결국 팔지도 못하는 자포자기의 상태가 되고 주가가 마지막으로 폭락이라도 나오게 되면 공포심을 이기지 못하고 투매에 동참하게 됨으로써 막대한 손실로 이어지게 되는 것이다. 때문에 주가가 추가하락하기 전에 적정한 선에서 손실을 끊어주는 것이 필요한 것이다.

사실 주식을 손해보고 판다는 것은 말이 쉽지 실전에서는 결코 쉽지 않다. 특히 초보자들의 경우 손절매를 미처 못하는 일이 많은데 이는 앞서 본 바와 같이 결국 큰 손실로 이어질 가능성이 많다. 그러므로 주식을 매수할 때는 주가가 예상과 다르 게 하락할 수도 있다는 것을 생각하고 반드시 손절매 기준을 정해야 한다.

손절매를 하는 방법에도 여러 가지가 있겠으나 다음과 같이 생각해볼 수 있다.

① 손절매율을 정하고 손절매하는 방법

주식의 매수 가격 대비 몇% 하락했는가를 기준으로 손절매 하는 방법이다. 가장 단순한 방법이라고도 할 수 있다. 단기매매라면 보통 3~5% 정도 하락했을 때 손절 매하는 것이 일반적이고 중장기매매라면 매수가에서 7~10% 또는 그 이상으로 손 절매율을 잡는 것이 일반적이다. 이 손절매율이란 것은 획일적으로 모든 투자자에게 적용하기는 어렵고 자신의 투자기법에 알맞은 비율을 스스로 정하도록 해야 한다.

② 추세 붕괴 시 손절매 하는 방법

앞서 추세에 관해 설명하면서 주가가 상승추세이면 보유하고 하락추세로 접어들면 매도하라고 설명하였다. 주가가 계속 상승추세를 유지할 것으로 예상하고 주식을 매수하였는데 추세가 갑자기 하락추세로 전환될 때 손절매 하는 방법이다.

③ 지지선 붕괴 시 손절매 하는 방법

위와 비슷한 개념이지만 지지선에는 추세선 외에도 기술적 분석편에서도 설명한 바와 같이 대표적으로 이동평균선이 있으므로 주가가 자신이 정해놓은 이동평균선을 하향 이탈할 때 손절매 하는 방법이다.

④ 시간 지체로 인해 손절매하는 방법

주가가 조만간 오를 것으로 예상하여 단기차익을 목적으로 주식을 매수하였는데 예상과 달리 주가가 크게 오르지도 않고 내리지도 않는 상태가 오래 지속될 때 시간에 대한 기회비용을 고려하여 손절매하는 방법이다. 장기투자에는 해당되지 않는다.

08 투자에 임하는 자세

1. 실패를 경험한 투자자에게 드리는 이야기

앞에서 투자금액에 대한 이야기를 했었다. 하지만 필자는 아직도 맘이 놓이지가 않는다. 왜냐하면 대부분 주식투자를 시작하는 투자자들의 대부분은 이른바 "대박"을 꿈꾸기 때문이다. 물론 그것이 잘못된 것은 아니다. 누구나 꿈꾸는 희망사항이 아닐까 싶다. 그렇게 생각대로만 다 된다면 얼마나 좋을까마는, 시장은 여러분이 생각하는 것보다 훨씬 냉 혹하고 무서운 곳이다.

앞에서 투자금액에 대한 이야기를 했었다. 하지만 필자는 아직도 맘이 놓이지가 않는다. 왜냐하면 대부분 주식투자를 시작하는 투자자들의 대부분은 이른바 "대박"을 꿈꾸기 때문이다. 물론 그것이 잘못된 것은 아니다. 누구 나 꿈꾸는 희망사항이 아닐까 싶다. 그렇게 생각대로만 다 된다면 얼마나 좋을까마 는, 시장은 여러분이 생각하는 것보다 훨씬 냉혹하고 무서운 곳이다.

앞장에서 어느 정도 언급하긴 했지만, 이미 돈에 눈먼 투자자라면 필자의 이런 이야기조차 눈에 들어오지 않을테지만, 그래도 정말 초보자를 위한 책이라면 이런 이야기는 반드시 있어야 하기에 우리가 투자에 임하는 자세에 대해 먼저 생각해 보도록 하겠다.

1) 투자란 무엇일까?

투자는 수익을 내기 위해 하는 것이다. 그럼 수익이라는 것은 무엇일까?

예를 들어 주식투자를 해서 1년간 4%의 수익을 올릴 수 있다고 한다면 주식투자를 하겠는가? 물론 하지 않을 것이다. 왜냐하면 기대할 수 있는 수익이 적기 때문이다.

반대로 손해를 볼 가능성도 높지만, 1년에 200%수익을 낼 수 있다고 한다면 투자하겠는가? 사람에 따라 다르겠지만, 투자를 검토해볼 대상이긴 할 것이다.

그런데 이 시점에서 중요한 포인트가 하나 생긴다. 즉, 투자의 기회를 발견했을 때 초보와 고수의 차이가 확연히 들어난다는 점이다.

1년간 4%의 수익과 1년간 200%의 수익을 이야기 할 때 초보라면 묻지도 따지지도 않고 당연히 200% 수익이 기대되는 투자를 하고자 할 것이다. 그러나 투자경력이 많고 프로일수록 수익도 중요하지만, 그것보다는 그 수익을 내기 위해 내가 감당해야할 "리스크(위험)"를 먼저 살핀다. 즉, 200% 수익을 기대한다는 것은 그 대신에 내 투자 원금의 50%이상을 잃을 수 있는 위험도 같이 감수해야 한다면 프로는 투자하지 않거나 극히 제한적인 자금으로만 투자에 임할 것이다. 왜냐하면 수익을 내는 것보다 이미 가지고 있는 원금을 지키는 것을 더 중요하게 생각하기 때문이다.

필자도 많은 경험을 했지만, 실패의 쓴맛을 본 경우는 100% 내가 스스로 정한 원 칙에 입각해서 투자하지 않고, 내 감정이나, 시장상황에 휘둘려 투자한 경우였다. 글로 표현하기에 담담하게 쓸 수 있지만, 사실 주식시장이라는 곳이 날고 긴다는 전 문가들도 쉽게쉽 게 돈을 벌 수 있는 그런 곳이 아니다. 그들도 매일 수많은 정보와 심리의 전쟁터에서 자신만의 싸움을 하며 지낸다는 점을 기억했으면 한다. 그렇다 고 주식투자를 하지 말라는 것은 아니다. 다만 책의 서두에서부터 강조해왔던 것처럼, 주식이 무엇인지, 투자라는 것이 무엇인지에 대한 스스로의 개념정립을 반드시 해야 한다고 말하고 싶다. 이런 진심어린 충고도 머리로는 이해할 수 있겠지만, 독 자들의 마음에 새겨지고 그게 행동으로 옮겨지기까지는 너무나도 힘들다는 사실을 알기에 잔소리는 여기까지만 하고 실제 개인투자자들의 행동패턴에 대해 몇가지 사 례를 들어 생각해 보기로 하자.

2) 2,000만원으로 주식투자를 시작한 김대리

(1) **주식투자를 시작하게 된 배경** : 대부분의 개인투자자들이 그렇지만, 김대리 역시 주가가 바닥권일때는 주식에 대해서 그다지 관심이 없었다. 그러다 연일 주가 가 상승한다는 뉴스를 듣고, 옆 부서 사람이 주식으로 대박이 나서 한턱 쐈다는 이 야기를 듣고 주식투자에 관심을 가지기 시작한다. 하지만 기회를 보고도 선뜻 투자 하기엔 망설여져서 '정말 내가 해도 돈을 벌 수 있을까?'하는 기대반 두려움 반으로 주식투자에 처음 관심을 가지기 시작한다.

(2) **주식투자의 시작** : 주식투자를 한다는 것은 쉽게 말해서 종목을 산다는 것이다. 물론 투자를 시작하고 나서 꼼꼼히 전체적인 시장상황이나 종목들을 연구하는 사람도 있겠지만, 김대리는 어차피 내가 산 가격보다 비싼 가격에 팔면 되는 거 아닌가하는 단순한 원리에 의존해서 투자를 감행했다. 심지어 종목을 고를 때도 분석 을 하기에는 너무 시간이 없기 때문에 누군가가 추천해주는 종목을 찾기 시작한다. 물론 여기에서 여러 가지 개인적인 투자성향의 차이가 드러난다. 가장 대표적인 예 로 무조건 삼성전자와 같은 우량주만 투자하면 언젠가는 수익이 날거라는 막연한기대감을 가지는 경우와 주위에서 들리는 소문만 믿고 어떤 회사인지 무엇을 파는 회사인지도 모른채 주식에 투자하는 경우가 있다. 이런 투자를 흔히 '묻지마 투자' 라고 한다. 우리의 김대리는 전자의 케이스로 우량주라면 무조건 사고보자는 식이 었다.

3) 주식투자의 성패

주식투자의 결과는 결국 두 가지 밖에 없다. 수익이 나거나 손실이 나는 것뿐이다. 우리의 김대리는 어떻게 되었을까?

① **수익이 난 경우(매수한 종목의 주가가 오른 경우)** : 김대리는 자신이 산 우량주가 수익이 나자 마냥 기분이 좋았다. 자신이 무엇을 잘했는지 못했는지가 중요한 것이 아니라 수익이라는 결과가 났으니까 된 것이다. 그리고 주식투자가 생각보다는 쉽다고 생각하며, 왜 이제야 이걸 시작했을까 후회하기에 이른다. 그리고 머릿속으로 계산기를 두드리기 시작한다. 일주일만에 10%의 수익을 냈으니까 이런 식으로 몇 번만 반복하면 금방 부자가 될 수 있을 것 같은 환상에 사로잡힌다.

그리고 이번엔 2,000만원으로 200만원 수익이 났으니까 2억이면 2천만원은 순식간에 벌 수 있겠다고 생각한다. 물론 이론적으로는 맞는 말이지만, 필자가 보기엔 김대리는 마치 처음에 돈맛을 보여주고 나중에 왕창 잃게 만드는 사기 도박장에 간 사람처럼 불안하기만 하다.

② **손해가 난 경우(매수한 종목의 주가가 떨어진 경우)** : 처음에 잘 올라가던 주가가 보름이 지나자 그동안 났던 수익을 다 까먹더니 갑자기 폭락하기 시작한다. 우량주의 가치는 변하지 않으니까 지금이 오히려 매수기회라고 생각하며, 그동안 조금 더 준비해 놓은 자금으로 주식을 더 매수한다. 흔히 말하는 물타기를 한것이다. 하지만, 세계경제에 대한 뉴스가 심상치가 않다. 불안불안하더니 연이은 폭락으로 전체 수익률은 -20%가 넘었다. 이젠 더 투자할 돈도 없는데, 일찍 물타기한 걸 후회한다. 그렇다고 지금 팔자니 처음에 수익난것은 물론이고 본전생각이 간절해진다. '아~ 조금만 기다렸다가 살걸...' 혹은 '내가 왜 뒤늦게 주식같은 걸 한다고 해서 이 고생을 하는거야'라는 후회감이 밀려온다. 그렇게 며칠을 견디어 보지만 돌아오는 건 더 큰 손실뿐이다. 오늘 뉴스를 보니 전세계적으로 대폭락이라

고 한다. 미 국이나 유럽에서 유래없는 폭락이 생기니 내일도 주가가 더 떨어질꺼라는 불안함 에 잠을 이루지 못한다. 그리고 이젠 정말 그나마 남은 돈마저 다 날릴지 모른다는 생각에 내일은 무슨일이 있어도 다 팔아야 겠다고 생각한다. 그런데 왠일일까? 생 각보다 주식시장이 잘 버텨주고 오히려 약간 수익률을 회복한 것이 아닌가? 어제의 다짐은 어디로 가고, 다시 이런 추세로 오르기만 하면, 금새 원금은 복구하겠다는 생각으로 조금더 기다려보기로 한다. 그런데 점심시간이 지나고 나자 주가가 다시 폭락하기 시작한다. 금새 아침에 팔지 못한 자신을 원망해보지만 이미 늦었다. 매 도주문을 내보지만 매도호가는 쭉쭉 내려가기만 한다. 다른 나라와 마찬가지로 우 리나라 증시도 유래없는 폭락장이 찾아왔다. 오늘 하루에만 7% 추가하락했다. 전 체 손해는 중간에 추가매수한 돈까지 합해서 40% 손해다. 이 돈이라도 지켜야겠다 고 생각하며 얼른 가장 낮은 호가에 보유한 모든 주식을 팔아버렸다.

그리고 주식창을 쳐다보기도 싫어서 HTS창을 다 꺼버리고 담배한대를 피러나 간다. 그리고 그날저녁 혹시나 하는 마음에 주가를 확인해보니, 내가 판 가격이 오 늘의 최저가였고, 주가는 다시 −4%대까지 반등했다. 억울하다. 그래도 내일은 아 마 더 많이 떨어질꺼라 생각한다. 하지만 다음날 왠일인지 전세계적으로 반등을 했 다는 소식이 들리고, 주가는 다 급등모드다. 어제 파는게 아니라 더 샀었어야 한다 는 후회가 밀려온다. 하지만 지금 다시 주식을 사는건 도저히 할 수 없어서 하루더 지켜보기로 한다. 다음날, 오전부터 주식이 더 오른다. 머리 속으로 계산을 해본다. 지금이라도 사서 내가 처음 샀던 가격까지만 올라도 몇백만원은 회복할 수 있겠다는 생각에 서둘러 남아있는 자금 전부로 주식을 매수한다. 그런데 오후가 되니 내가 산 가격보다는 주가가 상당히 내려와 버렸다. 하지만, 이젠 반등을 했으니깐 내일은 더 오를거라고 믿는다. 그러나 다음날부터 주가는 다 하향모드다. 폭락은 아니지만, 많이 떨어지고 조금 오르고를 반복하면서 투자했던 자금은 더 손실이 커졌다. 결국 김대리는 원금의 40%만을 남긴 채 주식시장을 떠난다.

필자가 다소 극단적인 사례로 적은 것이라고 생각할지도 모르겠지만, 김대리의 투자과정은 상당히 많은 개인투자자들이 겪고 있는 현실이다. 물론 이 글을 읽고 있는 독자들은 이런 우(憂)를 범하지 않을꺼라 생각하지만, 정말 정신차리지 않으면 위와 같은 상황은 결코 남의 일이 아닐 것이다.

도대체 김대리는 왜 손해를 본 것일까? 우리는 그것을 알아야 한다. 개인투자자들의 90%가 손해를 보는 곳이 주식시장이다. 수익을 내는 것도 중요하지만, 워런 버핏의 투자원칙처럼 손해를 보지 않는 것이 더 중요한 일임을 반드시 기억할 필요가 있다.

그렇다면 김대리가 투자하는 과정에서 잘못했던 부분을 살펴보면서 우리는 같은 실수를 하지 않도록 하자.

(1) 시장분석, 종목분석을 하지 않음 : 김대리는 투자를 시작한 동기가 시장상황이나 회사상황을 분석해서 기회를 포착한 것이 아니라, 막연한 수익에 대한 기대감으로 우량주라는 이유만으로 무조건 매수했던 것이 문제였다. 투자를 시작하고자 했더라도 반드시 가상투자나 소액투자로 자신의 실력을 테스트하면서 시장상황을 적응하는 것이 좋다.

(2) 목표수익률과 손절매 기준이 없음 : 주식을 가장 바닥에서 사서 가장 비쌀 때 살 수 있는 사람은 아무도 없다. 그 과정 속에서 수익을 내는 사람과 손해를 보는 사람이 있을 뿐인 것이다. 그런데 김대리는 목표수익률이 없었다. 만약 1차 목표수익률을 10%로 정하고 10%달성 후에는 일단 이익실현을 하고 이익실현한 부분은 투자 원금과 분리하여 별도의 계좌로 옮겨놓고 다시 종목분석을 하는 식으로 운영했다면 아마 폭락을 피해갔을지도 모른다. 또한 손절매 기준을 -3%, -5% 등으로 정해놓았다면, 비록 손해가 났더라도 감당할 수 있는 수준에서 멈출 수 있었을 것이지만, 원칙이 없는 막연한 투자가 결국엔 엄청난 손해로 이어졌다는 것을 알아야 한다.

(3) 추세분석, 기술적 분석을 하지 않음 : 만약 해당 종목의 챠트를 살펴보았다면 추세가 무너진 시점에서는 손절매를 해야한다는 확신을 가질 수 있었을 것이고,

무 모한 물타기는 하지 않았을 것이다. 특히 폭락시에 투매한 것도 문제지만, 이후에 반등한다고 무조건 다시 매수에 임한 것도 기술적 분석을 통해서 예방할 수 있었던 부분이라고 하겠다.

(4) **투자금액을 무작정 늘림** : 수익이 났거나 손실이 났을 때 투자금액을 늘이면 더 큰 수익이 나고 손실을 더 금방 회복할거라는 생각을 하지만, 뜻대로 되지 않았다. 그건 실전에서도 마찬가지다. 가급적이면 처음 정한 투자금액은 계속 유지하는 것이 좋다. 그리고 수익이 나면 그 수익 난 부분을 일단은 다른 계좌로 옮겨놓는 습관을 들여 보자.

(5) **투자심리에 휘둘림** : 시장에 공포가 지배하게 될 때 대부분의 투자자들은 이성을 잃고 투매가 가담하게 되고, 한번 이렇게 흐름을 잃게 되면 지속적으로 잘못된 판단을 하며 손실을 더 부추기는 경우가 많다. 자신이 어떤 상태에서 투자하고 있는지 늘 점검해보고, 자신의 페이스대로 투자를 이어갈 수 있도록 해야 한다. 투자를 하다보면 분명 실수도 하고, 손해도 볼 수 있다. 하지만 그것을 방관하거나 무리하고 급하게 그것을 수급하고자 한다면, 오히려 더 큰 화를 당하는 경우가 많다는 점을 기억하고, 때론 한 템포 쉬어가는 것도 투자라는 것을 기억해야 할 것이다.

주식투자를 하다보면, 대부분의 투자자들은 자신이 투자와는 맞지 않는 성격이라는 점을 느끼게 된다. 그것은 당연한 이치다. 성공적인 투자자가 되려면 자신의 심리를 역행할 줄 알아야 하기 때문이다. 그러기 위해서는 늘 자신을 돌아보고, 시장에 순응할 줄 아는 자세를 가지는 것이 중요하다.

그리고 아무리 글로써 이론으로써 배우고 익혀도 실전에서 적용시킬 줄 모른다면 아무런 소용이 없다. 그러므로 실전투자를 통하면서 매매일지도 적고, 수익을 냈다면 왜 냈는지, 손실이 났다면 왜 났는지 무엇을 잘하고 잘못했는지 스스로를 확 실히 파악하고, 잘못된 부분은 개선해 나가고, 잘하는 부분은 발전해 나간다면 분 명 어느 순간 그동안의 노력을 수익률을 보답하게 될 때가 올 것이라 믿는다.

2

주식차트의
기술적 분석

01 기술적 분석(Technical Analysis)의 개념

1. 나는 기술적 분석 개념을 알고 싶다

기술적 분석은 주가가 변해 가는 과정 속에 주가와 거래량을 계량·도 표화 함으로써 향후 주가를 예측하고자 하는 기법을 말한다. 이는 과거 의 주가 변동성이 미래에도 영향을 미칠 수 있다는 원리에 바탕을 두고 있다. 즉 과거 주가의 패턴이 현재에도 동일하게 나타날 수 있음을 의미한다.

주가는 군중의 심리에 의해 움직이는 하나의 생명체라 할 수 있다. 따라서 주가는 사람들의 의사결정에 의해 매일매일 다른 모습으로 끊임 없 이 변해간다. 주가의 형성은 모든 투자자들이 앞으로 주가가 하락할 것으로 예상하 여 주식을 팔고, 또 다른 투자자는 앞으로 주가가 상승할 것으로 예상하여 주식을 사게 되는데, 그 결과로 만들어지는 것이다.

기술적 분석은 주가가 변해 가는 과정 속에 주가와 거래량을 계량·도표화 함으로써 향후 주가를 예측하고자 하는 기법을 말한다. 이는 과거의 주가 변동성이 미래 에도 영향을 미칠 수 있다는 원리에 바탕을 두고 있다. 즉 과거 주가의 패턴이 현재 에도 동일하게 나타날 수 있음을 의미한다.

대부분의 기술적 분석가들은 '주가란 주식에 대한 수요와 공급에 의해서만 결정된다'고 보는 견해가 지배적이다. 그 이유는 주가는 기본적 분석에서 중요하게 생각 하는 요인 외에도 투자자의 투자심리, 시장인기도, 시장분위기 등에도 영향을 받기 때문이다. 결국 주가와 거래량을 중심으로 분석하여 주가를 예측하는데 있다.

기술적 분석은 19C부터 발표가 되었고 최근에까지 새로운 이론들이 지속적으로 발표가 되었다. 기본적 분석은 정형화가 되어있는 반면 기술적 분석은 주가의 패턴 (흐름)을 찾는 것이기 때문에 누구나 노력을 하면 자신의 이론으로 정립할 수 있다. 그런 관계로 현재도 많은 투자자들은 주가의 매수와 매도시점을 찾기 위해 이용되 고 있다. 기술적 분석의 유래에 대해서 잠시 알아보자.

⬆ 다우이론

기술적 분석의 창시자이며 미국의 월스트리트 저널을 창간한 찰스 다우가 제창한 이론이다. 찰스 다우는 19세기말부터 20세기에 걸쳐 주식시장을 분석한 결과 주 기적인 추세에 의해 영향을 받는다는 것을 정립하였다. 즉 장기 추세, 중기 추세, 단기 추세에 영향을 받는다.

⬆ 엘리어트 이론

1939년 「파이넨셜 월드(Financial World)」지를 통해 '주가는 상승5파와 하락3파에 의해 끝없이 순환한다'는 가격순환 법칙을 주장하였다. 주가는 연속적인 파동에 의해 상승하고 다시 하락함으로써 상승5파와 하락3파의 8개 파동으로 구성된 하나의 사이클을 형성한다는 것이다.

⬆ 사께다 전법

일본 도꾸가와시대 사께다 항구에서 활동하였던 유명한 거래인 홈마1) 가 창출한 이론을 구체화하여 실전에 적용시킨 전통적 투자 기법이다. 주가의 기본적인 패턴 을 분석하는 데 필수적인 과정이 되고 있으며 3산, 3천, 3공, 3병, 3법으로 구성되 어 있다.

❹ 캔들차트

일본에서 개발되어 미국 등 선진국에서도 사용되고 있으며, 한국에서 가장 많이 사용하는 차트이다. 표시법은 시가, 고가, 저가, 종가를 모두 표시하며 종가가 시가 보다 높으면(주가가 상승한 날) 양봉으로 표시하고, 종가가 시가보다 낮으면(주가가 하락한 날) 음봉이라 한다.

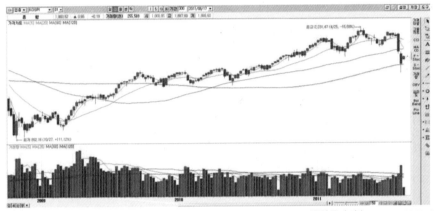

종합주가지수 : 2009 ~ 2011. 8.

앞의 그래프는 종합주가지수 일봉 그래프이다. 국내에서 가장 많이 사용하는 봉차트의 개념인 캔들스틱 차트이다. 그리고 투자분석 이론인 다우이론, 엘리어트이론, 사께다이론 등을 동원하여 각자의 종합주가지수 그래프를 분석을 할 수가 있다. 그 몫은 여러분의 것이다. 이제 여러분은 고수가 될 것이니까!

그외 주가분석의 이론들은 3장에서 상세히 다루겠다. 각각의 이론을 통해 여러분이 주식매매를 하는데 도움이 되었으면 한다.

2. 나는 기술적 분석의 기법에 대해 알고 싶다

기술적 분석은 주가의 과거 변동성을 통해 정확한 매매시점을 찾는 데 있다고 볼 수 있다. 이 기술적 분석의 종류는 형태별과 시간별로 나눌 수 있다. 보통 형태별로는 선(Line chart), 바(Bar chart), 봉(Japanese candlestick), P&F(point and figure out)로 구분할 수 있다. 또한 시간별 로 분류하면 일간(daily), 주간(weekly), 월간(monthly)으로 나눌 수 있다

여러분도 기술적 분석에 대해서 잘 알고 있으리라 생각 한다. 앞에서 배운 기본적 분석이 기업의 재무구조와 기업의 가치를 판단할 수 있 는 분석기법이라면, 기술적 분석은 주가의 과거 변동성을 통해 정확한 매매시점을 찾는 데 있다고 볼 수 있다. 이 기술적 분석의 종류는 형태별과 시간별로 나눌 수 있다.

보통 형태별로는 선(Line chart), 바(Bar chart), 봉(Japanese candlestick), P&F(point and figure out)로 구분할 수 있다. 또한 시간별로 분류하면 일간(daily), 주간(weekly), 월간(monthly)으로 나눌 수 있다. 최근에는 파생상품의 도 입으로 분차트의 활용도가 높아지고 있는 실정이다.

또한 기술적 분석 기법은 여러 가지가 있는데 그 내용을 나열해 보면 다음과 같다.

추세분석, 패턴분석, 이동평균선 이용 기법, 캔들차트, 사께다 전법, 엘리오트 파 동 이론, 목표치 분석, 갠이론, 다우이론, 황금분할 이론, 갭이론, 보조지표활용 기 법 등이다. 이처럼 기술적 분석의 기법은 그 형태가 많다.

자! 과연 여러분은 어느 것을 선택해서 공부할 것인가? 많은 고민이 되시지요. 가장 좋은 방법은 바로 여러분의 마음에 달려 있다. 위에서 열거한 기법들은 주가를 분석할 때 중요한 도구이다. 이 중에서 여러분에게 가장 어울리고, 투자성향에 잘 맞는 것을 선택해서 집중적으로 노력을 한다면 좋은 성과가 있을 것이다. 필자

도 많 은 분석이론 중에서 이동평균선 기법과 보조지표를 이용한다.

그 외에도 분석기법이라 할 수는 없지만 소홀히 해서는 안될 부분이 있는데 그 내용은 아래와 같다.

1) 장세 분석

기술적 분석을 잘해도 증권시장의 흐름을 판단할 수 없다면 매매를 하는데 도움이 되지 못한다. 증권시장이 과열인지, 침체권인지를 판단하는 여러분들만의 기준이 있어야 한다.

2) 증권시장구조 분석

1992년 증권시장의 개방 이후 고도의 선진투자기법으로 무장한 외국인들은 현재 까지도 국내 증권시장을 좌지우지하고 있다. 더구나 그동안 거래소와 코스닥을 오 가던 일반투자자들은 파생상품의 등장으로 상당히 고전을 면치 못하고 있다. 예전 에는 단순하게 기업의 가치와 흐름을 파악하면 되었는데 이제는 선물과 옵션시장의 흐름까지 파악해야 하니 이 얼마나 힘들겠는가?

따라서 이제부터는 선물시장 및 옵션시장, 주식시장의 상관관계를 분석하는 것도 중요한 분석기법이라 할 수 있다.

3) 투자심리 분석

주가는 일종의 군중심리를 표현하는 것이다. 어떤 기업의 투자심리가 높다는 것은 투자자들의 관심이 많다는 것을 의미하기도 하고, 주가가 오를 수 있다는 것도 내포하고 있다. 반대로 투자심리가 너무 과도하면 해당기업의 주가가 너무 올라 매 도할 시점이 다가왔다는 시점을 표시하기도 하다.

이처럼 투자자의 심리를 분석하는 것은 대부분의 투자자들이 증권시장에서 매수를 한다면 매도시점으로 판단하고, 반대로 주식시장을 떠나기 위해 매도를 한다면 매수시점의 적기라고 분석하는 기법이다.

3. 기술적 분석만큼은 나도 해야겠다

장세의 흐름을 파악하고 중장기 투자에 임해도 때론 작은 이익을 얻 고 싶을 때가 있다. 그럴 땐 기본적 분석과 기술적 분석을 통한 주가의 예측이 많은 도움이 된다. 특히 기술적 분석은 단 기추세를 판단할 수 있는 가장 좋은 방법이며 주가 움직임 또한 그래프를 통해 쉽게 알 수 있다.

그동안 기술적 분석에 대해서 회의적일 때가 있었다. 왜냐하면 투자라는 것은 시장의 큰 흐름을 파악하고 정확한 판단하에 자금을 투입하는 것이기 때문이다.

장세의 흐름을 파악하고 중장기 투자에 임해도 때론 작은 이익을 얻고 싶을 때가 있다. 그럴땐 기본적 분석과 기술적 분석을 통한 주가의 예측이 많은 도움이 된다. 특히 기술적 분석은 단기추세를 판단할 수 있는 가장 좋은 방법이며 주가 움직임 또 한 그래프를 통해 쉽게 알 수 있다.

"기술적 분석을 하지 않고는 주식투자하지 마라"는 말이 있듯이, 그래프를 보지 않고 주식투자를 하는 것은 마치 자동차를 사려고 하는 사람이 자동차의 성능에 대해 시운전을 하지 않고 카달로그에 의해 차의 성능을 판단하는 것과 같다고 할 수 있다.

이처럼 기술적 분석을 통해 그래프를 분석하는 필요성은 여러분들이 더 잘 알 고 있을 것이다. 그래프를 분석해 보면 현재 주가 수준과 위험의 정도를 판단하기 쉽다.

최근 데이드레이딩이 활발해짐에 따라 기술적 분석의 중요성은 점점 더 커지고 있다. 일 · 주 · 월봉차트 외에도 분차트를 이용하는 기법들이 활용되고 더욱 발전 되 는 형태를 보여주고 있다.

기술적 분석의 장점은 기업의 가치가 반영된 주가의 흐름을 판단할 수 있고, 과거의 데이터를 이용하여 주가 변동을 예측할 수 있다는 것이다. 반면에 과거의 주가 추세나 패턴이 현재와 미래에도 동일하게 반복되지 않는다는 점, 주가를 분석하는 추세나 패턴은 분석자에 따라 달라질 수 있다는 점, 주가의 변동에만 집착하기 때문 에 증권시장의 변동 원인을 분석할 수 없는 점이 단점이다.

　따라서 기술적 분석의 중요성은 누구도 부인할 수가 없다. 또한 그 활용도도 스피드시대로 가는 시점에 데이트레이딩을 통해 더욱 활성화 될 수밖에 없다.

　다만 필자는 기술적 분석의 중요성을 인식하면서도 – 예를 들면, 옛날에 얕은 우 물 안의 개구리가 동해의 거북이에게 말했다. "나는 참으로 즐겁다네. 나와서는 우 물 난간 위로 뛰어 오르기도 하고, 들어가서는 우물 벽돌의 깨진 틈새에서 쉬기도 하지. 물에서 놀 때는 겨드랑이를 담그고 턱을 내밀기도 하고, 진흙을 치며 발이 파 묻혀 발등까지 빠지기도 하지. 저 올챙이나 장구벌레 따위를 돌아보건데, 나처럼 즐거운 것은 없다네." 이에 거북이는, "바다는 무릇 천리나 되는 늪으로 그 깊이를 헤아릴 수 없다네. 10년 동안에 아홉 번 홍수가 났어도 그 물이 늘지 않았고, 8년 동 안에 일곱 번이나 가뭄이 들었어도 그 해안이 줄어들지 않았다네." 이에 우물 안 개 구리는 어찌할 바를 몰랐다. – 너무 기술적 분석에만 집중을 한다면 여러분이 진정 으로 투자를 통해 얻고자하는 것은 점점 더 멀어질 것으로 생각한다. 여러분은 이처 럼 우물안 개구리의 태도를 취하면 안될 것이다.

　먼저 증권시장의 큰 흐름을 파악하고 기본적 분석을 통해 기업의 가치를 안 다음 기술적 분석을 해서 매매시점을 찾는 것이 가장 좋은 방법이라 생각하며 다시 한번 여러분에게 당부하고 싶다.

　"주식투자의 성공 = 기본적 분석 + 기술적 분석"의 공식을 여러분의 컴퓨터 앞에 붙여 놓고 항상 상기하길 바란다.

02 기술적 분석 (Technical Analysis)의 6가지 기본 개념

1. 주가의 지지선과 저항선

지지선이란 주가가 하락하면 매수하려는 세력이 등장하고, 더 이상 하 락하지 않게 막아 주는데 이 수준을 말한다. 반면 저항선은 일정 수준 이상 주가가 상승하면 매도세력이 등장하여 더 이상의 상승을 억제해 주는데 이 수준을 말한다.

　주식을 하다보면 신문이나 주변에서 "종합주가지수의 지
　지선이 얼마고 저항선이 얼마다"는 말을 자주 듣는다. 이는 여러분이 매수하고자
하는 종목에 대해서도 똑 같이 적용이 될 수 있다. 주식투자를 하는 여러분들에게
는 지지선과 저항선은 큰 의미를 지닌다. 사실 주가 그래프를 분석할 때 어디가 저
항선 이고 지지선인지 알 수가 없다. 다만 당해연도의 고점과 저점을 기준으로 해
서 지지 선과 저항선을 예측하는 것뿐이다. "주가가 더 이상 오르지 못하면 내려가
고, 더 이 상 내려가지 않으면 반드시 오른다"는 말처럼 지지선과 저항선은 우리에
게 기쁨을 줄 수 있는 돈을 벌게 해준다. 그러나 꼭 이익을 얻게 해주는 것은 아니
므로 정확한 분석이 뒤따라야만 한다. 그래야만 여러분에게 좋은 소식을 안겨 줄
것이다.

　지지선이란 주가가 하락하면 매수하려는 세력이 등장하고, 더 이상 하락하지 않
게 막아 주는데 이 수준을 말한다. 반면 저항선은 일정 수준 이상 주가가 상승하면
매도세력이 등장하여 더 이상의 상승을 억제해 주는데 이 수준을 말한다.

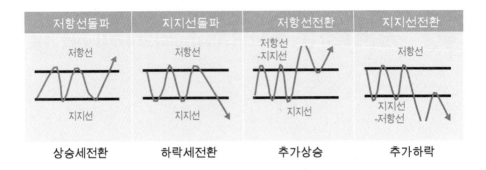

저항선돌파	지지선돌파	저항선전환	지지선전환
상승세전환	하락세전환	추가상승	추가하락

다음은 지지선과 저항선의 내용을 그래프를 통해 자세히 알아보자.

한화 일봉 차트 (2016 .11 ~ 2017. 06)

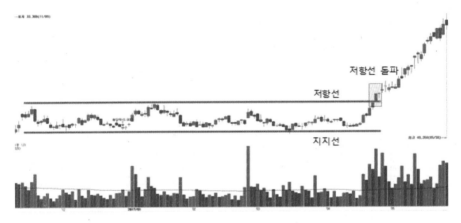

저항선 돌파 (상승추세)를 나타내는 한화의 일봉차트이다. 35,000원 근처에서 지지선을 형성하고 직전 고점인 38,000원 (저항대)을 돌파하여 추가적인 상승을 보여주고 있다. 저항선을 돌파 하고 있다는 것은 매수세력이 강하여 상승추세가 이어지고 있다는 것을 의미한다.

지지선 붕괴 (하락추세)를 나타내는 기아차의 일봉 차트이다. 지지선을 형성하고 있는 44,000원을 하향 돌파함으로써 추가적인 하락을 보여주고 있다. 지지선이 돌파하고 있다는 것은 매도세력이 강하여 하락추세가 이어지고 있다는 것을 의미한다.

기아차 일봉 차트 (2017 .02 ~ 2017. 09)

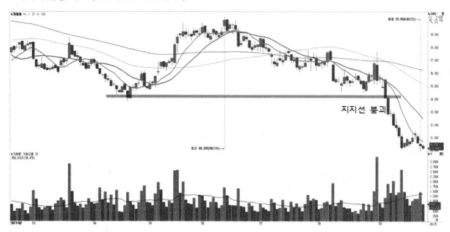

저항선전환 (재상승)을 나타내는 KPX케미칼의 일봉차트이다. 저항선으로 작용을 했던 선이 지지선으로 전환됐다. 거래량을 동반한 강한 매수세의 영향으로 재차 상승을 보여 주고 있다.

KPX케미칼 일봉 차트 (2016 .11 ~ 2017. 06)

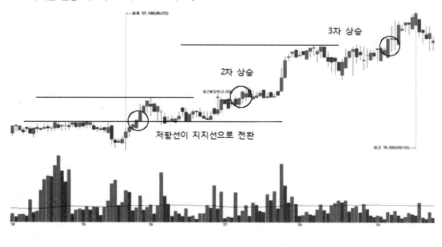

지지선 전환 (재하락)을 나타내는 우리은행의 일봉차트이다.. 지지선으로 작용을 했던 선이 저항선으로 전환됐다. 매도가 지속됨으로써 직전 저항선을 돌파하지 못하고 재차 하락세를 나타내고 있다.

우리은행 일봉 차트 (2017 .05 ~ 2017. 09)

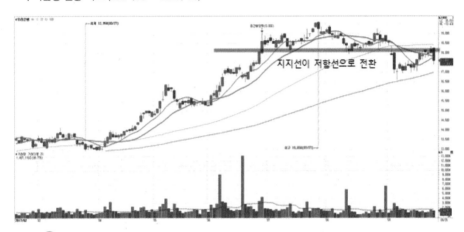

지지선과 저항선

지지선과 저항선은 어떤 관점에서 보면 그저 지나간 과거에 대해 끼워 맞춘 것처럼 선을 그어 놓은 것이라고 볼 수도 있다. 그러나 차트를 보고 지지선 저항선을 파악하는 것은 그 종목의 심리적인 특징을 파악하는 것이라고 생각해야 한다. 심리적으로 직전 저점부근까지 주가가 하락하면, 많이 떨어졌으니 이젠 올라갈 꺼라 생각하고 매수하려는 세력이 생기게 마련이고, 반대로 고점부근까지 주가가 올라가면 이젠 많이 올랐으니 팔아야지라는 심리가 적용되는 것 이다. 하지만 그런 심리적인 지지선이 무너지게 되면 떨어지려는 힘이 강한 것이므로 매수하 지 않고 지켜보는 것이 좋고, 고점부근의 저항선을 뚫고 올라가는 경우는 오르려는 힘이 강한 것이므로 매수의 기회로 보는 것이 좋다.

2. 주가의 추세분석

추세분석은 주가가 일정기간동안 정해진 방향으로 움직이는, 즉 주가 의 진행방향을 분석하는 작업이라 할 수 있다. 주가가 정해진 방향으로 움직인다는 것은 주식매매를 할 때 매매시점을 쉽게 포착할 수 있다.

앞서 얘기했듯이 주가를 분석하는 기법에는 여러 가지가 있다. 저항선과 지지선을 포함해서 추세분석은 주가분석을 하는데 있어 가장 간단 하고 쉬운 분석 방법이다. 그래서 일반투자자들이 많이 사용하고 있다.

추세분석은 주가가 일정기간동안 정해진 방향으로 움직이는, 즉 주가의 진행방향을 분석하는 작업이라 할 수 있다. 주가가 정해진 방향으로 움직인다는 것은 주식 매매를 할 때 매매시점을 쉽게 포착할 수 있다. 따라서 추세분석이 갖는 중요한 의 미는 주가가 상승과 하락을 반복하면서 나름대로의 추세를 만들어가게 된다는 점이 다. 이는 상승추세에서는 조금 더 강한 매수전략을 구사하고 하락추세에서는 가급 적 보수적인 전략으로 대응토록 하는데 도움을 준다.

1) 상승추세

a. 연속하는 고점(①-②)들과 연속하는 저점(③-④)들이 높아진다

b. 수급측면 – 매수세력이 강하다

• 전형적인 상승추세의 모양이다. 엘리 어트의 파동이론처럼 상승파와 하락 파의 적절한 조화가 이루어진다고 할 수 있다.

SK 주봉 차트 (2015 .11 ~ 2017 .09)

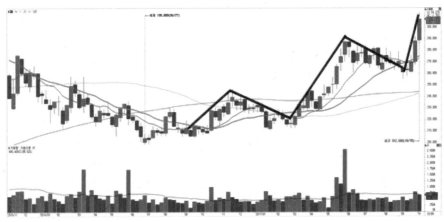

고점끼리 연결한 추세선, 향후 거래량을 동반한 손바뀜 또한 예상해볼 수 있으며 이후 추가적인 상승 (5파의 연장) 가능할 것. 그러나 대량 거래량 이후에도 추가 상승 못하면 중기 조정기에 접어들 것.

2016년 10월 이후, 12개월간 상승추세에 있으며, 엘리어트 파동이론의 상승 5파가 진행중이다.

2) 하락추세

a. 연속하는 고점(①-②)들과 연속하는 저 점(③-④)들이 낮아진다.

b. 수급측면- 매도세력이 강하다

• 전형적인 하락추세의 모양이다.

LG하우시스 주봉 차트 (2015 .09 ~ 2017 .09)

거래량 증가세 없음

엘리어트 파동이론의 하락 3파 이후 하락 파동 연장. 바닥권에서 대량 거래량 이후 거래량이 줄어든 모습이 나온다면 하락 마무리로 볼 수 있겠지만 뚜렷한 거래량 증가세 없다. 그러므로 아직 반등을 논할 수 없을 것이다.

3) 평행추세

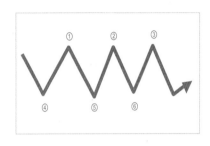

a. 연속하는 고점(①-②-③)간의 관계와 저점(④-⑤-⑥)간의 관계가 명확하지 않으며, 거의 수평등락 과정이 반복되거 나 수렴과정이 진행된다.
b. 수급측면 - 매수/매도가 균형을 이룬다.

태영건설 일봉 차트 (2017 .04 ~ 2017 .09)

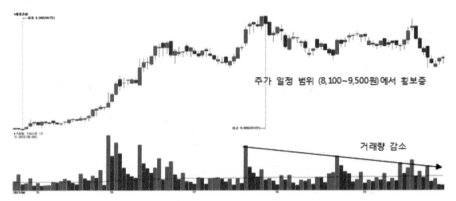

주가 일정 범위 (8,100~9,500원)에서 횡보중

거래량 감소

상기의 일반적인 추세선을 요약하면 다음과 같이 표현할 수 있다.

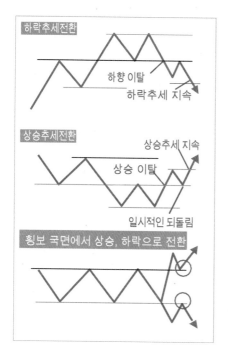

헤드 앤 쇼율더(the head and shoulders)
형의 변형이라 볼 수 있는 패턴. 전형적인 이
중천정형으로 직전 고점 실패로 하락추세로
전환.

　⋯▸ 이중 천정형(Double Top)

헤드 앤 쇼율더(the head and shoulders)
형의 변형 패턴. 하락추세중에 상승추세로 반
전될 때 진행되는 패턴이다.

　⋯▸ 이중 바닥형(Double Bottom)

보통 직사각형 패턴이라고 하여 상승이나
하 락추세가 뚜렷하지 는 횡보장세에서 자주
나 타난다고 할 수 있다.

　⋯▸ 추세전환

4) 부채꼴의 원리

주가의 추세전환은 급하게 발생하는 경우도 있지만, 점진적인 추세변화가 동반 되는 경우가 많다. 하락추세선의 전환은 매수세의 약화로 곧바로 하락세가 이어지지 않고 2번의 되돌림 현상을 만든 후 하락한다. 그와 반대로 상승추세는 2번의 지지선을 확보하는 시점이 필요하다.

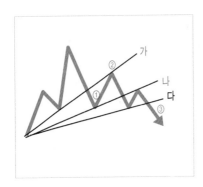

⬆ 하락추세전환

　그림과 같이 주가가 단기 상승한 후 하락추세 로 전환했다. 그러나 곧바로 하락하는 것이 아니라 일정한 규칙을 형성하면서 추세가 이 어지고 있다.

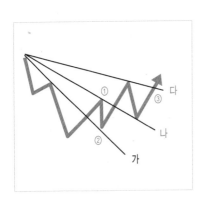

⬆ 상승추세전환

위의 추세에 대한 반대개념이다. 하락추세에서 상승추세로 전환되는 패턴이다.

①은 하락폭의 50%가 상승했다. 그 이상으로 상승한다면 급등주의 패턴이라 할 수 있다.

②는 단기 상승폭의 조점 50%

③은 단기 조정을 마무리하고 재차 상승추세로 전환되었다.

　두 추세선을 비교해보면 상승이든 하락이든 되돌림의 폭은 약 50%정도가 최고의 선이다.

하락추세전환에서 보여주는 되돌림현상이다.

이마트 일봉 차트 (2017 .02 ~ 2017 .09)

상승추세전환을 나타내는 그래프이다. 9개월간의 조정을 거친후 거래량 증가와
함께상승을 시도하고 있다.

현대산업 일봉 차트 (2016 .09 ~ 2017 .06)

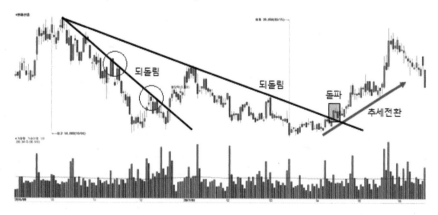

추세의 강도는 주가추세의 형성과 마찬가지로 현재 주가가 가파른 추세선인 경우 주가가 추세선을 이탈해서 약화되는 모습이 출현될 수 있다. 반면에 완만한 기울 기의 추세선인 경우는 좀더 기울기가 큰 추세선으로 작성될 가능성이 커진다.

일반적으로 45도 추세선이 기술적 분석에서 가장 큰 의미를 두고 있으며, 45 도 보다 큰 경우 가파른 추세선으로, 45도 보다 작은 경우 완만한 추세선으로 간 주한다.

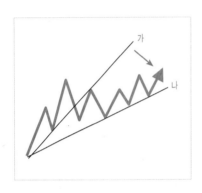

⬆ 둔화되는 경우

상승추세선은 지속되고 있으나 초기 급 등 하는 과정에서 너무 가파른 모습을 보 였고 이후 상승추세가 완만하게 나타나 고 있다. 이처럼 유동물량이 없거나 강 한 매수세가 뒷 받침 되지 못하면 가파른 추세선은 이어지기 어렵다.가파른 추세 선 가)에서 완만한 추세 선 나)로 수정

⬆ 가속되는 경우

위 모양의 반대방향으로 나타났다. 초기 상승 은 완만한 형태를 나타내고 있으나 강한 매수 세(작전개입 등등)가 출현되면 서 추세는 가 파르게 만들어지고 있다. 완만한 추세선 가) 에서 가파른 추세선 나)로 수정

대림산업 일봉 차트 (2017 .04 ～ 2017 .09)

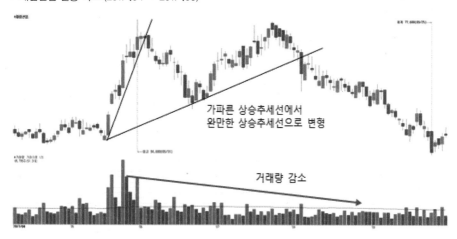

가파른 상승추세선에서
완만한 상승추세선으로 변형

거래량 감소

씨유메디칼 일봉 차트 (2016 .12 ～ 2017 .06)

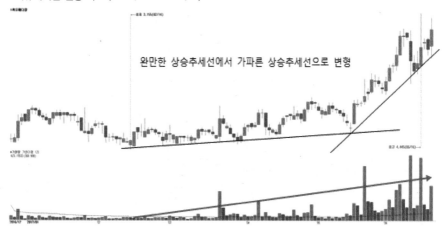

완만한 상승추세선에서 가파른 상승추세선으로 변형

위에 언급된 반대 추세선은 여러분이 직접 찾아 그려보고 이 곳에다 붙여 자료로
활용하면 좋다.

되돌림 현상

정말 한쪽 방향으로 힘의 균형이 깨진 상황에서는 급등이나 급락이 연출되는데 반드시 되돌 림현상이라는 게 생기는 것을 볼 수 있다. 하지만 초보들은 상승추세에서도 되돌림 구간 직전 에 매수하였다가 되돌림구간에 떨어지게 되면 겁이나서 팔아버리고 다시 급등하면 배아파하 는 경우가 많다. 항상 되돌림이 있으므로 혹시 한번 타이밍을 놓쳤다면 급히 추격매수하거나 추격매도하지 말고, 한번 되돌려 줄때를 기다려 매매한다면 수익은 더 크게, 손실은 더 작게 만들 수 있을 것이다.

3. 주가의 봉도표

봉도표는 미국식 차트와 일본식 차트로 나누어진다. 미국식 차트는 4가 지 대표주가 중 고가·저가·종가만을 표시하여 주가를 나타내는 반면 에 일본식 차트는 시가·고가·저가·종가의 네 가지 주가를 모두 표 시한다. 미국식은 그리기는 쉬우나 단기 주가예측에는 일본식보다 부 적합하다. 여기서는 우리나라에서 많이 쓰이는 일본식 봉도표를 설명 하겠다.

봉도표는 미국식 차트와 일본식 차트로 나누어진다. 미 국식 차트는 4가지 대표 주가 중 고가·저가·종가만을 표시하여 주가를 나타내는 반면에 일본식 차트는 시가·고가·저가·종가의 네 가지 주가를 모두 표시한다.

미국식은 그리기는 쉬우나 단기 주가예측에는 일본식보다 부적합하다. 여기서는 우리나라에서 많이 쓰이는 일본식 봉도표를 설명하겠다.

주가흐름을 파악하는데 가장 유용한 도표이다. 시가·종가·고가·저가를 한눈에 알 수 있다. 색깔에 따라 주가의 상승과 하락도 구분할 수 있다.

- 시가 : 처음으로 형성된 가격
- 고가 : 가장 높은 가격
- 저가 : 가장 낮은 가격
- 종가 : 주식시장이 문을 닫을 때 형성된 최종가격

봉도표는 기간에 따라 일봉 주봉 월봉 등으로 구분된다. 일봉은 단기투자에 사용하며 주봉과 월봉은 중기나 장기전략에 이용할 수 있다. 봉도표에서 말하는 주가의 변화는 투자자들이 흔히 쓰는 상승 하락과 다르다는 점이다.

일반적으로 주가가 올랐다 떨어졌다고 할 때는 오늘 종가가 하루 전 종가보다 높은가 낮은가를 말하는 것이다. 반면에 봉도표의 색깔은 시가와 종가를 비교하는 것 이다. 따라서 봉도표로 흔히 얘기하는 주가의 상승 하락을 알려면 종가 위치를 서로 비교하면 된다.

✪ 미국식 표기 방법

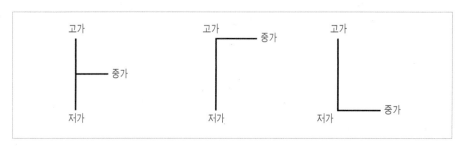

✪ 일본식 표기 방법

• 시가보다 종가가 상승한 경우의 표기

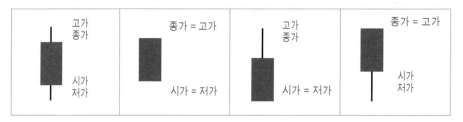

• 시가보다 종가가 하락한 경우의 표기

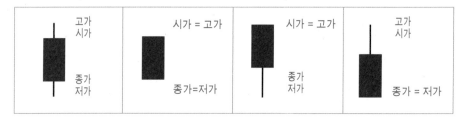

• 시가와 종가가 같은 경우의 표기

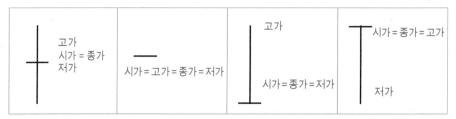

4. 주가의 패턴분석

패턴분석은 기술적 지표가 형성하는 여러 형태를 분류하여 각 수준에 서 예상되는 수요(매입세력)의 강도와 공급(매도세력)의 압력을 파악함 으로써 미래의 주가예측에 활용하고자 하는 기술적 분석방법이다.

패턴분석은 기술적 지표가 형성하는 여러 형태를 분류

하여 각 수준에서 예상되는 수요(매입세력)의 강도와 공급(매도세력)의 압력을 파악 함으로써 미래의 주가예측에 활용하고자 하는 기술적 분석방법이다. 패턴분석은 대 개의 경우 적절한 매매시기를 예측하기 위하여 주가 변동 중에서 천정권이나 바닥 권에서 일어나는 전형적인 패턴을 찾아냄으로써 주가흐름이 상승국면인지 하락국 면인지의 전환시점을 포착하려는 것이다.

기술적 분석의 기본 개념 중에 많이 사용하는 분석기법인 추세분석과 패턴분석은 주가의 방향성을 예측한다는 점에서 동일하다. 패턴분석은 주가가 흐름을 표시한 정형화된 형식을 놓고 향후 주가의 움직임을 맞춰보는 것이다. 주가 흐름의 전환 시점을 포착하여 정확한 매수시기를 파악할 수 있는 방법이라 할 수 있다.

패턴분석의 종류에는 지속형 패턴과 반전형 패턴으로 나눌 수가 있는데, 이 개념은 여러 책에서도 언급이 되지만 서로 다른 말로 표현되고 있다. 그러나 궁극적으로 는 동일하다고 보면 된다.

1) 지속형 패턴

현재 진행 중에 있는 추세가 잠깐 조정 또는 횡보상태를 보일 때 나타나는 가격의 움직임으로써 패턴이 완성된 후에는 기존의 추세가 계속 유지되거나 강화되는 형태를 말한다. 예를 들면, 상승시 삼각형·깃발형·다이아몬드형의 패턴이 나타날 경우는 지속 상승으로 계속 이어질 가능성이 높다는 것이다. 하락시에도 마찬가지다.

여기서 중요한 것은 이런 지속형 패턴이 나타난다고 해서 확실히 기존추세를 이어받는다는 고정관념은 버려야 한다. 단지 기존의 추세를 이어받을 가능성이 높다는 것뿐이다.

먼저 지속형 패턴의 삼각형에 대해 알아보자. 삼각형 패턴은 추세가 진행되는 도중에 조정장세에서 자주 보이는 대표적인 추세 지속형 패턴이다. 지지선과 저항선이 한 점으로 모이는 패턴으로 대칭삼각형 패턴, 직각삼각형(상향직각 삼각형, 하향직각 삼각형) 패턴, 쐐기형(상승 쐐기형, 하락 쐐기형)으로 나뉘어 진다.

대칭삼각형 패턴
삼각형의 가장 일반적인 형태이다.

🔼 상승 대칭삼각형 패턴

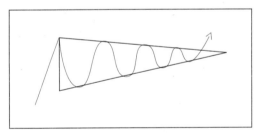

주가를 분석하는데 쉽게 그려 볼 수 있는 부분이다.

추세선상에 고점·저점을 이어준다면 현재시점이 상승으로 전환되는지 하락으로 전환되는지를 알 수가 있다. 여기에서는 상승으로 전환되는 삼각형 패턴을보여주고 있는데 그 시점에서는 거래량이 큰 폭으로 증가해야 한다.

✪ 하락 대칭삼각형 패턴

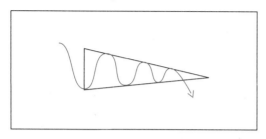

위 패턴의 반대개념이다. 이 패턴을 알기에는 다소 어려움이 있는데 이는 하락패턴이 완벽하게 출현되었을 때 알수 있기 때문이다. 그리고 속임수의 패턴도 나올 수 있다. 가장 조심해야 할 패턴이 아닌가 생각한다.

주가가 상승시 대칭삼각형 패턴이 나타날 때는 상승의 계속으로 이어지며, 주가가 하락시 대칭삼각형 패턴이 나타날 때는 하락의 계속으로 이어진다. 그래서 대칭 삼각형 패턴을(처음의 패턴을 그대로 이어받으므로) 지속형 패턴이라고 한다. 이때 삼각형의 꼭지점으로 주가가 모이는 것을 주가의 수렴이라고 한다.

SK하이닉스 일봉 차트 (2016 .11 ~ 2017 .06)

현대엘리베이터 일봉 차트 (2016 .12 ~ 2017 .07)

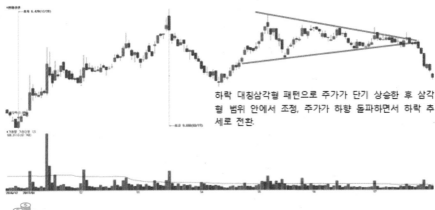

하락 대칭삼각형 패턴으로 주가가 단기 상승한 후 삼각형 범위 안에서 조정, 주가가 하향 돌파하면서 하락 추세로 전환.

쐐기형 패턴

삼각형 패턴 중 유일하게 추세반전형 패턴이다. 쐐기형은 천정권에서 나타날 때 신뢰도가 높은 상승 쐐기형과, 바닥권에서 나타날 때 신뢰도가 높은 하락 쐐기형으 로 나뉜다. 상승 쐐기형은 지지선과 저항선의 기울기가 상승이며, 하락 쐐기형은 지지선과 저항선의 기울기가 하락이다. 일반적으로 이런 쐐기형의 패턴이 나타나면 추세가 반전된다. 상승에 쐐기를 박는 것이 상승 쐐기형이며, 하락에 쐐기를 박는 것이 하락 쐐기형이다.

OCI 일봉 차트 (2016 .11 ~ 2017 .07)

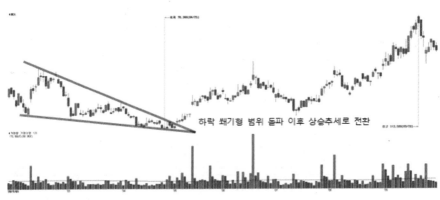

하락 쐐기형 범위 돌파 이후 상승추세로 전환

GS 리테일 일봉 차트 (2017 .11 ~ 2017 .07)

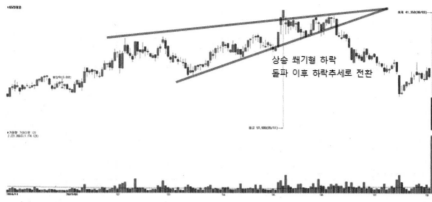

쐐기형은 추세반전형 패턴이다.

다이아몬드형 패턴

두개의 삼각형 패턴이 합쳐진 형태로써 변형된 직사각형 모습으로 볼 수 있다. 이 패턴은 하락세에서는 대개의 경우 기존의 추세가 그대로 지속되나, 상승세 에서 는 추세의 완성시기인 천정에서 나타나 추세전환 패턴으로도 나타날 수 있기 때문 에 조심해야 한다.

삼성화재 일봉 차트 (2017 .11 ~ 2017 .07)

현대중공업 일봉 차트 (2015 .03 ~ 2015 .08)

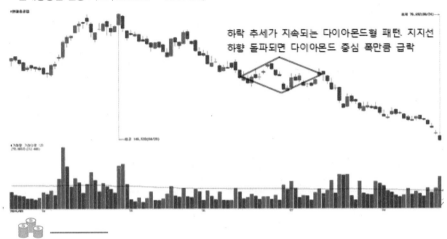

직사각형 패턴

직사각형 패턴은 횡보 장세에서 잘 나타나는 패턴이다. 그러나 상승추세에서 나타날 때나 하락추세에서 나타날 때는 이전의 추세를 이어갈 때가 많아 지속형 패턴 에 포함된다. 하지만 직사각형 패턴은 엄밀히 따지면 방향성을 내포하지 는다.

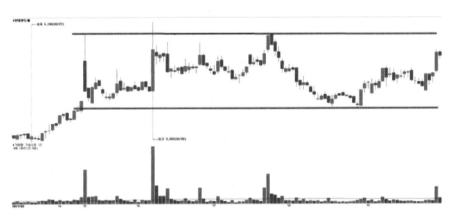

이상은 패턴분석 중에 지속형을 나타내는 패턴들에 대해서 알아보았다. 다음은 반전형 패턴에 대해 알아보자.

2) 반전형 패턴

현재 진행중인 주가의 추세전환을 예고하는 패턴이다. 쉽게 말하면 주가의 하락추세에 반전형 패턴이 나타나면 상승추세로의 전환을, 주가의 상승추세에 반전형 패턴이 나타나면 하락추세로의 전환이다.

추세전환의 시점은 주식투자를 하는 투자자라면 가장 판단하기 어려운 것이다. 이런 추세전환 시점을 패턴으로 알아보고자 한 것이 바로 반전형 패턴이다. 만약 결정적인 추세전환 시점에서 잘 나타나는 패턴을 알아두면 주식투자 하는데 많은 도움이 될 것이다. 반전형 패턴에는 삼중 천정형, 이중 천정형 및 바닥형, 원형 천정형 및 원형 바닥형, V자형, 사께다 전법에 삼공, 삼병, 삼산, 삼천, 삼법 등이 있다.

삼봉 천정형

단순한 형태로써 상승과 하락이 세 번 반복해서 일어나며, 두 번째의 정상이 다른 좌우의 정상보다 높은 것이 일반적이다. 사람의 머리와 어깨의 모양을 하고 있기 때문에 Head and Shoulder formation이라고도 한다.

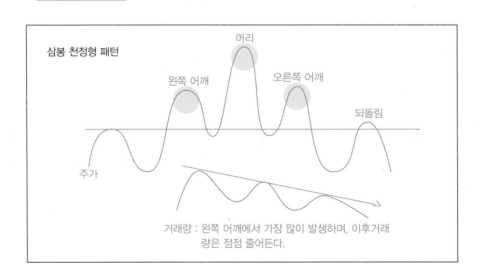

삼봉 천정형 패턴

왼쪽 어깨　　머리　　오른쪽 어깨　　되돌림

주가

거래량 : 왼쪽 어깨에서 가장 많이 발생하며, 이후거래량은 점점 줄어든다.

KOSPI 200 일봉 차트 (2007 .05 ~ 2008 .03)

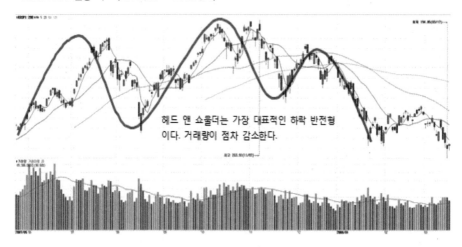

헤드 앤 쇼울더는 가장 대표적인 하락 반전형
이다. 거래량이 점차 감소한다.

위 그래프에서 왼쪽 어깨는 주가가 강한 상승을 하는 구간으로써 강한 거래량을
동반하나, 가파른 상승으로 그 상승기간이 짧을 때는 거래량이 작을 수도 있다. 그
러나 이론상으로는 왼쪽 어깨에서 가장 강한 거래량을 동반한다. 머리부분은 지지
선에서 지지를 받아 재 상승으로 이어지면서 형성된다. 통상 머리부분이 형성되는
과정에서 수반되는 거래량은 왼쪽 어깨보다 작으나, 그 상승기간이 길면 길수록
거 래량을 많이 동반하는 경우도 있다.

삼봉 바닥형

삼봉 천정형의 반대 추세를 생각하면 쉽게 이해할 수 있다.

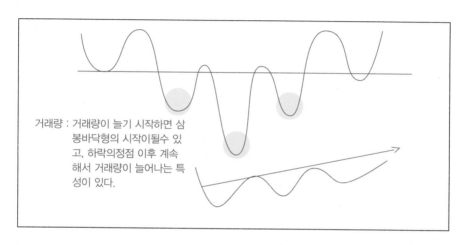

거래량 : 거래량이 늘기 시작하면 삼
봉바닥형의 시작이될수 있
고, 하락의정점 이후 계속
해서 거래량이 늘어나는 특
성이 있다.

현대홈쇼핑 일봉 차트 (2016 .08 ～ 2017 .05)

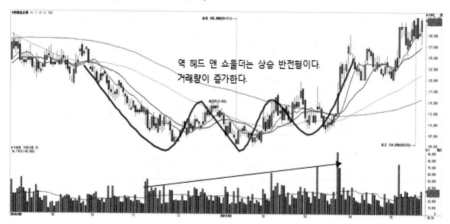

역 헤드 앤 쇼울더는 상승 반전형이다.
거래량이 증가한다.

　　삼봉 바닥형의 모습을 나타내는 패턴은 진바닥을 찍고 대세 상승기로 접어들었
음을 의미하므로 상기 패턴 출현시 매수에 가담해도 좋을 것으로 생각한다.

이중 천정형

고점에서 나타날 경우 하락 추세전환으로 이어지므로 반전형 패턴이다. 이중 천 정형은 고점에서 두개의 낙타 등을 만들어 내는 것이다. M자형 모양을 하고 있다. 두 번째 봉오리는 첫 번째 봉오리와 같거나 낮게 형성되는 것이 많으며, 기존의 상 승 추세선을 하향 이탈하는 Ⓐ부분이 매도시점이 된다.

이마트 일봉 차트 (2016 .12 ~ 2017 .09)

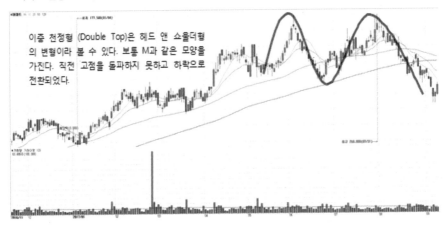

이중 천정형 (Double Top)은 헤드 앤 쇼울더형의 변형이라 볼 수 있다. 보통 M과 같은 모양을 가진다. 직전 고점을 돌파하지 못하고 하락으로 전환되었다.

지역난방공사 일봉 차트 (2016 .12 ~ 2017 .10)

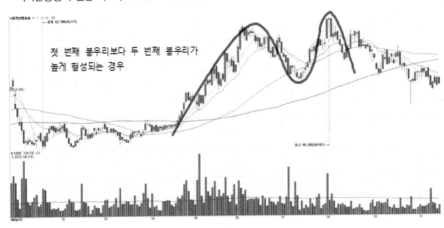

첫 번째 봉우리보다 두 번째 봉우리가 높게 형성되는 경우

이중 바닥형

보통 쌍바닥이라 한다. 이 패턴의 출현은 강한 추세전환의 가능성이 높다고 할
수 있다.

상기의 그래프에서 보듯이 쌍바닥을 형성한 주가는 강하게 상승패턴을 보여주
고 있다. 반전형 패턴은 투자에 있어 적절한 매매포인트를 알 수 있는 것이 장
점이다.

무림P&P 일봉 차트 (2017.03 ~ 2017.07)

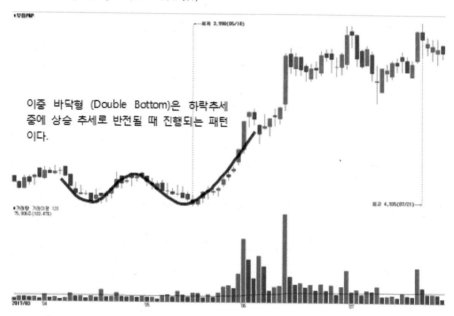

이중 바닥형 (Double Bottom)은 하락추세 중에 상승 추세로 반전될 때 진행되는 패턴이다.

원형 바닥형

장기간에 걸쳐 형성되는 패턴이다. 완만한 곡선을 그리며 상승하기 때문에 일반 투자자들이 찾아내기 쉽고 성공할 수 있는 확률도 높은 패턴이다. 그러나 마음이 급 한 투자자들은 기다리지 못하기 때문에 원형바닥형보다는 V자형 패턴을 선호하는 경향이 많다.

카카오 주봉 차트 (2014 .11 ~ 2017 .09)

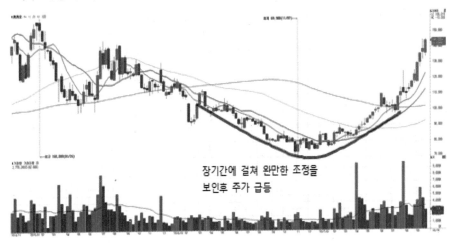

장기간에 걸쳐 완만한 조정을 보인후 주가 급등

V자형 패턴

일반투자자가 가장 선호하는 패턴이다. 가장 잘 나타나는 시기는 조정장세하의 개별종목장세가 지속될 때 많이 발생하는 경향이 있다. 주로 급등주가 이 패턴에 속 한다. 일반투자자들이 매수시점을 포착하기에는 상당히 어려운 패턴이다.

LG상사 일봉 차트 (2016 .08 ~ 2017 .02)

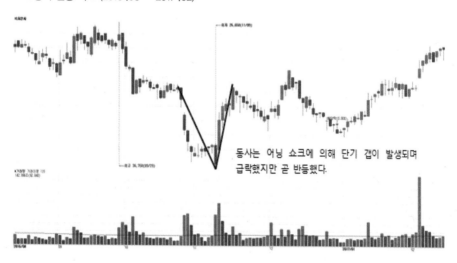

동사는 어닝 쇼크에 의해 단기 갭이 발생되며 급락했지만 곧 반등했다.

5. 주가의 이동평균

이동평균선은 주가나 거래량의 일정기간의 평균을 나타낸 도표이며, 주가의 방향성을 파악할 수 있는 분석기법이다. 주가평균이동선은 기 준에 따라 사용하는 방법이 다르지만 보통 5일, 20일, 60일, 120일 이동 평균선을 사용하고 있다.

기술적 분석을 통해 주가를 분석할 때가 많다. 주가의 이동평균선은 주가의 흐름을 가장 간단하게 파악할 수 있고, 차트분석을 할 때 가장 쉽게 접근할 수 있는 방법이다. 이동평균선은 주가나 거래량의 일정기간의 평균을 나타낸 도표이며, 주가의 방향성을 파악할 수 있는 분석기법이다. 주가평균이동선 은 기준에 따라 사용하는 방법이 다르지만 보통 5일, 20일, 60일, 120일 이동평균 선을 사용하고 있다.

주가와 이동평균선간의 간격(이격)이 넓으면 넓을수록 이격이 좁아지려는 성격을 가지고 있다. 이는 이동평균선과 이동평균선간의 이격도 마찬가지이다. 일반적 으로 이격도는 현재의 주가를 이동평균치로 나눈 비율을 말하는데, 이격도가 100% 이상이면 강세장을 의미하며, 이격도가 100% 이하이면 약세장을 의미한다.

⬆ 상승시 이동평균선의 표출 형태

단기 이동평균선이 중,장기 이동평균선을 차 로 상향 돌파하는 경우이다. 이동평균선이 정 배열로 바뀌는 구조이며 골든크로스라고 한다. 일반적으로 주가가 상승 초기단계를 나타낸다.

단기, 중기, 장기 이동평균선이 정배열된 상 태이다. 이미 상승추세로 진입한 상태이며 지 속적인 상승을 유지할 것으로 예상된다.

단기 이동평균선의 상승 기울기가 완만하게 기울고 있다. 이는 상승의 마무리 시점에서 중,장기 이동평균선보다 단기 이동평균선이 먼저 조정을 예고하고 있는 상태이다.

이동평균선간의 규칙이 없는 상태이다. 장세 가 불투명할 때 나타나는 형태이며 주로 하 락추세로 전환하는 시점에서 나타난다.

⬆ 상승시 이동평균선의 표출 형태

단기 이동평균선이 중,장기 이동평균선을 하향 돌 파하는 형태이다. 이는 단기적 매도시점을 알려주 는 시점이며 데드크로스라고 한다.

장기,중기,단기의 이동평균선이 역배열의 형태 를 나타내고 있다. 계속해서 하락세를 나타내며 약세장하에서 나타난다.

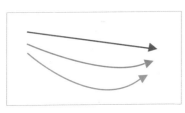

역배열상태에서 중,장기 이동평균선의 기울기가 완만하고 단기 이동평균선이 상승으로 방향을 돌 림. 전환추세의 형태로서 바닥탈출 신호이다.

일반적으로 거래량이 늘면 주가가 상승한다. 반면에 주가가 상승해도 거래량이 줄어드는 경우가 있는데 이는 유동물량이 없기 때문에 투기적으로 주가의 상승을 부추긴다고 할 수 있다. 따라서 거래량이 증가하기 시작하는 것은 주가상승의 신호 로 생각해야 하고, 거래량의 추이를 분석하여 주가의 방향을 예측해야 한다.

거래량이 감소하다가 증가하면 주가는 곧 상승한다. 거래량이 차츰 감소하는지, 증가하는지는 일반 거래량의 막대그래프로서는 판단하기 힘든 경우가 있다. 이때는 거래량 이동평균선으로서 추세를 확인하든지, 보조지표인 OBV나 VR을 활용함으 로써 거래량의 추세를 확인할 수 있다.

거래량이 점차 증가하다가 감소하기 시작하면 주가는 곧 하락한다. 반대의 경우도 있다는 것을 알아야 한다. 또한 주가가 상승하여 정상에 가까워질수록 주가상승 에도 불구하고, 거래량은 감소하는 경향을 보인다.

주가가 바닥권에 가까워질수록 주가하락에도 불구하고 거래량은 증가하는 경향을 보인다. 이처럼 거래량 단기이동평균선이 중, 장기이동평균선을 상향 돌파하는 경우에는 골든크로스로서 최근의 거래량이 중, 장기 평균적 거래량을 상회하기 시작한 시점이므로 매수시점이 되며, 반대로 단기이동평균선이 중, 장기이동평균선을 하향 돌파하는 경우에는 데드크로스로서 최근의 거래량이 중, 장기 평균적 거래량 을 하회하기 시작한 시점이므로 매도시점이 된다.

다음은 그랜빌이 만든 이론으로 주가와 이동평균선간의 관계로 매매시점을 8가지로 분류한 것이다. 그랜빌은 패턴분석을 통해 장기이동평균선이 200일 이동평균 선이 가장 신뢰할 수 있다고 말했으나, 최근 매매시기가 점점 빨라지고 있다는 점을 감안하면, 60일선이나 120일선이 더욱 신뢰가 높다고 한다.

⬆ 그린빌 매수신호

이동평균선의 하락기울기가 완만해질 때 주가가 이동평균선을 상향 돌파하여, 상승하는 경우 이를 골든크로스라하여 매수신호로 본다.

이동평균선은 상승, 주가는 이동평균선을 하향 돌파. 단기 매도이나 이동평균선이 계속 상승에 있으므로 그린빌은 이 때를 매수신호로 본다.

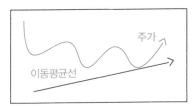

주가가 하락하고 있더라도 이동평균선이 상승하고 있으면 이동평균선이 지지선의 역할을 하고 다시 상승으로 전환될 예상이기 때문에 매수시점이다.

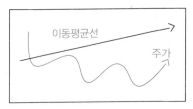

이동평균선 상승, 주가 하락. 주가와 이동평균선 간의 이격도가 클 때는 매수시점이다. 아직 추세 는 상승추세이므로 급반등할 수 있는 패턴이라 할 수 있다.

초보자를 위한 주식투자 실전교실

❶ 그린빌 매도신호

이동평균선 완만, 주가 이동평균선 하향 돌파. 약 세전환, 데드크로스 발생. 매도신호이다.

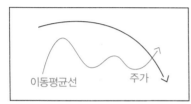

이동평균선 기울기 급락, 주가 일시적 이동평균 선 상향돌파. 골든크로스가 발생했으나 일시적 일 가능성이 높다. 반등을 이용한 매도 전략

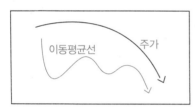

이동평균선 하락, 주가 하락. 주가와 이동평균선의 이격이 좁아지다가 이동평균선을 상향돌파하지 못 하고, 재차 이격이 벌어지는 경우. 매도시점

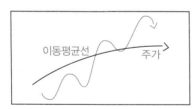

이동평균선의 상승 기울기 완만, 주가 급등. 주 가와 이동평균선 사이의 이격이 상당히 큰 시점 이므로 곧 하락으로 전환될 가능성이 높다. 매도 시점

6. 주가의 거래량

아마도 주식시장에서 주가 이상으로 중요한 것 이 거래량이라고 생각한다.

'거래량이 주가에 선행한다'든지 '주가는 거래량의 그림자 에 불과할 뿐'이라는 이야기가 있다. 아마도 주식시장에서 주가 이상으로 중요한 것 이 거래량이라고 생각한다.

미국의 다우(Dow)라는 사람은 주가와 거래량의 관계를 이론으로 만들어 발표하기도 했다. 그는 강세시장에서의 거래량은 주가상승을 수반하면서 증가하고, 주가하락을 수반하면서 감소한다고 보았다. 반대로 약세시장에서는 주가하락과 함께 증 가하고, 주가가 회복 과 동시에 감소하므로 거래량이 주가에 선행한다는데 큰 의미 를 부여했다.

그래서 주가와 거래량의 상관관계를 주가움직임을 통해 보면 대체로 다음과 같은 8단계를 거쳐 순환하는 경향이 많다.

① 먼저 주가는 꼼짝 않고 바닥권에 머물러 있으나 거래량이 점차 증가하는 모습을 보일 때를 주식이 기지개를 켜고 잠에서 깨어나는 상승전환신호로 간주한다.
② 그 후 거래량이 급증하는 가운데 주가도 급등한다. 장대양봉이 자주 출현한다.
③ 눌림목 구간에서는 거래량 감소하고 52주 신고가를 돌파할 때 거래량 증가한다. 주봉상 거래량 이평선은 매우 완만한 상승세를 그린다.
④ 거래량이 급증하고 주가의 변동성이 커진다. 급락시 거래량 급증하고 상승시 거래량 감소한다. 이 단계에서는 매수를 유보해야 한다.
⑤ 거래량이 감소하기 시작하고 주가는 이중 천정형 또는 삼봉 천정형을 그리는

등 상승하는 구간이 나타나기도 한다. 그러나 매도세가 분산되어 나타나고 매수세는 약하기 때문에 주가가 상승국면에서 하락국면으로 전환될 가능성 높다.

⑥ 거래량 감소하며 주가 하락 추세

⑦ 악재에 민감하게 반응하며 마지막 보유자들 매도에 동참. 반대 매매 등 급락시 거래량 증가한다. 저가 매수세가 들어오기도 하지만 매수를 유보해야 한다.

⑧ 투자심리가 불안한 상태에서 주가 하락 지속. 매도물량이 어느 정도 소화되면 하락시 거래량 감소하고 상승시 거래량 증가하는 양상을 보인다. 주봉상 거래량은 완만하게 하락세를 그린다. 이 때는 일단 주식을 내다 파는 것을 멈추고 주가 움직임이 상승세로 전환되 지 않을까 예의 주시하는 투자자세가 요하다.

따라서 투자자 입장에서는 앞으로의 주가전망을 예측하는데 있어서 현재의 주가 위치가 8단계 중에서 어디쯤 와 있고, 다음은 어떤 과정을 거칠 것이라는 예상을 해 볼 수 있을 것이다. 즉, 주가가 천정권에 진입하면 주가가 상승함에도 불구하고 거래량은 감소하는 경향이 있다는 점을 명심하고 나름대로의 투자전략을 세우는 게 필요해 보인다.

결국 거래량은 주가를 예측하는데 있어 가장 기본적인 요소다. 그렇기 때문에 여러분들이 그래프를 분석할 때 거래량을 잘 분석하는 것은 좋은 방법이다.

거래량

많은 지표들이 이미 오르거나 떨어진 이후에 신호가 발생하는 후생성 지표이기 때문에 지나 고나서 보면 정확한 것같지만 정작 필요한 상황에서는 큰 도움이 안되는 경우가 많다. 하지만 거래량은 주가가 움직이기 전에 늘 먼저 반응하기 때문에 거래량의 원리를 사람들의 심리와 함께 잘 이해한다면 좀더 능동적인 투자가 가능해질 것이다.

주가와 거래량의 관계에서 서로 상반되는 내용의 그래프를 분석하기로 하겠다.

아모레퍼시픽 주봉 차트 (2013 .08 ∼ 2017 .06)

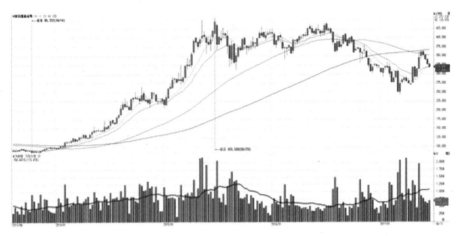

① 거래량 점진적 증가
② 거래량 급증, 장대양봉 출현, 매물대 돌파
③ 거래량 완만한 상승세, 주가 상승 지속
④ 거래량 급증, 주가 변동성 높음
⑤ 거래량 감소, 전 고점 돌파 실패
⑥ 거래량 감소, 주가 하락 추세
⑦ 거래량 급증, 패닉 셀링 (과매도세) 등장
⑧ 거래량 감소

아모레퍼시픽은 2017년 6월 ⑦ 국면 이후 하락시 거래량이 풀어 매도물량이 소화되는 과정에 있는 것으로 보임.
⑧ 국면이 어떻게 진행되는지 좀 더 아직 확신할 수 없으며 ①과 ② 국면 거치려면 시간이 필요해 보임.

기술적 분석(Technical Analysis)의 이론들

1. 다우 이론

다우 이론은 기술적 분석의 창시자이며 미국의 월스트리트 저널을 창 간한 찰스 다우가 제창한 이론이다. 찰스다우는 19세기말부터 20세기 에 걸쳐 주식시장을 분석한 결과 주식시장은 제멋대로 움직이는 것이 아니라 주식시장 전체의 흐름 방향이 다음과 같은 세 가지 종류의 주기적인 추세에 의해 영향을 받는다는 가설을 정립하였다.

다우 이론은 기술적 분석의 창시자이며 미국의 월스트리트 저널을 창간한 찰스 다우가 제창한 이론이다. 찰스다우는 19세기말부터 20세기에 걸쳐 주식시장을 분석한 결과 주식시장은 제멋대로 움직이는 것이 아니라 주식시장 전체의 흐름 방향이 다음과 같은 세 가지 종류의 주기적인 추세에 의해 영향을 받는 다는 가설을 정립하였다.

이 방법은 다우 공업주 30종 평균과 철도주 20종 평균의 파동을 동시에 관찰함으로써 시세의 대세와 중기추세의 방향을 판단하는 것이다. 그 양자가 모두 고가를 뚫고 상승하고 저가도 상승할 경우를 대세 상승이라고 판단하고, 반전했을 때도 공 업주평균의 고가가 직전의 고가를 하회하고 저가도 역시 마찬가지일 때를 대세하락 으로 판단하므로 시세판단이 상당히 늦어지는 경향이 있다. 다우공업주는 미국 산업계의 상태를 반영하고 철도주는 거래활동의 상태를 반영한다.

철도주는 거래활동의 활발함을 나타내는 것으로 인식되어, 양자가 병행해서 움직일 때 경제실체의 호조와 부진을 완전히 확인할 수 있다고 하는 것이 이 이론의 근본이다. 다우이론은 1920년대에는 주가대폭락을 예측하는 등 뛰어난 실적을 올렸으나 전후의 주식시세변동은 훌륭히 파악하지 못했던 것으로 평가되고 있다.

오늘날에 여러 형태의 다우이론이 존재하지만 여전히 기술적 분석의 기초가 되고 있다. 다우이론이 유명하게 된 것은 1930년대 대공황이 발생한 시점이다. 최근에는 러시아 정부가 모라토리움을 선언한 이후로 러시아발 세계경제공황에 대한 논의가 점차 고조되고 있는 시점이기도 하다. 1930년대 미국의 대공황(The Great Crash and Depression)은 1929년 9월 3일에 시작되었는데, 이날의 다우존스산업지수(DJIA)는 381포인트로 마감하였다. 그러다가 두 달 뒤인 1929년 10월 23일에는 306포인트로 떨어져, 두 달간의 짧은 기간 중에 주가지수가 거의 20%나 하락하였다. 이 때 시작된 하락장세(bear market)는 그 후로 거의 3년 가까이 지속되었다. 대공황이 시작된 시점에서 3년 후인 1932년 7월 8일에는 다우존스산업지수가 41포인트 수준으로 급격히 하락하였다. 이 수준은 공황이 시작되기 전인 1929년 최고 수준의 11%에도 미치지 못하게 하락한 것이다. 이것이 유명한 1930년대의 미국 증권시장의 주가 변동 상황이었다.

그 때, 월 스트리트 저널의 편집진은 다우이론에 입각하여 증권시장의 동향에 대한 사설을 썼다. 1929년 10월 23일자 월 스트리트 저널은 역사적인 사설인 '국면의 전환(A Turn in the Tide)'을 게재했는데, 여기서 그들은 다우이론에 기초하여 미국 증권시장의 활황 국면(bull market)이 끝나고 불황(bear market)이 시작될 것이라는 것을 예언하였다. 그 후에 미국 증권시장은 월 스트리트 사설이 예언한 대로 급속히 붕괴되고 세계경제대공황으로 이어짐으로써 많은 사람들이 다우이론에 크게 관심을 갖게 된 것이다.

다우이론은 종목의 가격을 예측하는 데도 사용되지만, 본 목적은 증권시장 전체의 추세를 예측하는 데 사용하기 위해 고안된 것이다. 다우이론에 의하면 주식시장은 세 가지의 움직임, 즉 장기추세, 중기추세, 단기추세가 동시에 작용하고 있다.

1) 장기추세

1년 이상 수년간 계속되는 주가의 장기적인 상승 또는 하락운동을 일컫는 것으로 일반적으로 장기추세선이 상승세에 있을 때에는 강세시장이라 하고, 하락세에 있을 때는 약세시장이라고 한다. 장기추세선은 장기적인 관점에서 투자하는 사람에게 유 용한 지표이지만, 보다 많은 수익을 얻기 위해서는 중기추세선을 참고하는 것이 바 람직하다.

2) 중기추세

장기추세선이 진행되는 과정에서 장기추세의 진행을 조정하려는 주가의 반동작용에 의하여 나타나며, 통상 3주에서 수개월간 지속된다. 강세시장에서는 주가가 중기조정이나 하락할 때 중기추세선이 형성되기 시작하며, 약세시장에서는 주가가 중기회복을 하면서 나타난다. 보통 중기추세는 주추세의 진행방향에서 1/3 내지 2/3 정도의 반작용을 나타낸다.

3) 단기추세

매일매일의 단기적인 주가변동을 의미하는 것으로 단기추세는 조작이 가능하기 때문에 크게 중요시되지 않는 경향이 있다.

장기추세의 진행과정을 시장상황과 연관지어 아래와 같이 여러 국면으로 나눌 수 있다.

(1) 강세시장의 3국면

• 제1국면(매집 국면)

강세시장의 초기 단계에서는 경제, 산업, 기업환경, 주식시장 등 모든 여건이 회복되지 못하고 장래에 대한 어두운 전망만 예상된다. 불안감을 느낀 대다수 일반투 자자들은 장기간 지속된 약세시장에 지쳐서 보유 주식을 매도해 버리고자 하지만, 경기 호전을 미리 예측한 전문투자자들은 매도 물량을 매수하기 시작해 점차 거래 량이 증가하게 된다. 이러한 시장 내부의 변화 과정을 매집 국면이라 한다.

• 제2국면(마크 업 국면)

강세시장의 제2국면에서는 전반적인 경제 여건 및 기업의 영업 수익이 호전됨으로써 일반투자자들의 관심이 고조되어 주가가 상승하고 거래량도 증가하게 되는데, 이러한 국면을 마크 업 국면(mark-up-phase)이라고도 한다. 이 국면에서는 기술 적 분석을 이용하여 주식투자를 하는 사람이 가장 많은 수익을 올릴 수 있다.

• 제3국면(과열 국면)

강세시장의 제3국면에서는 경제 전반에 걸쳐 각종 통계 자료가 호조를 보이면서 투자가치가 미세한 종목에까지 인기가 확산되기 시작한다. 또한 신문이나 매스컴에 서 주식시장에 관한 내용이 톱뉴스로 부상할 만큼 과열 기미를 보이게 된다. 따라서 이 국면을 과열 국면이라고 한다. 보통 일반투자자나 주식투자에 경험이 없는 사람 들이 뒤늦게 확신을 가지고 적극 매입에 나서기 때문에 장세는 과열이지만, 이 국면 에서 매수자는 흔히 손해를 보기 때문에 조심해야 한다.

(2) 약세시장의 3국면

• 제1국면(분산 국면)

강세시장의 제3국면에서는 주식시장이 지나치게 과열된 것을 감지한 전문투자자들이 투자 수익을 취한 후 빠져나가는 단계로서, 이 단계에서는 주가가 조금만

하 락해도 거래량이 증가하므로 이를 분산 국면이라고 한다.

• 제2국면(공황 국면)

경제 전반에 관한 각종 통계 자료가 악화 에 따라 주식을 매도하려는 일반투자자들의 마음이 조급해지면서 매수 세력이 상대적으로 크게 위축된다. 주가는 거의 수직 하락을 하게 되며 거래량도 급격히 감소하는데, 이러한 상태를 공황 국면(panic phase)이라 한다. 이 후에는 상당히 긴 회복 국면이나 보합 상태가 이어진다.

• 제3국면(침체 국면)

공황 국면에서 미처 처분하지 못한 일반투자자들의 실망 매물이 출회됨으로써 투매 양상이 나타난다. 투매 현상이 나타남에 따라 주가는 계속 하락하지만 시간이 경과할수록 주가의 낙폭은 작아진다. 주식시장의 침체와 기업의 수익성 악화 등 좋 지 못한 정보가 주식시장 전체에 널리 퍼져 있기 때문에 이를 침체 국면이라 한다.

약세 시장은 발생 가능한 모든 악재가 전부 시세에 반영될 때 끝이 난다고 보는데, 보통 이런 악재가 전부 소멸되기 전에 주식시장은 반전된다.

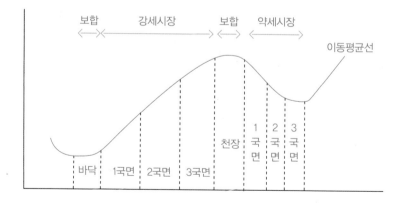

시장분위기에 도취되지 마라

주식시장에는 항상 어떤 분위기가 형성되어 있다.낙관적 분위기라든지 비관적 분위기, 관망 분위기 등이 그것이다. 이러한 분위기는 불합리한 인간심리나 단면적인 투자 판단에 좌우되 므로 수시로 변한다. 장 분위기를 벗어나서 객관적이고 냉정한 상태에서 시장의 흐름을 분석 하고 투자 판단을 내려야 성공확률이 높아진다.

팔고나서 올라도 애통해 하지 마라

주식을 팔고 나서 오르면 일반투자자들은 몹시 애통해 하는 것이 보통이다. 팔고 나서 오르는 것이 겁이 나서 제때에 팔지 못하는 사람도 많다

주식을 천정에서 파는 소수의 사람을 제외하고는 팔고 나서 오르는 것이 정상이다. 팔고 나서 오르면 여유 있게 웃어라.

4) 다우이론의 응용과 한계

그랜드빌(J.E.Granville)은 강세시장과 약세시장에서 일반투자자와 전문투자자는 서로 반대의 생각을 하게 된다고 하였다. 즉, 일반투자자는 강세시장의 제1,2국면과 약세시장의 제3국면에서 공포심을 갖고, 강세시장의 제3국면과 약세시장의 제1,2국면에서는 확신을 갖는데, 이와는 반대로 전문투자자는 강세시장의 제1,2국면과 약세시장의 제3국면에서 확신을, 강세시장의 제3국면과 약세시장의 제1,2국면에서는 공포심을 갖는다는 것이다. 따라서 강세시장의 제2국면에서는 점진적 매도, 제3국면에서는 매도전략을 세우고, 약세시장의 제2국면에서는 점진적 매수, 제 3국면에서는 매수전략을 세우는 것이 좋다.

이와 같은 내용을 표로 만들면 다음과 같다.

	강 세 장			약 세 장		
	제1국면	제2국면	제3국면	제1국면	제2국면	제3국면
일반투자자	공포심	공포심	확신	확신	확신	공포심
전문가	확신	확신	공포감	공포심	공포심	확신
투자전략		분할매도	매도		분할매수	매수

　　다우이론은 시장의 흐름을 파악하는 데는 많은 도움이 된다. 그러나 실전 매매에 있어서는 다음과 같은 몇 가지 한계점을 가지고 있다.

- 장기추세와 중기추세를 명확하게 구분하기 어렵다는 점이다. 이것은 그래프를 분석할 때 과거의 추세를 판단하기는 쉽지만 현재를 기준으로 분석하면 장기 추 세와 중기추세를 파악하기 힘들다.
- 추세반전을 확인할 수 있다고 하더라도 너무 늦게 확인되기 때문에 실제 투자에 도움을 주지 못한다. 주식투자를 함에 있어 가장 중요한 것은 역시 타이밍이다. 정확한 시기에 주식을 매도하지 못하면 손해를 볼 수 있기 때문이다.
- 다우이론 뿐만 아니라 모든 기술적 분석의 기법들이 그렇지만 증권시장의 추세를 예측하는데 적절하다고 해서 그것이 곧 분산투자의 여부와 방법을 알려주 는 단서가 될 수는 없다. 기술적 분석의 기법들은 주가의 흐름을 판단할 수 있 는 근거를 제시해 주지만 여러분에게 정확한 매도/매수 가격을 알려주는 것은 아니다.
- 증권의 위험에 대하여 아무런 정보를 제공해 주지 못한다. 기술적 분석만 하다 보면 쉽게 빠질 수 있는 부분이다. 그래서 기본적 분석과 함께 하는 것이 바람 직하다.

2. 엘리어트 파동이론

엘리어트는 1939년 「파이낸셜 월드지」를 통해 '주가는 상승5파와 하락3파에 의해 끝없이 순환한다'는 가격 순환 법칙을 주장하였다. 이 법칙의 요점은 주가는 연속적인 파동에 의해 상승하고 다시 하락함으로써 상승5파와 하락3파의 8개 파동으로 구성된 하나의 사이클을 형성한다는 것이다.

엘리어트는 1939년 「파이낸셜 월드지」를 통해 '주가는 상승5파와 하락3파에 의해 끝없이 순환한다'는 가격 순환 법칙을 주장하였다. 이 법 칙의 요점은 주가는 연속적인 파동에 의해 상승하고 다시 하락함으로써 상승5파와 하락3파의 8개 파동으로 구성된 하나의 사이클을 형성한다는 것이다. 큰 사이클인 주순환파를 완성하기까지는 보통 3년 정도가 소요된다.

1987년 프레이터라는 사람이 엘리어트 파동이론이라는 책을 편찬하면서 주가의 대폭락을 예측했는데, 그해 10월 주가가 대폭락하는 블랙먼데이가 발생하면서 엘리 어트 파동은 주식시장을 예측하는 최고의 예측도구가 되었다.

이처럼 엘리어트 파동이론은 하루아침에 어떤 영감에 의해 이루어진 것이 아니다. 75년간에 걸쳐 미국 주식시장의 움직임을 연간, 월간, 일간, 시간 단위까지 세분화하여 7년간의 작업 끝에 치밀한 분석을 통하여 만들어진 것이다. 현재 선물시장과 주식시장에서 가장 중요한 기술적 분석방법의 하나로 생각하고 있다. 여러분이 파동이론을 자세히 공부한다면 기술적 분석을 하는 수준이 한 단계는 더 높아질 것이다.

엘리어트 파동이론은 패턴(pattern), 비율(ratio), 시간(time)이라는 세 가지의 요소를 가지고 있다. 이 세 가지의 요소 중 가장 중요한 것이 패턴이며 지금부터 이 파동의 패턴에 대해 알아보겠다.

엘리어트 파동은 크게 상승5파와 하락3파로 이루어진다. 이것이 큰 사이클로 구성되어지며 각 사이클 속에는 작은 상승5파와 하락3파로 구성된 미니 사이클이 존재한다.

다시 말하면 1개의 사이클에는 상승5파와 하락3파의 8개 파동으로 구성되며, 각 파동은 다시 더 작은 8개의 소 파동으로 나눌 수 있다. 상승은 파동의 순서대로 1번 에서 5번까지의 숫자로, 그리고 하락3파는 A, B, C 또는 a, b, c의 문자로 표기한다. 내용을 아래에 그림으로 표기하였다

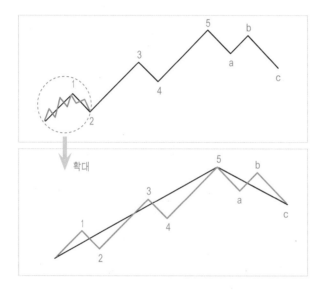

상승5파는 시장의 주된 가격 움직임과 같은 방향으로 움직이는 5개 파동으로서, 5개의 파동중 1번, 3번과 5번 파동은 '충격파'라 하고, 2번과 4번 파동은 '조정파'라 한다. 1번, 3번, 5번 파동은 시장의 주된 방향과 같은 방향으로 움직이는 충격파이 므로, 반드시 5개의 소파동으로 구성되어 있어야 하고 2번, 4번 파동은 조정파이 므 로 3개의 소파동으로 이루어진다 할 수 있다.

1번 파동은 추세가 전환되는 시점으로 이제까지의 추세가 끝나고 새로운 추세가 시작되는 시점이며 5개의 파동 중 가장 짧다. 1번 파동은 충격 파동이므로 반드시 5 개의 파동으로 구성된다.

2번 파동은 조정 파동으로 1번 파동과는 반대 방향으로 형성된다. 2번 파동은 1번 파동의 38.2% 또는 61.8% 비율만큼 되돌리는 경향이 높다. 만일 2번 파동이라 예상되는 파동이 1번 파동을 100% 이상 되돌려 형성되면, 이제까지 1번 및 2번이라 예상하던 파동이 결코 1번 및 2번 파동이 아니라는 것이다. 또한 2번 파동은 성격상 조정 파동이므로 반드시 3개의 파동으로 구성되어야 한다. 1번과 2번 파동은 이중 바닥형의 두 번째 바닥이나 역 헤드 앤 쇼울더 패턴의 오른 어깨를 형성하는 것이 일반적이다.

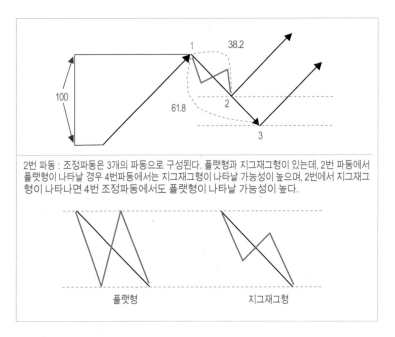

2번 파동 : 조정파동은 3개의 파동으로 구성된다. 플랫형과 지그재그형이 있는데, 2번 파동에서 플랫형이 나타날 경우 4번파동에서는 지그재그형이 나타날 가능성이 높으며, 2번에서 지그재그형이 나타나면 4번 조정파동에서도 플랫형이 나타날 가능성이 높다.

플랫형   지그재그형

3번 파동은 5개의 파동 중에서 가장 강력하고 가격 변동도 활발하게 일어나는 파 동으로, 이 파동은 다섯 개의 파동 중에서 가장 긴 것이 일반적이다. 다른 파동의 길이가 3번 파동보다 길 수는 있어도 3번 파동이 가장 짧은 파동일 수는 없다. 반드 시 3번 파동은 1번 파동에 비해 길이가 길어야 하는데, 일반적으로 3번 파동은 1번 파동의 1.618배의 길이가 된다. 그리고 3번 파동은 충격 파동이므로 5개의 작은 파 동을 구성되어야 하며 다른 형태로 연장되는 수도 있다.

4번 파동은 3번 파동을 38.2% 되돌리는 경우가 많으며, 3번 파동을 다섯 개의 작은 파동으로 나누었을 때 그 중에서 네 번째 파동만큼 되돌아가는 경우가 많다. 엘리어트 파동이론에서 4번 파동은 결코 1번 파동과 겹치지 않는 불가침 법칙이 있 다. 따라서 4번 파동의 최저점은 반드시 1번 파동의 최고점보다 높아야 한다.

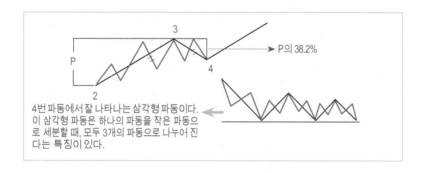

5번 파동은 이제까지 진행되어온 추세가 막바지에 이르는 국면으로서, 3번 파동에 비해 가격 움직임이 그리 활발하지 못하며 거래량도 3번 파동에 비하여 적게 형성된다. 5번 파동 역시 충격 파동이므로 5개의 작은 파동으로 세분된다. 5번 파동은 일반적으로 1번 파동과 똑같은 길이로 형성되거나 1번에서 3번 파동까지 길이의 61.8% 만큼 형성되는 경향이 높다.

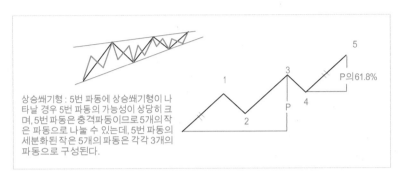

상승쐐기형 : 5번 파동에 상승쐐기형이 나타날 경우 5번 파동의 가능성이 상당히 크며, 5번 파동은 충격파동이므로 5개의 작은 파동으로 나눌 수 있는데, 5번 파동의 세분화된 작은 5개의 파동은 각각 3개의 파동으로 구성된다.

하락3파는 엘리어트 파동이론에서 볼 때 상승5파 후에는 하락추세로의 반전이 나타나게 된다. 이러한 하락 추세선상에서의 파동을 조정이라 하며 하락3파동으로 이루어진다.

◐ 하락 3파

하락 3파동은 A파동, B파동, C파동으로 이루 어진다. 하락의 3파동은 각각 고유한 특징을 갖 는다.

a파동으로부터 이제까지의 추세와는 반대 방향의 새로운 추세가 시작된다. a파동으로 생각되는 파동은 새로운 추세가 시작되는 충격 파동이므로 반드시 5개 파동으로 구성되어야 한다. 따라서 a파동이라고 생각되었던 파동이 3개 파동만 구성하고 기존의 움직임이 재개된다면, 이는 a파동이 아니고 5번 파동이 지속되고 있는 것으로 보아야 한다.

5개파동
(zigzag)

3개파동
(flat)

a파동

b파동은 하락 추세의 시작인 a파동에 반대하는 매입 세력으로 인해 상승 추세가 잠시 이어지는 조정 파동이며 3개의 작은 파동으로 구성된다. b파동은 1번 파동의 상승 추세가 다시 시작되는 것으로 믿기 쉬우나 이제까지의 보유 주식을 매도할 마지막 기회로 이 시기를 놓치면 매도 기회를 찾기가 어렵다.

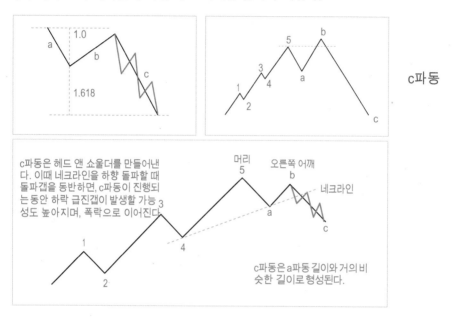

1) 파동의 연장

일반적으로 1, 3, 5번 파동은 서로 가격의 변동폭과 형성되는 기간이 서로 유사 하다. 이것이 바로 파동 평형의 법칙(rule of wave equality)이라고 한다.

그런데 현실적으로 이러한 법칙이 그대로 지켜지는 예는 드물며, 오히려 하나의 충격파동이 다른 두개의 충격파동에 비하여 가격의 변동폭도 크고 또한 형성되는 데 걸리는 시간도 긴 경우를 파동이 연장되었다고 말한다. 다시 말하면, 세 가지 충격 파동 중 어느 하나의 충격파동의 움직임이 너무나 활발하여 정상적인 파동의 움직 임보다도 그 움직임이 더 길고, 강력하게 나타나는 것을 말한다.

• 파동 평형의 법칙

왼쪽에 1번, 2번, 3번 파동이 있는데, 2번 파동은 1번 파동 길이의 38.2%나 62.8%만 큼 형성된다고 했다. 그렇다면 2번파동이 형성되는 기간도 1번 파동이 형성된 기간의 38.2%나 62.8%만큼 걸린다는 것이 바로 파동 평형의 법칙이다.

(1) 파동의 연장 형태

• 상승추세   • 하락추세

상승1파 연장

하락파동 연장

상승3파 연장

하락파동 연장

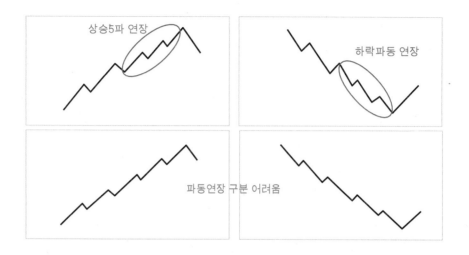

1번 파동의 연장은 3번 파동의 연장이나 5번 파동의 연장보다 그 발생확률이 적다 고 할 수 있다. 일반적으로 하락파동을 끝내고 상승파동으로 전환했다고 하더라도 대 량 거래 수반과 함께 파동의 연장이 발생된다는 것은 어렵다. 만약 1번 파동에서 연장 이 발생하였다면 3번 파동과 5번 파동의 길이는 다음과 같은 형태로 나타날 수 있다.

3번 파동의 크기는 1번 파동 크기의 61.8%,
5번 파동의 크기는 1번 파동 크기의 38.2%

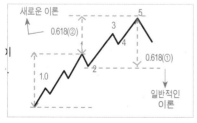

3번 파동에서 5번 파동까지 파동의 크기 합이
1번 파동 크기의 0.618%의 비율로 형성된다.

3번 파동의 연장은 상승파동 중에 가장 많이 발생하는 파동이다. 상승파 중에서도 거래량과 가격상승 폭이 가장 크다고 할 수 있다. 3번 파동의 연장이 발생될 경우 다음과 같은 특징을 알 수가 있다.

1번 파동의 길이를 1이라 할 때, 3번 파동의 상승폭은 1번 파동의 최고점으로부터 3번 파동 최고점 까지 1.618의 크기를 나타낸다.

1번 파동과 5번 파동의 길이는 같은 경우가 많다.

5번 파동의 연장은 3번 파동 연장만큼 자주 발생하지는 않는다. 만약 5번 파동의 연장이 발생한다면 전혀 예상치 못한 파동이 발생할 수 있기 때문에 가격 움직임에 대한 예측이 어렵다.

또한 엘리오트 파동이론의 원칙을 무시하고 4번 파동의 저점이 1번 파동과 겹치는 현상이 나타나기도 한다.

5번 파동의 높이를 1이라 하면 1번 파동에서 3 번 파동까지의 높이는 0.618의 비율로 형성 되 는 경우가 많다. 즉 1번 파동에서 3번 파동 까 지의 높이의 1.618배 수준에서 5번 파동이 완 성되는 경우가 많다.

이제까지 파동의 연장에 대해 알아보았다. 엘리오트 파동이론은 여러분이 공부하고 생각했던 것처럼 단순한 논리를 가지고 있지 않다. 여러 가지 예외의 법칙이 다른 이론에서도 나타나 있듯이 엘리어트 파동이론도 마찬가지다. 다음은 그 예외성을 보여주는 조정파동에 대해 알아보겠다.

2) 조정파동

엘리어트 파동이론을 공부하다보면 가장 어렵고 이해하기 어려운 부분이 바로 조정파동이다. 일반적으로 상승5파는 규칙적인 패턴과 원칙에 따라 움직인다. 그러 나 상승파동에 비해 조정파동은 오랜 시간에 걸쳐 형성이 되며, 형태 또한 일정한 규칙이 없고 예외성을 가지고 있기 때문에 분석하기가 상당히 어렵다.

조정파동은 크게 4가지로 구분할 수가 있다. 지그재그(zigzag), 플랫(flat), 삼각형(triangle), 혼합형(combinations)이다.

그럼 먼저 지그재그(zigzag)패턴에 대해 알아보자. 지그재그형의 조정은 간단한 법칙에 의해 움직인다. 다른 조정파동에 비해 가장 강한 조정파동이라 할 수 있는 데 이는 상승파동에 따른 것이다.

조정파동의 A,B,C형태이다. 강세장에서의 B 파동 고점은 반드시 A파동의 출발점보다 상당히 낮아야 한다.

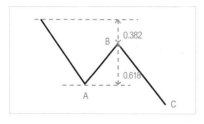

B파동은 A파동 하락폭의 61.8% 이상을 조정할 수 없으며, C파동은 무조건 A파동의 저점 밑으로 뚫고 내려가야만 한다.

위에 언급된 형태는 지그재그 조정파동의 가장 기본적인 원칙이다. 약세장에서의 지그재그 조정은 전혀 다른 조정형태가 발생하기도 하고 반대의 방향도 나타난다. 이를 인버트 지그재그(inverted zigzag)라 부른다. 또한 지그재그의 형태가 여러 번 나타나는 경우도 있다.

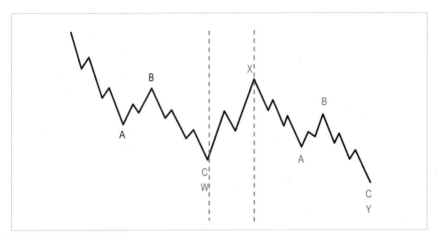

플랫(flat)패턴은 3-3-5의 패턴을 따른다. 지그재그 조정과는 달리 완만한 조정형태를 나타내고 있다. 플랫형의 조정은 크게 3가지의 형태로 구분할 수 있다. 정상 적인 조정, 불규칙적 조정, 급속조정 등이다.

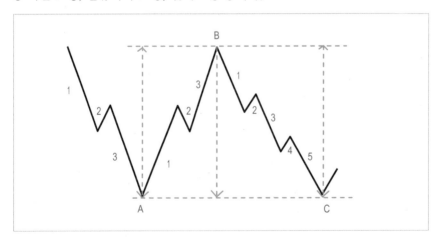

정상적인 조정은 B파동이 A파동의 크기에 비해 최소 61.8% 이상 조정하지만 100%이상은 초과하지 않는다. C파동은 보통 A파동의 길이 만큼 조정한다.

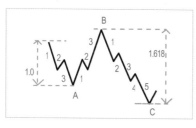

B파동이 A파동의 크기를 초과하는 조정을 보 이면서 C파동의 크기도 A파동의 크기를 과 하는 경우이다. C파동의 크기가 A파동의 1.618배를 나타내는 경우가 많다.

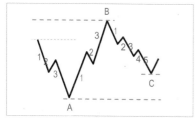

B파동이 A파동의 크기를 초과하지만 C파동 은 A파동의 크기에 미달하는 경우의 두 가지 가 있다.

급속조정은 시장의 상승추세가 강하여 조정이 정상적으로 이루어지지 않은 상태로 끝나는 경우를 말한다.

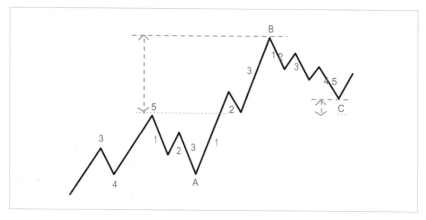

B파동이 A파동의 고점을 넘어서는 동시에 C파동의 저점은 A파동의 고점보다 높 게 형성되는 형태를 말한다.

삼각형(Triangle)은 일반적인 차트 분석이론과 비슷한 개념이다. 엘리어트는 삼각형 패턴기준 인식기준으로 반드시 5개의 파동을 가지고 있어야 하며, 이 5개의 파동은 각각 3개의 소파동으로 구성되어야 한다고 정하고 있다.

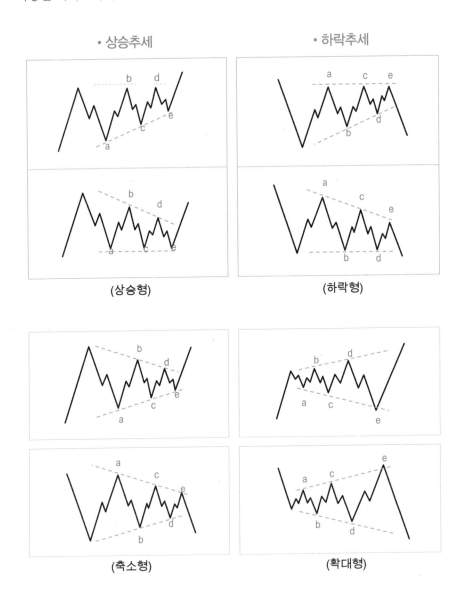

삼각형의 조정은 상승 4파동에서 출현되는 형태이며, 하락파동인 B파동에서도 발생되는 경우가 있다. 삼각형 조정은 엘리어트 이론중에서 가장 복잡하고 다양한 형태를 나타내고 있기 때문에 정신을 바짝 차려야 한다.

삼각쐐기형의 조정형태는 다른 삼각형 조정의 경우처럼 4번 파동에서 출현되는 것이 아니라 5번 파동의 연장에서 나타나는 특수한 경우이다.

그림에서와 같이 5번 파동이 연장되어 5개의 파동이 나타났다. 그 5개의 파동은 각각 3개의 소파동으로 구성되었다. 이처럼 5번 파동의 연장이 대각삼각형 형태로 구성되어진다면 조정파동인 하락 B파동의 고점이 5번 파동의 최고점을 초과하는 불규칙 정점은 나타나지 않는다.

불규칙 조정에 의해 5번 파동 연장시 나타나는 불규칙 정점은 A파동의 하락폭보다 C파동의 하락폭이 상당히 크다.

혼합형(Combinations)은 지그재그, 플랫, 삼각형 조정처럼 단독으로 나타나는 것이 아니다. 혼합형 조정은 말 그대로 세 가지가 혼합되어 조정형태를 구성하는 것 이라 할 수 있다.

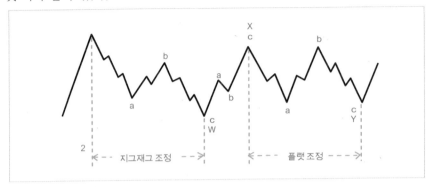

지그재그 조정과 플랫 조정의 형태가 혼합된 조정이다.

3) 엘리어트 이론의 절대 불변의 법칙

엘리어트 파동이론의 적용시 누구나 느끼는 어려움은 파동의 정확한 계산이다. 엘리어트 파동이론에는 수많은 예외가 존재하고 있다. 하지만 다행히도 엘리어트 파동이론을 신뢰하게 하고, 61.8%이니 38.2%이니 하는 비율을 적용할 수 있는 3 대 불변의 법칙이 있어 파동 계산에 결정적 도움을 주고 있다. 따라서 이 3대 법칙은 반드시 알아두어야 한다.

⬆ 법칙 1
2번 파동이 1번 파동을 절대로 100% 이상 되돌리는 경우는 없으며, 대개의 경우 2번 파동은 1번 파동의 38.2% 혹은 61.8% 되돌리는 경향이 있다.

⬆ 법칙 2
1번, 3번, 5번의 충격 파동중 3번 파동이 가장 짧은 파동일 수는 없다. 보통 3번 파동은 가장 강력한 파동이어서 파동의 길이가 가장 길고 거래량도 활발한 경우가 많다.

⬆ 법칙 3

4번 파동은 결코 1번 파동과 겹치지 않는다. 즉 4번 파동의 최저점이 1번 파동의 최고점보다 높아야 한다.

4) 엘리어트 파동이론의 한계

엘리어트 파동이론은 예외를 많이 인정한다는 점이다. 모든 법칙이 예외를 인정하지 않을 수 없지만, 예외적인 파동이 많기 때문에 분석가마다 동일한 파동을 가지 고 해석을 달리할 수 있는 소지가 많다. 한 파동이 어디서 끝나고 어디서 시작하는 지에 대한 언급이 없다. 즉, 파동의 바닥과 바닥, 혹은 바닥과 바닥, 혹은 정점과 정 점 사이의 시간적 예측에 대한 어떠한 지표도 없기 때문에 파동이 오기는 오지만 언 제 올지는 전혀 예측할 수 없다는 것이다.

엘리어트 파동

예전에는 엘리어트 파동으로 마치 모든 주가의 움직임을 다 알수 있는 것처럼 얘기하는 경우 도 많이 보았지만, 사실 어떤 분석기법도 한계란 있게 마련이다. 엘리어트 파동이론은 정말 대단하다고 생각할만큼 체계적으로 분석해 놓았는데, 이 역시 관점이나 투자자의 수준에 따 라 천차만별일 수 밖에 없다. 특히 개별종목들은 일부 세력들에 의해 주가가 왜곡될 가능성이 많기 때문에 더욱 주의해서 적용해야할 이론이다. 단, 전체지수를 이해하거나, 장기간 주가의 움직임을 볼 수 있는 월봉차트등을 보면 훨씬 엘 리어트 파동이 잘 맞아들어간다는 것을 알 수 있다. 그럼 참고하여 투자에 적용하였으면 하는 바램이다.

3. 사께다 이론

거래인 홈마가 창출한 이론을 구체화하여 실전에 적용시킨 전통적 투 자 기법으로, 주가의 기본적인 패턴을 분석하는 데 수적인 과정이 되고 있다.

사께다 전법은 일본 도꾸가와시대 사께다 항구에서 활동하였던 유명한 거래인 홈마가 창출한 이론을 구체화하여 실전에 적용시킨 전통적 투자 기법으로, 주가의 기본적인 패턴을 분석하는 데 수적인 과정이 되고 있다. 사 께다 전법은 3산, 3천, 3공, 3병, 3법으로 구성되어 있다.

삼산형은 대표적인 반전 패턴으로서 지속적인 주가 상승 이후 주식을 사고자 하는 매수 세력은 계속 유입되지만 더 이상 상승하지 못하는 경우에 종종 발생한다. 삼산형이 형성되기 위해서는 1개월에서 3개월 이상의 기간이 소요되며 기간이 오래 될수록 신뢰도는 높아진다. 그래프상에서 흔히 볼 수 있는 삼산형은 그래프 분석의 기본 패턴으로 널리 알려져 있다.

삼산형 중에서 가운데 봉우리가 다른 봉우리보다 높은 경우를 삼봉형이라고 부르는데, 가장 자주 나타나는 반전 패턴 중의 하나이다. 삼산형은 헤드 앤 쇼울더형 과 유사하며, 왼쪽 어깨, 머리, 오른쪽 어깨로 가면서 점점 거래량이 줄어드는 현 상을 보인다. 일반적으로 삼산형이 나타나면 향후 주가가 상승에서 하향 추세로 전환이 예상되기 때문에 네크라인을 하향 돌파하는 시점을 매도시점으로 판단해 야 한다.

우리은행 일봉 차트 (2017 .03 ~ 2017 .09)

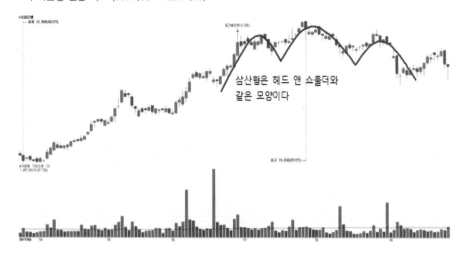

삼천형은 삼산형을 그대로 뒤집어 놓은 모양으로 하향 추세에서 상승 추세로 전환할 때 종종 발생한다. 삼천형은 세 개의 바닥을 형성하는데 역 헤드 앤 쇼울더형과 같이 가운데 바닥이 가장 낮은 경우도 종종 발생한다. 이 때 거래량은 왼쪽 어깨, 머리, 오른쪽 어깨로 갈수록 점점 거래량의 증가 현상이 나타나는 특징이 있다. 삼천형은 주가가 수개월 이상 하락한 후에 나타나는 패턴으로, 이 패턴에서는 저항 선인 네크라인을 상향 돌파할 때가 매수시점이 된다. 이때는 분할 매수에 의해 주식 의 보유 비중을 늘려 가는 것이 바람직한 투자 전략이다.

만도 주봉 차트 (2014 .11 ~ 2017 .09)

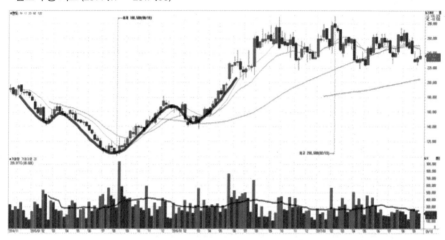

　삼공형은 미국식 차트에서 말하는 갭을 의미한다.　보통 소형주에서 많이 출현하며, 최근 그 효용성은 많이 줄었다. 이론적 개념만 알고 넘어가도록 하자.

　삼병형은 주가 흐름의 대세 반전을 암시해 주는 패턴으로 적삼병과 흑삼병으로 구분이 된다. 적삼병은 주가 하락이 멈추고 상승 반전되어 앞으로 상승 추세가 지속 될 것을 예고해 주며, 이와 반대로 흑삼병은 주가 상승이 멈추고 하락 반전되어 앞 으로 하락추세가 지속될 것으로 예고해 준다. 따라서 삼병형이 출현하게 되면 대세 반전의 전환 시점을 예상해 볼 수 있으며 동시에 향후 주가 추이를 예상해 볼 수도 있다.

⬆ 적삼병

LG화학 일봉 차트 (2017 .03 ~ 2017 .09)

다만, 단기간에 급등 뒤 출현하는 적삼병은
유연하게 접근할 필요가 있다.

    적삼병은 전형적인 강세장에서 출현되는 형태이다. 초기에 매수가 상당히 어렵
지만 조정기간에는 매수가 가능하다.

⬆ 흑삼병

KOSPI200 일봉 차트 (2015 .01 ~ 2015 .08)

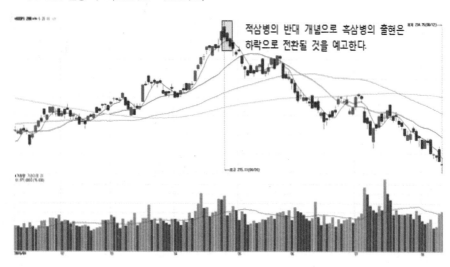

적삼병의 반대 개념으로 흑삼병의 출현은
하락으로 전환될 것을 예고한다.

흑삼병의 출현은 약세장에서 출현되는 패턴이다. 흑삼병의 출현은 매도를 의미하기 때문에 빨리 대처하지 않으면 큰 낭패를 볼 수 있다.

삼법형이란 매(賣), 매(買), 휴(休)를 말하는 것으로, 여기서는 특히 휴를 강조한 것이다. 삼법형은 '쉬는 것도 곧 투자다'라는 주식에 관한 격언처럼 매수, 매도가 불 확실한 상황에서 주가가 움직이는 방향을 기다리며 일정 기간 휴식이 필요하다는 것을 말해 준다.

4. 카오스 이론

최근에는 카오스의 응용에 대해 '퍼지 → 뉴로퍼지 → 뉴로 → 카오스'의 흐름을 나타내고 있다. 19세기 무렵부터 많은 과학자들은 카오스적 현상이나 징후를 발견했지만 폭 넓게 알려지거나 인정하지 않았다.

일반적으로 카오스하면 이해하기 힘든 부분으로 생각해

왔다. 그러나 최근에는 카오스의 응용에 대해 '퍼지 → 뉴로퍼지 → 뉴로 → 카오스'의 흐름을 나타내고 있다. 19세기 무렵부터 많은 과학자들은 카오스적 현상이나 징 후를 발견했지만 폭 넓게 알려지거나 인정하지 않았다. 1970년대 이후 우수한 연구 가 많이 쏟아져 나오자 카오스현상의 존재가 폭 넓게 인정되었고, 여러 가지 현상속 에서 카오스를 발견하려는 연구가 많은 분야에서 활발하게 이루어지게 되었다. 이 러한 연구에 의하면 카오스라는 현상은 결코 예외적인 특수한 현상이 아니며, 비선 형인 결정론적 역학하에서 당연하게 발생하는 지극히 일반적인 현상이었다.

엘리어트 파동이론은 실제시장가격이 카오스의 프랙탈구조2) 를 갖고 있다는 가능성을 보여준다. 파동구조를 잘 살펴보면 상위의 가격파동은 보다 작은 하위의 파 동으로 구성되어 있으며, 이들 하위의 파동들은 자신들이 포함된 상위파동의 특성 과 차원을 유사하게 가지고 있다. 다시 말해, 하위파동들은 상위파동의 프랙탈들이 되는 것이므로 어떠한 시간을 기준으로 하여도 개개의 다른 시간별 데이터는 서로 비슷한 프렉탈구조를 나타낸다.

이처럼 카오스이론을 통해 일봉, 주봉, 월봉의 차트를 분석하면 어떠한 일련의 규칙들이 존재하고 반복되고 있음을 발견할 수 있다. 이처럼 과거의 일정한 흐름과 모양은 현재에도 영향을 미칠 수 있고 비슷한 형태의 움직임을 보여준다. 그러나 현 재 카오스이론을 가지고 주가를 분석하는 것은 거의 없다. 다른 분야에는 많은 성과 가 있었지만 주식과의 연관성에 대한 이론은 아직 정립하지 못한 상태인 것 같다.

5. 갠 이론
기하학적 각도와 비율로 시장의 가격변화를 예측할 수 있는 분석 방 법을 고안하였다.

William D. Gann은 차트의 가격 움직임을 연구하여 가격과 시간이 연계된 기하학적 각도와 비율로 시장의 가격변화를 예측할 수 있는 분석 방법을 고안하였다. 구체적인 방법으로 중요한 고점이나 저점에서 시간과 가 격의 1대 1 대응(영업일 수 기준)으로 고점이나 저점에서 대각선을 그리는데 여기서 가장 중요한 선은 45

도 대각선이다. 즉, 저점이나 고점에서 45도 방향으로 진행하 는 선(Gann Line)
이 중심선 역할을 하며 중심선에 일정 비율(8등분)의 대각선(부채 꼴 모양)을 그려
나가는 방법이 갠팬(Gann Fans)이다. 갠 팬은 총 9 개의 선으로 구 성되며 구성
은 다음과 같다.

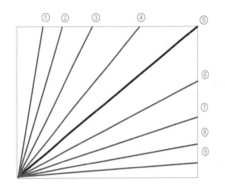

①	1×8	82.5도
②	1×4	7.5도
③	1×3	71.25도
④	1×2	63.75도
⑤	1×1	45도
⑥	2×1	26.25도
⑦	3×1	18.75도
⑧	4×1	15도
⑨	8×1	7.5도

갠이론에 대해 기본적인 개념만 언급하였다. 나머지 부분은 여러분이 하나하나
찾아서 공부해야 한다.

6. 박스 이론

market?"에서 발표한 투자이론으로서 주가의 파동에서는 일정한 가격 폭을 왕복하는 습성이
있는데 이를 이용하여 투자수익을 올릴 수 있다 는 이론이다.

미국의 니코라스 디바스가 "how I made $2,000,000 in the stock market?"
에서 발표한 투자이론으로서 주가의 파동에서는 일정한 가격 폭을 왕복하는 습성

이 있는데 이를 이용하여 투자수익을 올릴 수 있다는 이론이다. 즉 어떤 주가수준을 중심으로 상하 10%라든지 20% 범위 안에서 움직이는 습성 이 있으며 이 범위를 '박스'라고 한다. 주가가 상승과정에 돌입하였을 경우 주가가 박스의 상한을 돌파하게 되면 종래의 박스 위에 새로운 박스가 형성된다. 따라서 상 한을 돌파한 시점에서 그 종목을 매입하게 되면 시세차익을 기대할 수 있다. 반대로 주가가 박스의 하한을 돌파하면 그 아랫부분에 새로운 박스가 형성되며 그 종목을

매각함으로써 손실을 방지할 수 있다.

7. 랜덤워크 이론(randomwork theory)
주가는 일반인들이 예측할 수 없는 우발성을 갖고 있어 랜덤하게 움직 이기 때문에 아예 주가예측을 바탕으로 주식투자를 할 수 없다고 단정 짓는 것이 랜덤워크 이론이다.

주가를 움직이는 요인들은 많다. 정국의 동향, 경기, 통화 량, 물가, 금리, 기업의 수익력 등 각종 요인들이 복합적으로 주가에 반영된다. 때 문에 아무리 분석력을 갖고 있는 사람일지라도 사실상 정확한 주가예측을 한다는 것은 불가능하다. 증권시장이 발달하여 선진화될수록 각종 요인들이 즉각적으로 주 가에 반영되는 효율적인 시장이 되기 때문에 주가예측은 더욱 힘들어진다. 그래서 어떤 재료가 일반인들에게 알려지면 이미 주가에 반영되었기 때문에 재료를 갖고 하는 주가예측이란 더욱 어렵다.

주가는 일반인들이 예측할 수 없는 우발성을 갖고 있어 랜덤하게 움직이기 때문에 아예 주가예측을 바탕으로 주식투자를 할 수 없다고 단정짓는 것이 랜덤워크 이론이다. 그래서 랜덤워크 이론가들은 주가와 관련없이 투자수익을 높일 수 있는

투 자전략 개발에 노력한 결과 포트폴리오 방식과 포뮬러 플랜 방식을 널리 활용하게 되었다.

포트폴리오 방식은 여러 유가증권에 효율적으로 분산투자를 하여 위험을 감소시키고 수익을 높이고자 하는 투자전략이고 포뮬러 플랜은 주가예측을 무시하고 일정한 기준을 정하여 자동적으로 투자의사를 결정하는 투자기법이다. 이와 같은 투자 전략은 자금력의 한계를 갖고 있는 개인투자자들은 거의 활용할 수 없고, 자금동원 능력이 무한한 기관투자가들에게 유용한 투자기법이다. 하지만 개인투자자라 할지라도 주식투자의 속성을 이해하는데 도움이 되고 부분적으로 이를 원용할 수 있는 장점을 갖고 있다.

이 책에서 독자들이 공부해야할 수준은 다우이론, 엘리어트 파동이론, 사께다 전법까지다. 그 이후의 내용은 처음에 빼려고 했으나 이러이러한 것들도 있다는 것을 소개해주는 차원에서 언급한 것으로 부담없이 넘어가기 바란다. 이후 좀더 자신만의 분석기법을 만들고자 하는 사람이라면 갠이론을 엘리어트 파동과 앞서 나왔던 부채꼴원리나 되돌림 현상과 같이 공부해 보는 것도 좋을 것이다.

캔들차트(candle stick chart)의 모든 것

1. 캔들차트란 무엇인가?
특히 우리나라에서 가장 많이 활용되는 분석기법이라 할 수 있다. 캔들(candle)은 우리말로 양초라 한다. 양초의 모양이 봉과 같 이 비슷하여 봉차트라고도 한다.

캔들차트는 일본에서 개발된 기법으로 미국 등 선진국

에서도 많이 사용되고 있다. 특히 우리나라에서 가장 많이 활용되는 분석기법이라 할 수 있다. 캔들(candle)은 우리말로 양초라 한다. 양초의 모양이 봉과 같이 비슷 하여 봉차트라고도 한다. 지금 이 책을 읽으시는 분들도 캔들차트에 대해서는 매우 익숙할 것이다.

주식을 매매하든 선물, 옵션을 매매하든 기술적인 매매를 할 수 있는 것은 그래프를 보고 하는 것이다. 그 중에서도 캔들차트를 보고 하는 것이 가장 보편화된 방법이다. 캔들은 봉차트라고 하기 때문에 미국식과는 다른 방법을 사용하고 있다.

○ 봉차트는 다음과 같은 작성법을 통하여 주가의 흐름을 표시할 수 있다.

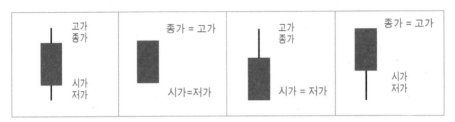

　종가가 시가보다 높은 경우를 말하는데 일반적으로 시가보다 종가가 높다는 것은 매수가 강하기 때문에 상승추세가 이어질 수 있는 것을 의미한다.

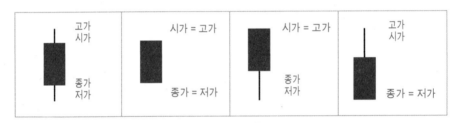

　종가가 시가보다 하락한 경우를 말하는데 일반적으로 종가가 시가보다 하락했다는 것은 매도가 강하기 때문에 하락추세가 이어질 수 있는 것을 의미한다.

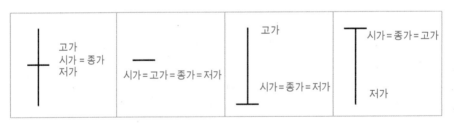

　시가와 종가가 같은 경우를 말하는데 일반적으로 시가와 종가가 같다는 것은 전환의 표시를 나타내는 것이다. 또한 매수와 매도가 치열한 공방전을 하고 있는 것이다.

위의 3가지 경우를 기본으로 캔들차트는 시작이 된다. 이제 캔들의 기본적인 형태를 파악하도록 하자. 기본적인 형태를 파악함으로써 변형된 주가의 흐름을 더욱 명확하게 판단할 수 있기 때문이다.

⬆ 마르보주(Marubozu) 패턴은 여러 가지가 있다. 기본이 되는 마르보주의 패턴에 대해 자세히 알아본다.

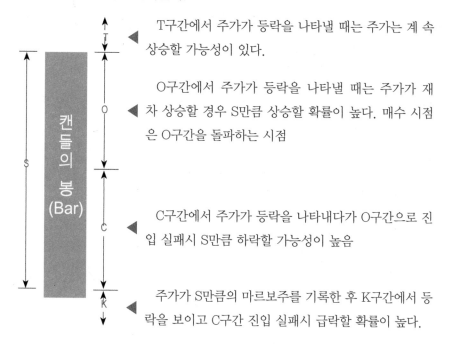

T구간에서 주가가 등락을 나타낼 때는 주가는 계 속 상승할 가능성이 있다.

O구간에서 주가가 등락을 나타낼 때는 주가가 재 차 상승할 경우 S만큼 상승할 확률이 높다. 매수 시점 은 O구간을 돌파하는 시점

C구간에서 주가가 등락을 나타내다가 O구간으로 진 입 실패시 S만큼 하락할 가능성이 높음

주가가 S만큼의 마르보주를 기록한 후 K구간에서 등 락을 보이고 C구간 진입 실패시 급락할 확률이 높다.

1) Marubozu의 4가지 패턴

 일반투자자들이 가장 좋아하는 타입이다. 일명 장대양봉이라고 한다. 강세반전 및 상승 지속형을 의미하기 때문에 매수포인트라 할 수 있다.

 장대 음봉의 Marubozu의 형태이다. 약세반전 및 약세지속을 의미하기 때문에 매도포인트라 할 수 있다.

 Open Marubozu로서 시가에 그림자가 없는 패턴이다. 양봉은 강세패턴을 나타내고 음봉은 약세패턴을 나타낸다.

 Closing Marubozu로서 종가에 그림자가 없는 패턴이다. 양봉은 강세패턴을 음봉은 약세패턴을 나타낸다.

Marubozu와 같이 자주 등장하는 패턴이 있는데 바로 Star, Doji 패턴이다. 이 두 패턴은 주로 방향전환의 시점에서 잘 나타나는 패턴이라 할 수 있다. 주식매매의 매수와 매도시점을 찾는데 많이 이용된다고 할 수 있다.

2) Star 패턴

Star는 두가지의 종류가 있다. 첫 번째는 Morning Star이고 나머지는 Evening Star이다. 주가의 전환시점에서 자주 목격되는 Star는 매수/매도의 포인트를 알려줄 수 있기 때문에 매우 유용하게 사용되고 있다.

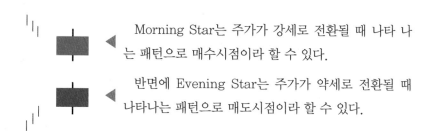

Morning Star는 주가가 강세로 전환될 때 나타 나는 패턴으로 매수시점이라 할 수 있다.

반면에 Evening Star는 주가가 약세로 전환될 때 나타나는 패턴으로 매도시점이라 할 수 있다.

3) Doji 패턴

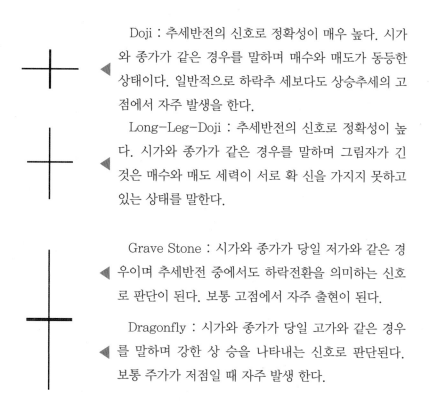

Doji : 추세반전의 신호로 정확성이 매우 높다. 시가와 종가가 같은 경우를 말하며 매수와 매도가 동등한 상태이다. 일반적으로 하락추 세보다도 상승추세의 고점에서 자주 발생을 한다.

Long-Leg-Doji : 추세반전의 신호로 정확성이 높다. 시가와 종가가 같은 경우를 말하며 그림자가 긴 것은 매수와 매도 세력이 서로 확 신을 가지지 못하고 있는 상태를 말한다.

Grave Stone : 시가와 종가가 당일 저가와 같은 경우이며 추세반전 중에서도 하락전환을 의미하는 신호로 판단이 된다. 보통 고점에서 자주 출현이 된다.

Dragonfly : 시가와 종가가 당일 고가와 같은 경우를 말하며 강한 상 승을 나타내는 신호로 판단된다. 보통 주가가 저점일 때 자주 발생 한다.

읽어서 도움되는 주식격언 몇가지

인기는 순환한다.

인기는 유행처럼 변하는 것이 속성이다. 주식시세에서 한 업종이나 종목 집단에 인기가 집중 해도 시간이 지나면서 신선미가 없어지면 인기는 식어지고 새로운 종목집단으로 이동한다. 주 식시장의 인기는 업종별로 순환하는 것이 일반적인 패턴이다. 어떤 특징업종에만 인기지속기 간이 길기 때문인 것으로 결국은 인기는 퇴조하고 새로운 인기 대상을 찾아 주가는 이동한다.

꿈이 있는 주식이 가장 크게 오른다

투자자들이 주식을 사는 것은 미래에 대한 어떤 기대 때문이다. 따라서 미래에 대한 꿈이 크고 화려할수록 주가는 크게 오른다.
비록 현재의 재무상태나 수익성은 나빠도 장래에 좋아질 수 있다는 큰 꿈이 있으면 좋은 상태 에 있는 주식보다 더 크게 오를 수 있는 것인 주가이다.

2. 캔들차트의 추세전환형

캔들차트의 기본 패턴에 대해 알아보았다. 이제부터는 좀 더 세밀하게 패턴을 분석해 보겠다. 여러분이 알고 있더라도 다시 한번 자세히 검토 를 하면 좋은 성과가 있으리라 생각한다. 그래프를 통해 주가를 분석한 다는 것은 쉬울 수도 있지만 필자의 생각으로는 많은 시간이 필요한 것 이라 생각한다.

캔들차트의 기본 패턴에 대해 알아보았다. 이제부터는

좀 더 세밀하게 패턴을 분석해 보겠다. 여러분이 알고 있더라도 다시 한번 자세히 검토를 하면 좋은 성과가 있으리라 생각한다. 그래프를 통해 주가를 분석한다는 것 은 쉬울 수도 있지만 필자의 생각으로는 많은 시간이 필요한 것이라 생각한다. 단순 하게 패턴만을 가지고 그래프를 분석한다면 여러분은 아무 것도 얻지 못할 것이다. 왜냐하면 주가의 그래프를 분석한다는 것은 수 년간 해당 기업의 주가 패턴을 잘 알고 있어야 한다는 것을 의미한다.

그래야만 현재 시점에서의 주가 그래프를 보면 어느 시점의 모양과 흡사하다는 것을 알게 되고 주식매매의 패턴도 전과 다르게 할 수 있는 것이다. 여러분은 지금 열거하는 패턴을 공부하면서 단순하게 그래프에서 똑 같은 것만을 찾으려고 노력할 요가 없다. 절대로 똑같은 것은 없으니까 다만 동일한 형태의 패턴만 있을 뿐이다.

결국 패턴을 분석하는 것은 현재의 시점에서의 그래프 모습뿐만 아니라 과거의 패 턴도 여러분의 머릿속에 있어야 하는 것이다.

캔들차트의 추세전환형에는 여러 가지가 있지만 그 중에서도 가장 많이 출현되는 Doji star, Morning star & Evening star, Morning Doji star & Evening Doji star, Hammer & Hanging Man, Harami & Harami Cross, Inverted Hammer & Shooting star, Engulfing, Identical Three Crows Pattern & Three Black Crow, Breakaway에 대해 알아 보겠다.

패턴 하나하나 주의 깊게 공부를 해야 한다. 위에 언급된 패턴이 여러분의 기억 속에 있다면 주식매매를 할때 분명히 좋은 결과가 있으리라 생각한다.

1) Doji Star(십자별형)

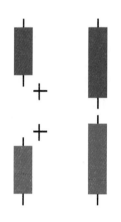

상승추세나 하락추세에서 몸체가 긴 일봉 출현 후 갭을 발생하면 서 작은 몸체를 가진 일봉이 출현한 경우 이 둘째 날의 일봉을 별 형이라 한다.특히 별형이 작은 몸체 대신 시가와 종가가 같은 자 형이 나타날 때를 십자별형 (Doji Star)이라 한다. 별형패턴에서 둘째 날의 작은 몸체는 매수, 매도간의 치열한 공방속에서 오는 교착상태를 암시한다. 즉, 상승추세에서는 몸체가 긴 양선이후 발생하는 별형은 매수세의 영향권하에 있던 상승추세가 교착상태 로 변하였음을 알려주는 신호이다.

Doji(십자형)의 출현은 상승과 하락의 전환을 잘 나타내 준다고 할 수 있다. 즉, 고점에서의 십자형 출현, 조정장세에서의 십자형 출현, 급락세에서의 십자형 출현, 바닥에서의 십자형 출현은 각각 다른 의미를 부여하고 있다. 그런데 주식매매를 할때 이익을 극대화 할 수 있는 때는 급락세에서의 십자형 출현이라 할 수 있다. 왜냐 하면 급락세가 이어진 가운데 하락세가 진정이 된다면 십자형의 출현은 상승으로 전환된다는 것을 의미하기 때문이다.

KOSPI200 일봉 차트 (2013 .04 ~ 2013 .11)

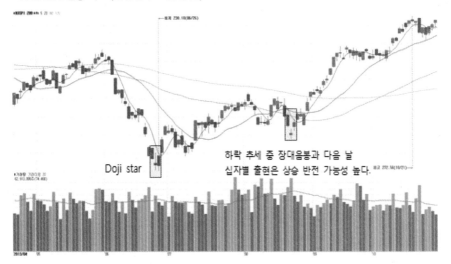

상승추세가 계속되고 있는 가운데 단기 조정기간이 필요했다. 추세는 살아있고 단기조정하에 서의 도지(열십자형)출현은 추가상승을 예고하기 때문에 매수포인트 라 할 수 있다.

KOSPI200 일봉 차트 (2013 .04 ~ 2013 .11)

가장 일반적으로 나타나는 형태다. 고점에서 도지(십자형)와 거래량의 큰 폭 증가는 추가 상승 하기에는 부담스럽다는 의미이며 하락으로 전환될 수 있는 시점을 내포하기도 한다. 이 시점에서 는 당연히 매도하는 것이 바람직하다고 할 수 있다.

KOSPI200 일봉 차트 (2015 .11 ~ 2016 .06)

2) 샛별형 (Mornging Star)과 석별형 (Evening Star)

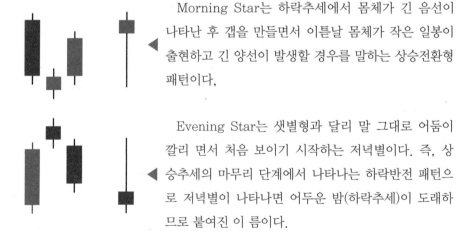

Morning Star는 하락추세에서 몸체가 긴 음선이 나타난 후 갭을 만들면서 이튿날 몸체가 작은 일봉이 출현하고 긴 양선이 발생할 경우를 말하는 상승전환형 패턴이다.

Evening Star는 샛별형과 달리 말 그대로 어둠이 깔리 면서 처음 보이기 시작하는 저녁별이다. 즉, 상승추세의 마무리 단계에서 나타나는 하락반전 패턴으로 저녁별이 나타나면 어두운 밤(하락추세)이 도래하므로 붙여진 이 름이다.

KOSPI200 일봉 차트 (2015 .11 ~ 2016 .06)

Morning Star는 아침에 뜨는 별이라 할 수 있다. 아침에 뜨는 별은 온세상 에 빛을 주듯이 주가도 이제 막 상승으로 전환되고 있음을 의미한다. 그와 반대로 Evening Star는 지는 별이라 할 수 있다. 일반적으로 저녁별이라 하지만 주가 와 비교한다면 지는 별이 맞을 것 같다. 하락세가 멈추어지는 시점에서 Morning Star가 출현했다. 매수 시점이다.

KOSPI200 일봉 차트 (2012 .11 ~ 2013 .06)

3) Morning Doji Star & Evening Doji Star

Morning Doji Star는 하락추세의 종목에서 나타나며 강한 상승 반전을 의미한다. 신뢰도가 크며 십자별의 형태가 음선보다 양선을 보이면 강력한 상승을 예고한다. 십자별은 완전한 자가 아닌 형태로 나타날 수 있다.

Evening Doji Star는 상승추세의 종목에서 나타나며 강력한 하락신호를 나타낸다. 추세반전의 계기가 되기 도 한다.

KB금융의 주봉에서 출현한 Moring Doji Star 패턴. 주봉에서 확인된 패턴은 일봉 패턴보다 신뢰도가 더 높다.

KB금융 주봉 차트 (2015 .06 ~ 2017 .09)

완만한 상승세가 이어진 가운데 Evening Doji Star 출현은 단기 매도시점을 의미한다.

KOSPI200 일봉 차트 (2010 .08 ～ 2011 .03)

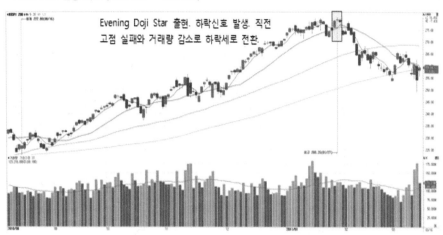

4) Hammer & Hanging Man

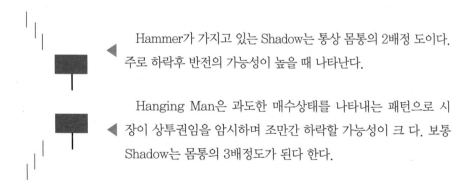

Hammer가 가지고 있는 Shadow는 통상 몸통의 2배정 도이다. 주로 하락후 반전의 가능성이 높을 때 나타난다.

Hanging Man은 과도한 매수상태를 나타내는 패턴으로 시장이 상투권임을 암시하며 조만간 하락할 가능성이 크 다. 보통 Shadow는 몸통의 3배정도가 된다 한다.

KOSPI200 일봉 차트 (2015 .06 ~ 2016 .01)

Hammer

망치형의 출현은 보통 상승 전환을 의미한다. 특히,
하락추세중 출현은 강한 상승으로 전환을 의미한다.

자료 : 대신증권(03540) 2001년 8월 27일 일봉차트

해머는 일명 망치형이라고도 한다. 여기에서 중요하게 생각해야 할 것은 바로 해머에 붙어 있는 그림자(꼬리)라 할 수 있다 몸통에 비해 그림자(꼬리)의 길이가 어떻게 나타나느냐에 따라 달라질 수 있기 때문이다.

아래차트에 나타난 해머를 보더라도 꼬리가 몸통에 2배 정도가 되고 있다는 점을 발견할 수 있을 것이다. 결국 상승으로 전환되었다.

KB금융 일봉 차트 (2017 .04 ~ 2017 .09)

재상승세로 전환

아래 차트에 나타난 행잉맨 출현과 대량 거래 수반은 곧바로 하락세로 전환된다. 앞서 얘기 한 꼬리의 길이에도 관심을 가질 필요가 있다.

현대건설 일봉 차트 (2017 .02 ~ 2017 .09)

5) Harami & Harami Cross (상승잉태형과 하락잉태형)

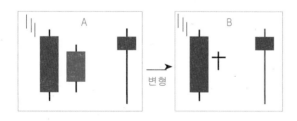

▲ A. 캔들차트의 몸통 중앙 부근에 작은 캔들을 형성하는 것이 보통이며 매도세력이 강한 매 수세력에 의해 매도세가 감소하고 있음을 나타내고 있다.

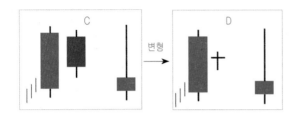

▲
　B. 상승추세에서의 Harami출현은 매수세력이 강한 매도세력에 의해 매수가 약해지고 있음을 의미한다. 하락전환을 의미한다고 할 수 있다.

KOSPI200 일봉 차트 (2015 .06 ～ 2016 .01)

상승 잉태형

　잉태형은 두 개의 캔들이 조합된 패턴이다. 전 일의 몸통 안에 작은 봉이 나타나 생기는 패턴이라 할 수 있다. 상승 잉태형은 하락 추세 중에 전일의 긴 음봉 안에 작은 양봉이 들어가 있는 조합이며 하락 잉태형은 상승 추세 중에 전일의 긴 양봉 안에 작은 음봉이 들어가 있는 조합이다.

　위 KOSPI 200 차트는 하락 추세에 망치형 음봉과 Doji (도지)에 가까운 짧은 양봉이 결합된 상승 잉태형 출현에 의해 상승 반전을 예고하고 있다.

상승 추세선상에서 하락 잉태형 출현은 하락 반전을 의미한다

KOSPI200 일봉 차트 (2014 .02 ~ 2014 .09)

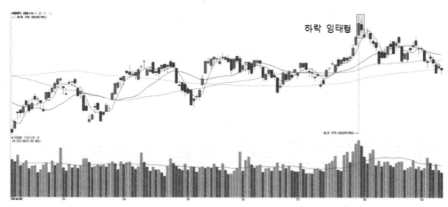

6) Inverted Hammer & Shooting Star (역해머와 유성형)

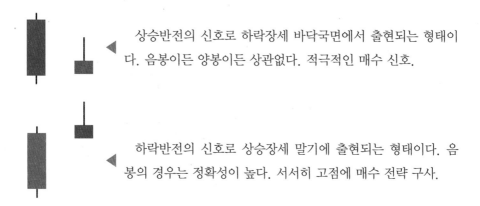

상승반전의 신호로 하락장세 바닥국면에서 출현되는 형태이다. 음봉이든 양봉이든 상관없다. 적극적인 매수 신호.

하락반전의 신호로 상승장세 말기에 출현되는 형태이다. 음봉의 경우는 정확성이 높다. 서서히 고점에 매수 전략 구사.

KOSPI200 일봉 차트 (2012 .06 ～ 2012 .12)

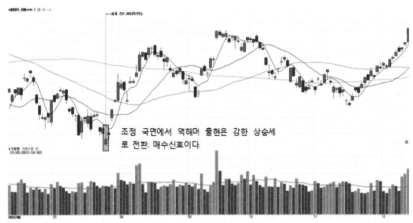

조정 국면에서 역해머 출현은 강한 상승세
로 전환. 매수신호이다.

자료 : 대구은행(05270) 2001년 9월 24일 일봉차트

Inverted Hammer(역해머)와 Shooting Star(유성형)은 차트상 서로 상반되게
나타나는 패턴이다. 즉 역해머는 주가의 바닥국면에서 출현되고, 유성형은 주가의
고점에서 출현이 된다.

유성형이 음봉이든 양봉이든 상관없지만 음봉의 경우 신뢰도가 더 높을 것이다. 더
눈여겨 볼 부분은 거래량이다. 아래 예로 든 대상 일봉 차트의 유성형은 양봉이다.

대상 일봉 차트 (2017 .03 ～ 2014 .09)

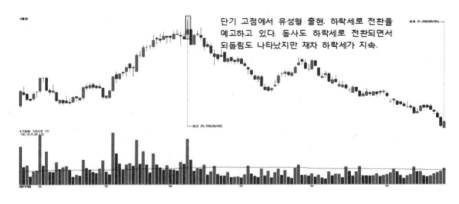

단기 고점에서 유성형 출현. 하락세로 전환을
예고하고 있다. 동사도 하락세로 전환되면서
되돌림도 나타났지만 재차 하락세가 지속.

TIP 이와 별도로 동사는 거래량 대비 순매도 물량이 적은 편이다. 그러므로 향후 거래량 증가후 감소 국면에서 가격이 어떻게 형성되는지 살펴보고 매수해도 좋은 종목이라 판단한다.

대상 종목별 매매동향

일자 합계	종가	대비	등락률	거래량	외국인	개인	기관계	투신	사모펀드	금융투자	보험	은행	기타금융	연기금	국가단체	기타법인	내외국인
					-748,273	2,826,173	-2,677,264	-1,425.14	-77,180	-347,442	-42,209	-101,863		-50,305	-123,910	-509,152	582,505	16,859
17/07/05	25,700 ▼	250	-0.96	192,711	-32,806	58,988	-21,041	-7,792	414	5,829	3,604	117		70	-20,959	-2,524	-5,201	60
17/07/04	25,950 ▼	150	-0.57	100,299	-5,818	16,752	-10,694	-13,368	-188	3,764	12,574				-9,623	-3,873	-240	
17/07/03	26,100 ▼	350	-1.32	68,177	-6,409	21,304	-15,897	-21,862	-49	6,256	-41	-6	313		-319	-168	1,000	2
17/06/30	26,450 ▲	200	0.76	78,087	8,951	-2,959	-6,092	-299	-8,046	2,877	3,587	-6	-8		-381	-3,825	100	
17/06/29	26,250 ▼	50	-0.19	74,945	-1,070	-2,454	5,293	-2,225	16	2,739	6,048				-1,285	-1,238	-530	
17/06/28	26,300 ▼	150	-0.57	70,936	10,716	-12,974	-2,613	-9,316	2,611	3,400	279			12	401	4,871		
17/06/27	26,450 ▲	200	0.76	126,051	28,763	-9,051	-19,338	-12,711	-188	7,966	7,069				-15,790	-5,684	-301	-73
17/06/26	26,250 ▼	450	-1.69	87,346	3,339	29,611	-20,719	-15,611		-65	-11,052	-412	-115	500	-1,964	-4,232	2	
17/06/23	26,700 ▲	250	0.95	88,451	16,289		-178	-16,191	-10,072	-186	-4,609	-1,402	-411	406	83	80		
17/06/22	26,450 ▼	150	-0.56	104,099	17,600	8,141	-25,751	-9,034	-6,494	50	-7,403		-820	-764	734		10	
17/06/21	26,600 ▼	250	-0.93	188,756	25,094	-32,068	5,955	-2,168	-533	-3,995	15,131	1,611		-393	-3,698	190	29	
17/06/20	26,850 ▼	450	-1.65	133,051	34,897	-27,718	-13,523	1,401	6,853	-4,864	-10,275			-902	-5,736	6,244	100	
17/06/19	27,300	0	0.00	96,911	15,299	-9,942	-5,512	-2,393	3,074	3,914	-7,697	-4	-163		-2,243	123	32	
17/06/16	27,300 ▼	650	-2.33	201,490	18,084	-23,198	5,443	7,177	-2,588	4,364	7,354			-10,774	-90	-1,375	1,045	
17/06/15	27,950 ▼	250	-0.89	161,648	-8,370	-3,322	22,410	14,321	335	270	13,382	-1,048	-439	-6	-4,405	-10,718		
17/06/14	28,200 ▲	100	0.36	167,027	11,612	-50,459	38,870	34,806	8,734	5,488	-6,034		-521	-1,614	-1,989	-26	3	
17/06/13	28,100 ▲	650	2.37	139,595	41,341	-52,783	11,497	19,870	-11,457	2,580	-4,890	-10	1,529	3,216	659	-14	-41	
17/06/12	27,450 ▼	1,050	-3.68	255,367	14,048	-5,642	-10,592	18,175	-590	-3,606	2,447			-21,546	-5,472	269	2,117	
17/06/09	28,500 ▲	650	2.33	478,799	-21,443	31,344	-5,608		3,513	-2,931	3,470	-10,562			-7,679	8,581	-3,913	-380

7) Engulfing(장악형)

하락추세에서 전일의 음봉을 완전히 장악하며 감싸는 형으로 상승반전 신호로 해석된다. 양봉의 길이가 길면 길 수록 신뢰성은 커진다. 하락장세 바닥권에서 형성된다. 상승반전형이기 때문에 매수시점.

상승 추세에서 전일의 양봉을 하회하는 음선이 발생하는 하락반전 신호로 음봉의 길이가 길면 길수록 신뢰성은 커진다. 상승장세 천장권에서 형성된다. 하락반전형이기 때문에 매도시점.

KOSPI200 일봉 차트 (2010 .02 ~ 2010 .09)

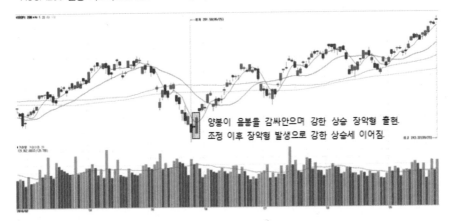

양봉이 음봉을 감싸안으며 강한 상승 장악형 출현
조정 이후 장악형 발생으로 강한 상승세 이어짐.

　　Engulfing은 장악형이라고도 한다. 일반적으로 전일의 봉차트보다 당일의 봉차트가 더 큰 것을 의미한다. 그것이 양봉이면 상승전환 신호가 되는 것이고, 음봉이면 하락전환 신호로 보면 되는 것이다.

　　아래 일봉 차트는 하락 장악형 출현뒤 급락 출현하고 약간의 되돌림 이후 재하락하는 모습이다. 전체적으로 헤드 앤 쇼울더 패턴 또한 보이고 있다. (패턴 내 거래량 감소 참고)

KOSPI200 일봉 차트 (2010 .02 ~ 2010 .09)

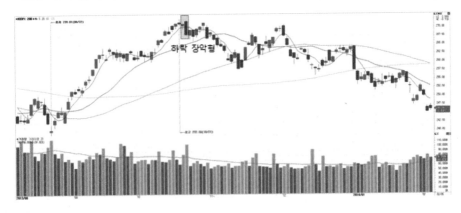

하락 장악형

8) Identical Three Crows Pattern & Three Black Crows (적삼병 & 흑삼병)

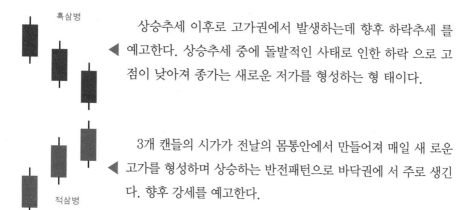

상승추세 이후로 고가권에서 발생하는데 향후 하락추세 를 예고한다. 상승추세 중에 돌발적인 사태로 인한 하락 으로 고점이 낮아져 종가는 새로운 저가를 형성하는 형 태이다.

3개 캔들의 시가가 전날의 몸통안에서 만들어져 매일 새 로운 고가를 형성하며 상승하는 반전패턴으로 바닥권에 서 주로 생긴다. 향후 강세를 예고한다.

앞서 (177 p) 살펴본 제주항공 차트이다. 하락추세 이후 거래량 감소와 함께 저점에서 횡보하던 주가가 전 고점을 적삼병과 함께 돌파하였다.

제주항공 일봉 차트 (2017 .01 ~ 2017 .07)

제주항공 일봉 차트 (2017 .01 ~ 2017 .07)

적삼병과 흑삼병의 출현은 윷놀이에서 '도 아니면 모'라 하듯이 '상승 혹은 하락'을 가장 쉽게 알 수 있다. 적삼병은 상승전환이기 때문에 기에 매수하지 못하면 큰 이익을 얻을 수 없고, 흑삼병은 하락전환을 나타내기 때문에 곧바로 매도하지 못하 면 큰 낭패를 볼 수가 있다.

전 고점 부근까지 되돌리는 흐름을 보이던 현대건설은 되돌림 전 저점을 흑삼병으로 하락 돌파한 후 하락으로 전환된다. 이후 되돌리는 도중에 적삼병도 동반되지만 거래량을 보면 이미 동력을 상실한 상태이다. 앞서 여러 차례 흑삼병이 동반되지만 본격적 매도는 되돌림 전 저점이 붕괴할 때 행한다. 4월 초, 흑삼병이 처음 등장한 이후 기계적으로 보유 물량을 축소하는 것도 좋은 매매법이다.

현대건설 일봉 차트 (2017 .02 ~ 2017 .09)

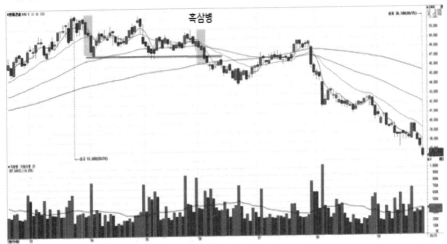

9) Breakaway

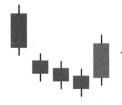

　　강세 Breakaway 패턴은 하락추세가 지속될 때 과매도 현상으로 나타나는 형태이다. 매도세가 점점 약해지면서 마지막으로 긴 양봉의 출현으로 강세반전, 적극적인 매 수 시점이다.

　　약세 Breakaway 패턴은 상승추세가 지속될 때 과매수현 상으로 나타나는 형태이다. 매수세가 약해지면서 마지막 으로 긴 음봉의 출현으로 약세반전, 적극적인 매도시점 이다.

KB금융 일봉 차트 (2016 .01 ~ 2016 .08)

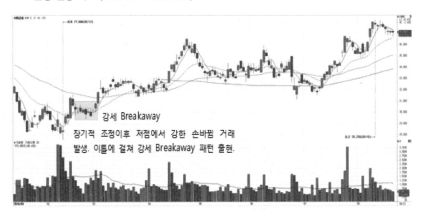

　　Breakaway는 추세전환이 강한 패턴이다. 상승과 하락 전환에서 긴 양봉과 음봉 이 출현하기 때문에 쉽게 발견할 수 있다.

　　앞서 살펴본 현대건설에서 대표적인 약세 Breakaway의 패턴을 찾아볼 수 있다. 다년간의 트레이딩 경험상 이 약세 Breakaway가 발생하면 매도 타이밍을 놓쳤다 생각이 들더라도 미련없이 손절해야 한다.

3. 캔들차트의 추세지속형

　캔들차트의 추세전환형에 대해 알아보았는데 이해를 잘 했는지⋯ 이제 는 추세지속형에 무엇
이 있는지 공부해 보기로 하자.

　캔들차트의 추세전환형에 대해 알아보았는데 이해를 잘 했는지⋯ 이제는 추세지속형에 무엇이 있는지 공부해 보기로 하자.

1) 상승갭(Upside Tasuki Window) & 하락갭(Downside Tasuki Window)

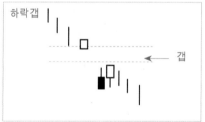

　상승갭은 상승추세에서 첫날 일봉 (대체로 양봉)과 양봉 사이에 갭이 발생한 경우이다. 3일째 발생한 봉이 음봉이면 시가는 2일째 양봉 사이에 있어야 하고 종가는 2일째 양봉의 시가보다 낮을 수 있다. 다만 그 종가가 두 양봉이 만든 갭 사이에 위치하면 안된다.

　즉 상승추세에서 강력한 매수세가 갭을 발생시키고 그 갭에 대한 시장의 경계세

력들이 매도세를 늘려 3일째 음선이 발생하였으나 매도세가 시장의 상승추세를 꺾을 만큼 강력하지 못하여 갭을 닫지 못하였으므로 3일째 음선이 바로 매수타이밍이 된다. 그리고 상승갭이 발생한 후의 2일, 3일째 양선 및 음선의 몸체크기는 비슷해 야 한다. 만약 상승갭에서 3일째 음선의 크기가 절대적으로 크게 되면 매수세가 교 착상태로 빠진 것으로 보아야 한다.

하락갭의 경우도 마찬가지로 첫째 날 일봉 (대체로 음봉)과 둘째 날 음봉이 만든 갭을 3일째 종가가 메우지 못하면 지속적인 하락추세가 이어질 것을 의미하며 3일째 양선이 매도타이밍이 된다.

결국 갭이 시사하는 바는 상승추세든 하락추세든 갭이 발생하고 하루, 이틀 내에 바로 갭을 닫지 못한다면 이는 일시적인 조정을 의미하며 그 추세는 계속 이어짐을 의미한다. 따라서 갭이 출현한 후 바로 갭이 닫히지 않는다면 그 시점이 중요한 매매타이밍이 되는 것이다.

KOSPI200 일봉 차트 (2016 .09 ~ 2017 .04)

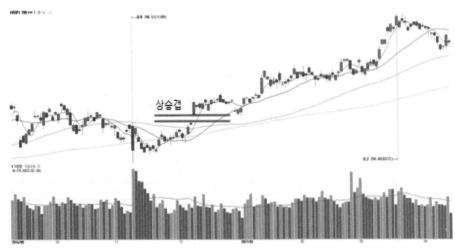

KOSPI200 일봉 차트 (2014 .02 ~ 2014 .09)

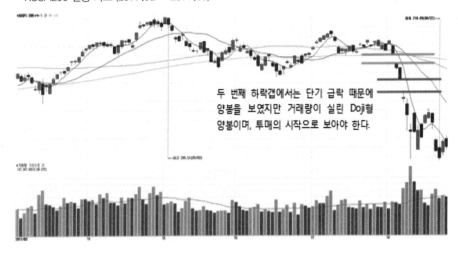

두 번째 하락갭에서는 단기 급락 때문에
양봉을 보였지만 거래량이 실린 Doji형
양봉이며, 투매의 시작으로 보아야 한다.

2) Upgap side-by side whiteline & Downgap side-by-side wihiteline (상승나란히형)

상승나란히형에서 두 개의 양선이 나란히 갭 위에서 발생한 경우를 말하며 상승 나란히형이 출현한 후 신고가를 갱신하게 된다면 이는 새로운 상승국면이 전개됨 을 의미한다.

하락나란히형에서 두 개의 양선이 나란히 갭 아래에서 발생한 경우를 말하며 하 락 나란히형에서 나타나는 두 개의 양선은 선물시장의 경우 매도세가 취한 환매 에 의한 것일 가능성이 많다. 그러나 나란히형은 그리 흔한 패턴이 아니며 특히 하 락나란히형 은 좀처럼 나타나지 않는다. 그 이유는 일반적으로 약세장에서는 음선 이후 출현한 하락갭에 연이어 나타나는 일봉이 음선으로 나타나는 것이 자연스럽 기 때문이다.

아래 차트에서 Upgap side-by side whiteline 출현되었는데 가장 중요한 것은 갭이 발생된 후 신고가를 갱신하게 되면 새로운 상승국면이 진행된다는 것이다.

삼성전기 일봉 차트 (2014 .10 ~ 2015 .04)

3) 격리형 (Separating Line)

상승추세가 지속되다가 몸체가 긴 음선이 출현하였다면, 이는 기존 매수세의 이익실현과 하락추세전환으로 성급하게 판단한 일부 매도세에 의해 시장이 약세로 흘렀음을 의미한다. 그러나 그 다음날 갭이 생기면서 시가가 전일의 시가 수준으로 높게 형성되었다면, 그리고 그날의 종가가 새로운 고가를 만들었다면, 많은 투

자자상승추세가 지속되다가 몸체가 긴 음선이 출현하였다면, 이는 기존 매수세의 익실현과 하락추세전환으로 성급하게 판단한 일부 매도세에 의해 시장이 약세로 흘렀음을 의미한다. 그러나 다음날 시가가 전일 시가 수준에서 형성되고 종가가 새로운 고가를 만들었다면 (양봉 마감), 많은 투자자들이 전일의 음선이 일시적 조정임을 깨닫고 매수세에 가담하여 매수세가 다시 강화되었음을 의미한다.

아래 차트는 상승추세 가운데 발생한 Separating Line을 보여주고 있다. 전일 (음봉)의 시가 근처에서 상승 출발해 양봉으로 마감했다.

격리형에는 상승추세에서 발생하는 상승격리형과 하락추세에서 발생하는 하락격리형이 있으며 전형적인 상승격리형은 음선+양선이, 하락격리형은 양선+음선이 출현해야 하고 첫째날과 둘째 날의 몸통이 길면 길수록 신뢰도가 높아진다.

KOSPI200 일봉 차트 (2017 .03 ~ 2013 .09)

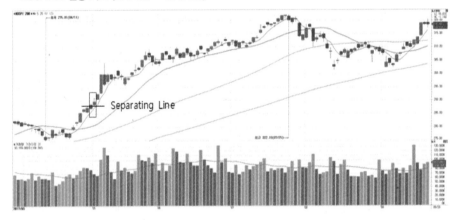

아래 차트는 본격적인 하락추세중에 나온 하락 격리형은 아니지만 두 차례의 의미 있는 음봉 뒤에 발생하였다. 이후 전고점 부근까지 상승하였지만 거래량 감소와 함께 전형적인 헤드 앤 쇼울더 패턴 속에서 하락추세를 볼 수 있다.

KOSPI200 일봉 차트 (2013 .08 ~ 2014 .01)

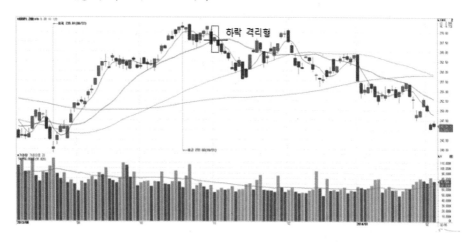

하락 격리형

캔들차트 더 정확히 보는 법

캔들차트는 일봉을 가장 많이 보지만, 단기매매하는 사람들은 분봉을 더 많이 보게 될 것이 다. 중요한 것은 5분차트에서의 신호와 30분차트에서의 신호가 다를 수도 있고, 그런 단기적 인 신호가 발생한다고 하여도 일봉이나 주봉상의 추세에는 영향을 주지 않을 정도로 미미한 경우가 많다. 그러므로 그런 상황에 맞게 여러 시간대의 차트를 같이 보면서 투자판단의 신뢰 도를 높일 필요가 있다. 그리고 이동평균선과 반드시 같이 보고, 추세방향이나 지지, 저항의 위치를 미리 파악하면서 적용해 보기 바란다.

05 차트 분석을 위한 보조 지표들

1. 추세지표

차트분석을 할 때 가장 많이 활용을 하는 것이 바로 보조지표이다. 그러나 보조지표의 제한적 적용에서 언급했다시피 보조지표는 결코 예측지표가 아니다. 다만이 장에서는 가장 기본적 내용의 보조지표를 소개함으로써 어떤 매매 기준을 확립하는데 생각할 기본틀을 제공하기 위함이다. 예를 들어 두 가지 이상의 보조지표를 혼합하여 'And 조건'의 시그널이 발생하면 무조건 진입 또는 퇴출한다는 방식의 매매기준을 만들어 보는 것은 상당한 진전임이 분명할 것이다.

보조지표는 월봉과 주봉 타임 프레임 (장기 캔들)에서 분석하는 것이 신뢰성 높으며 노이즈를 줄여 잦은 매매를 피할 수 있다. 일봉에서 적용하면 과체적화(over-fit)에 따른 불규칙성이 증가하고 작위적 해석의 오류를 범하기 쉽다.

추세 지표는 주가의 진행 방향을 나타내고 있다. 이번 장에서 살펴 볼 'MACD 오실레이터'는 기준선 0 이상에서는 상승 추세를 의미하고 0 이하에서는 하락 추세를 의미한다. 일반적으로 뚜렷한 추세를 보일 때 주가의 변동성은 증가하므로 0

이상에서 오실레이터가 상승하면 상승 추세 지속을 의미하며 0 이상이지만 오실레이터가 하락하는 경우 상승 추세의 강도가 약해짐을 의미한다. 반대로 0 이하에서 오실레이터가 하락하면 하락 추세 지속을, 0 이하에서 오실레이터가 상승하면 하락 추세의 강도가 약해짐을 의미한다.

앞서 살펴봤듯이 변동성은 주가의 표준편차를 의미하는데 이 표준편차를 가지고 보조지표를 만들 수도 있다. 대표적으로 볼린저 밴드가 있다. 본 서는 볼린저 밴드를 추세 지표에 함께 소개하고 있다. 추세의 초입 국면에서 변동성이 커지는데 이를 매수 신호로 활용한다. 자세한 내용은 MACD 오실레이터, 엔벨로프부터 하나씩 살펴보며 설명하겠다.

삼성전자 주봉 차트 (2014 .06 ~ 2016 .09)

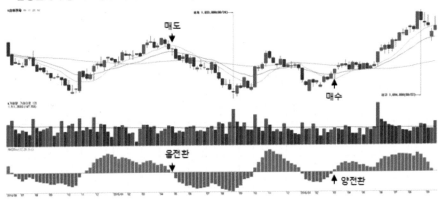

삼성전자 주봉차트의 주기적 순환 알 수 있다.

　실전매매에서 주가 이동평균선은 매우 의미 있는 지표로 활용된다. 하지만 이동평균선을 이 용한 매매의 한계성은 실제 주가보다 이동평균선이 게 움직이는 후행성(Time-Lag)을 가지 고 있다는 것이다.

　이러한 이동평균값의 산출이 갖는 근본적인 문제점을 보완하여 후행성을 극복한 새로운 기 술적 지표가 MACD이라고 불리는 MACDTM(Moving Average Convergence & Divergence Trading Method : 이동평균선의 수렴ㆍ확산 지수 매매기법)이다.

　1979년 Gerald Appel에 의해 개발된 이 지표는 장기 이동평균선과 단기 이동평균선이 서로 멀어지면(divergence)결국은 다시 가까워진다는(convergence) 성질을 이용하여 두 이동평 균선이 가장 멀어지는 시점을 찾는 것이다.

　Envelope 기법을 개발한 Manning Stoller에 의해서 개발된 지표로 MACD와 signal선의 차이 를 이용하여 oscillator의 움직임을 포착, 매매에 이용하는 기법이다.

삼성전자 월봉 차트 (2009 .06 ~ 2017 .09)

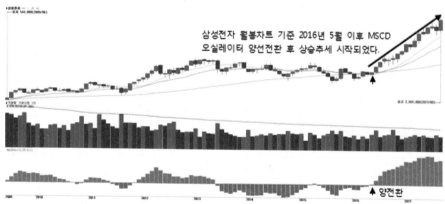

SK하이닉스 월봉 차트 (2005 .04 ~ 2017 .09)

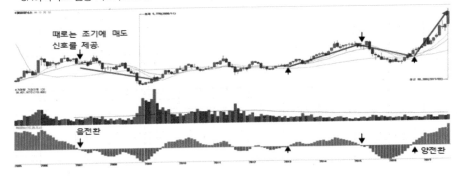

┌─────────┐
│ 계산방법 │
└─────────┘

= MACD −MACD signal

┌─────────┐
│ 분석방법 │
└─────────┘

① MACD Oscillator의 0선 돌파
 — '0'선은 장기 이동평균선과 단기 이동평균선의 차이가 최대가 되는 포인트임(MAO
  의 "0"선 돌파는 가격이 추세전환을 확인하는 시점)
 — 0선의 상 ·하 돌파시 매매를 하는 방법
② MACD Osc의 반전 이용 기법
 — MAO의 0선 돌파가 약간의 후행성이 존재
 — 후행성의 개선을 위해서 MAO 고점·저점에서의 반전시 매매를 하는 방법
③ MACD Osc의 Divergence
 — 적용방법은 MACD에서와 같음
 — 단 MACD 보다 divergence 포착이 쉬움
④ MACD Osc의 Failure
 — MACD Oscillator가 0선을 돌파하지 못하고 0선 근처에서 0선을 돌파하지 못하 거
  나 일시적으로 돌파 후 다시 원래의 추세로 되돌아가는 경우
 — Failure가 발생하면 기존의 시장추세가 오히려 강화되어 더 강력한 추세를 형성할
  것 임을 암시
 — Failure는 가격의 흐름상 가격이 저항선, 또는 지지선에서 일정기간 횡보 or 소폭조정
  을 거치면서 에너지를 축적한 후 다시 상승, 또는 하락세로 반전하는 경우에 발생

MACD Osc는 시장가격 대비 선행 경향이 있으므로 전일과 Oscillator 진행이 반대면 매매신 호로 인식

— MACD Osc의 활용도는 비교적 떨어지므로 divergence확인 등에 한정하여 사용하는 것 이 바람직

— MACD Osc의 전환 판단은 주관적이기 쉬우므로 기준 설정이 요함

— MACD Osc는 MACD의 signal교차보다 선행하는 경향이 있다. 따라서 MACD와 병행하여 MACD의 선행지표로 활용함이 바람직하다.

1) Envelope

KOSPI 200 월봉 차트 (2008 .03 ~ 2017 .09)

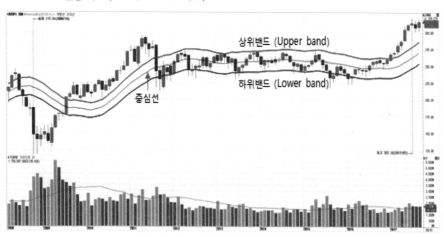

기술적 분석가들은 항상 직선형태의 추세선에 불만을 가져왔다. 따라서 가격을 따라 움직이는 곡선형태의 채널추세선을 만들려는 노력을 거듭했는데 대표적인 것이 J.M.Hurst 와 Manning Stroller 등에 의해 발전되어진 『Envelope(엔벨로프 : 表皮)』이다.

Envelope는 이동평균기법에 채널추세기법을 가미한 투자전략이라고 할 수 있다. Envelope 는 'Trading band'라고도 하는데 이동평균선을 중심으로 이동평균선의 상하에 일정한 Band(띠)를 설정하여 가격이 정상적인 분포를 보일 때 상위밴드(upper band)는 가격의 상한 선으로 하위밴드(lower band)는 하한선으로 간주하고 매도·매수를 결정하는 매매기법이다. 이와 유사한 개념이 이동평균선을 기초로 일정기간의 가격변동성을 이용한 Bollinger band, 일정기간 중 고가와 저가를 이용하여 채널을 설정한 Channel breakout 등이 있다.

CJ 주봉 월봉 차트 (2013 .03 ～ 2016 .01)

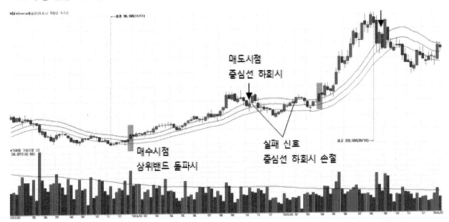

매매 포인트는 다소 늦고, 실패 신호가 발생할 수 있지만 대추세를 놓치지 않음. 사실 모든 보조지표는 실패 신호를 발생하기 때문에 손절 기준이 명확해야 한다.

① 이동평균을 middle band로 하고 상하일정한 비율만큼 상위밴드(upper band), 하위밴드

(lower band)를 그리는 방법

- Middle band =주가의 n일 (단순)이동평균
- Upper band =Middle band +(Middle band × a%)
- Lower band =Middle band −(Middle band × a%) 단, 0 < a < 1

② 이동평균의 비율 대신 일정시점의 가격을 기준으로 그리는 법

- Middle band =일정시점의 가격 즉 Pt (주로 현재가 사용)
- Upper band =Middle band +(Pt × a%)
- Lower band =Middle band −(Pt × a%) 단, 0 < a < 1

③ 이동평균의 절대가치를 사용하는 방법으로서 손절매폭을 정하고자 할 때 사용 예를 들어 선물의 경우 계약당 150만원을 손절매 폭으로 정할 경우 선물 3Point를 상하 밴드의 기준으로 설정하여 그리는 방법임

Band돌파를 이용한 매매기법

선물매매의 경우 매수 청산 (전매)은 중심선에서 하지만 바로 매도 진입하는 것이 아니라 하위 밴드 이탈시 신규 매도. 마찬가지로 매도 청산 (환매)은 중심선에서 이루어지며 바로 매수 진입하는 것이 아니라 상위 밴드 돌파시 신규 매수.

2) Bollinger Band

LG화학 월봉 차트 (2005 .04 ~ 2017 .09)

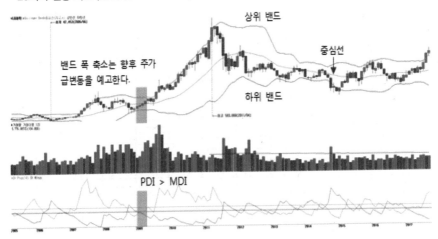

상위 밴드

중심선

밴드 폭 축소는 향후 주가
급변동을 예고한다.

하위 밴드

PDI > MDI

DMI 지표와 비교. PDI가 MDI보다 커지면 매수 신호. MDI가 PDI보다 커지면 매수 신호

> Bollinger band

　　CNBC/Financial News Network의 시장분석가인 John Bollinger는 통계적 채널분석 기법을 이용하여 Alpha-beta bands를 제시하였는데 이 방법이 바로 그의 이름을 따서 널리 알려진 'Bollinger band'이다.

　　Bollinger는 이동평균선의 상하에 표준편차(standard deviation)를 응용한 두개의 Band를 이 용하였는데, 그는 통상 이동평균선을 중심으로 표준편차의 ±2배 내에 가격의 95%가 위치한 다고 설명했다. (Bollinger는 이동평균선을 이용하는데 20일 이동 평균선을 추천하기도 하였 다) 따라서 시장의 가격은 특이한 경우를 제외하고는 대부분 Bollinger band내에서 등락한다 는 것이다.

　　한편, 그가 제시한 이 Band는 시장변동성에 따라 유연하게 폭이 축소되거나 확장되는데 Band폭이 최근 시장의 움직임에 민감하게 반응하는 것을 알 수 있다. 이를 자기조정(self- adjusting)기능이라 하는데 이동평균선을 중심으로 항상 같은 폭을 나타내는 Envelope와는 이점에서 성격이 다름을 알 수 있다.

LG화학 주봉 차트 (2004 .11 ~ 2017 .09)

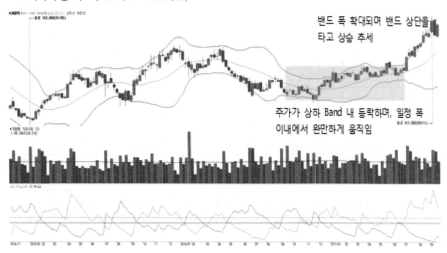

밴드 폭 확대되며 밴드 상단을
타고 상승 추세

주가가 상하 Band 내 등락하며, 일정 폭
이내에서 완만하게 움직임

현대건설 주봉 차트 (2014 .12 ~ 2014 .09)

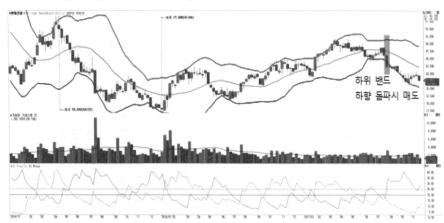

하위 밴드
하향 돌파시 매도

중심선(Middle Band) : 이동평균선 사용

MA(n일)

상한밴드(Upper Band) : MA(n일) + [d ×σ]

단, d는 배수(통상 2를 사용하나 변동 가능함) σ는 표준편차

하한밴드(Lower Band) : MA(n일) − [d ×σ]

단, d는 배수(통상 2를 사용하나 변동 가능함) σ는 표준편차

지지선과 저항선

가격이 Band 중심선 위에 있을 경우 상승추세로 보고 상한 Band가 저항선이 된다.

가격이 Band 중심선 아래에 있을 경우 하락추세로 보고 하한 Band가 지지선이 된다.

한계점

비추세시장 (nontrending market) 즉 횡보시장의 경우는 가격 변동성 축소로 돌파 신호가 실패로 끝날 수 있다. 밴드 폭이 축소되기 때문에 밴드 폭이 넓었던 과거 시점의 기관과 비교해야 하기 때문에 기계적인 매매가 어려울 수 있다.

2. Momentum 지표

 앞서 살펴본 추세 지표가 주가의 진행 방향을 보조적으로 알려주는데 반해 모멘텀 지표는 주가가 현재 위치까지 얼마나 빠르게 도달했는지 측정하는 일종의 속도계와 같은 지표이다. 그러므로 너무 빨리 상승해 현재 위치까지 도달했을 경우는 기준선 (보통 80)을 넘기게 되고 보통 과열권이라 부르고, 반대로 너무 빨리 하락했을 때는 기준선 (보통 20) 아래에 위치하는데 침체권이라 부르기도 한다. 그러나 과열권, 침체권은 비추세 시장에서 통할 수 있지만 추세 시장에서는 잘못된 매매 신호를 보인다. 추세 지표에서도 발생했던 잘못된 신호가 모멘텀 지표에서도 존재한다. 사실 추세 구간과 비추세 구간으로 나누면 추세가 뚜렷한 기간 (구간)이 70%를 차지하므로 과열권에서 매도, 침체권에서 매수는 오히려 불리할 때가 많을 것이다. 따라서 본 서에는 추세와 비추세, 두 개의 사례를 들어 매매하는 법을 소개하고자 한다.

1) Stochastic

비추세 구간

KOSPI200 주봉 차트 (2012 .05 ~ 2015 .04)

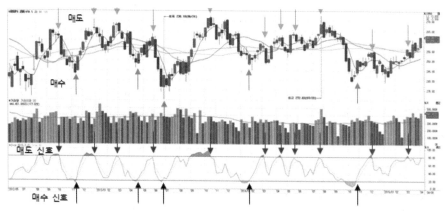

비추세 구간, 주가가 횡보할 때는 80선 (과열권)에서 내려올 때 매도하고 20선 아래 (침체권)에서 올라올 때 매수하는 전략이다. 추세 구간이 짧은 2014년 이전은 성과가 좋아 보인다.

아래 차트는 주가가 횡보할 때 스토캐스틱을 이용한 매수, 매도 기준을 보여준다. 80선 위에서 아래로 내려오는 시점에서 매도하고 20선 아래에서 위로 올라오는 시점에서 매수한다

모든 보조지표는 실패 신호를 보인다. 앞서 살펴본 KOSPI 200 차트를 통해 실패신호가 어디에서 발생했고 이 경우 손절 기준은 무엇인지 살펴보고자 한다.

2014년 이후를 살펴보면 총 여섯 번의 매도 신호 가운데 다섯 번이 실패 신호로 판명됐다. 모멘텀 지표의 손절 기준은 전 고점 돌파이다. 그렇다면 횡보 장세에서 스토캐스틱 전략은 어떻게 평가해야 할까. 스토캐스틱 전략의 가장 큰 단점은 추세 구간이 조금만 길어져도 실패 신호가 빈번하게 발생한다는 점이다. 즉 대부분의 구간은 추세 구간이 차지하는데 이 기간 동안 이 전략을 사용하면 손실이 커질 수 있다. 그러므로 이에 대한 대비책이 반드시 필요하다. 추세구간에서 스토캐스틱을 사용하는 방법을 우선 살펴보고 보완책을 서술하고자 한다.

KOSPI200 주봉 차트 (2012 .05 ~ 2015 .04)

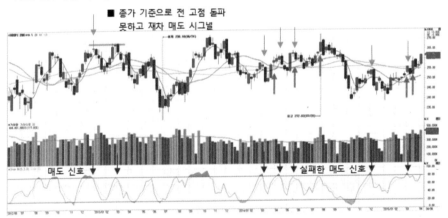

1차적인 손절 기준은 전 고점 또는 전 저점 돌파이다. 고점 또는 저점을 돌파하는 경우는 어느 경우를 막론하고 무조건 손절을 해야 한다. ■ 지점은 전 고점을 돌파하지 못하고 다시 내려오는 모습이다. 그러나 2014년 이후 총 여섯 번의 매도 신호 가운데 다섯 번이 실패하였다.

사실 우리는 비추세 구간인지 추세 구간인지 모르는 상황이 더 많다. 특히 추세 초입 구간에서는 그 누구도 추세를 예단할 수 없다. 오히려 예단은 금기에 가깝다. 그러므로 우선 아래 노란색 매수 화살표 ①처럼 매수 진입을 노리는 것은 비추세 구간과 동일하다. ② 다음 우리는 과감하게 소위 과열권이라 부르는 곳에서 매수한다. 앞서 매수 후 청산이 없었으므로 추가 매수가 되는 셈이다. 그 다음 80 아래로 내려오는 A에서는 매도하지 않는다. 상승하는 속도가 늦춰진 것이지 상승 추세가 무너질지 아직 확인이 되지 않았기 때문이다. 상승 추세가 무너지는 기준은 DMI에서 DI Plus가 DI Minus보다 작아질 때이다. 그러므로 ③에서 매도한다.

다시 노란색 화살표 ④에서 신규 매수한다. 이후 ⑤에서 전 저점을 깨는데 손절 기준에 맞춰 반드시 손절을 해야 한다. ④ 자리가 전 저점에 매우 가까워 이 경우에는 거의 손실이 나지 않았다. 그리고 80 이상을 넘어서는 스토캐스틱 신호에 따라 ⑥번 자리에서 신규 매수한다. 이후 80 이하로 내려오지만 DI 추세는 유지되고 있으므로 방향 전환이 아닌 속도가 늦어진 경우로 봐야 한다. ⑦에서 비로소 DI Minus가 DI Plus 위로 올라오며 매도한다. 이후 80 이상에서 신규 매수한 후 대추세를 유지하고 2017년 8월에 DMI 매도 시그널이 나온다. 그리고 10월 80 이상에서 재매수한다.

KOSPI200 주봉 차트 (2015 .11 ~ 2017 .10)

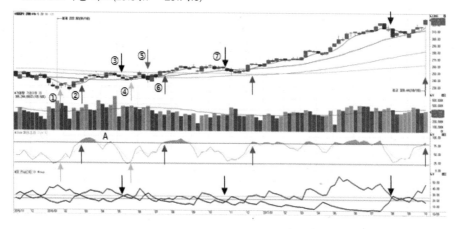

이상 소개한 스토캐스틱 전략은 과열처럼 보이는 고점 돌파에서 오히려 과감한 매수를 실시한다는 추세 전략의 원칙을 공유한다. 물론 기본적인 저점 매수 원칙을 제공해주기 때문에 상당히 파워풀한 전략이라 할 수 있다.

사실 시스템 트레이딩 전략을 운용할 때 하나의 보조지표보다 이렇게 복수의 보조지표를 필터로 이용하는 경우가 많다. 참고로 위에서 설명한 예는 선물 매수(Long Only)에 적합하며 선물 매도 전략 소개는 생략하고자 한다.

Stochastics의 단점 보완법

stochastics의 가장 큰 단점은 매매신호가 너무 잦게 나타난다는 것이다. 즉 속임수 신호가 많다는 것이다. 따라서 강한 상승 or 하락 추세에서는 약점을 드러낼 수 있다.

이를 보완하기 위해서는 추세에 순응하는 매매기법을 활용하는 방법이 적절하다. 그러한 방 법에는 추세에 맞는 신호만 이용하는 것으로서 예를 들어 상승 추세일 경우는 매도신호는 무 시하고 매수신호만 매수진입에 이용하며 하락추세일 경우에는 매수신호는 무시하고 매도신 호가 나타날 때만 신규포지션 진입에 이용하는 방법이 있다.

다른 방법으로는 stochastics의 기간을 조정하는 방법이 있는데 다소 주관적인 요소가 가미 될 수 있을 것이다. 그러나 추세를 판단하는 것은 쉽지 않은 작업이므로 추세의 강도를 파악 하는 지표인 DMI를 이용하는 방법을 제안한다.

stochastics는 기본적으로 비추세 시장에서 유효한 지표로 인식되고 있다. 따라서 속임수에 속지 많고 stochastics를 효율적으로 사용하기 위해서는 추세지표와 같이 사용하여 위험을 줄이는 노력이 필요하다. 특히 강한 추세를 나타날 경우 과매도권과 과매수권에서 상당 기간 횡보하는 경우가 많으므로 내용들에 대한 충분한 이해가 선행되고 매매에 적용하는 것이 바 람직하다.

SK하이닉스 주봉 차트 (2014 .11 ~ 2017 .10)

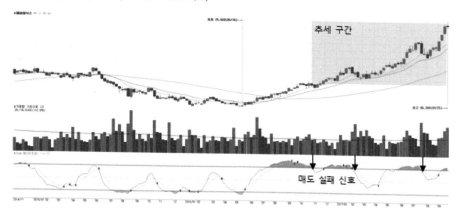

만약 DMI를 활용한 보완 전략이 없다면 매도 실패 신호가 연속적으로 발생하는 것을 볼 수 있다. 스토캐스틱을 비추세 지표로만 봐서는 안 된다. 그렇다면 대추세 구간을 완전히 놓치는 우를 범하게 된다.

SK하이닉스 주봉 차트 (2015 .07 ~ 2017 .10)

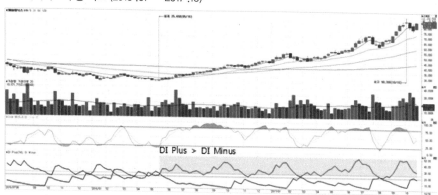

DI Plus (빨간색) > DI Minus (파란색) 구간에서는 추세 유지 구간으로 판단. HTS에서 설정된 스토캐스틱 매도 신호는 무시한다. 상승 속도가 감속한 것이지 하락 전환은 아니다.

2) RSI

RSI 지표 또한 스토캐스틱과 마찬가지로 비추세 지표이다. 보통 HTS에서는 30 이하이면 과매도로 판단하고 70 이상에서 과매수라고 본다. 그러나 정의상 상승분이 줄어든다고 해서 추세가 역으로 전환된다고 볼 수 없을 것이다. 매매 방법은 스토캐스틱과 동일하다.

SK하이닉스 주봉 차트 (2015 .07 ~ 2017 .10)

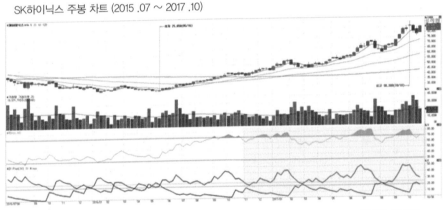

스토캐스틱과 마찬가지로 RSI 역시 비추세 상태에 기반해 있다. DMI를 이용해서 노이즈를 줄인다.

RSI의 적용기간을 줄이면 진입, 청산의 신호는 빨라질 수 있으나 손실 거래가 증가할 수 있다. RSI의 과매도권은 20~30, 과매수권은 70~80으로 조정할 수 있다.

(괄호 기호 필요 없음 그냥) 주봉 등 장기간의 RSI는 Divergence 판단에 유효하다.

RSI는 계산식의 특이점 때문에 상승추세나 하락 추세시 과매수와 과매도 신호를 모두 사용하 는 것보다는 한가지 신호만 인정하는 것이 손실의 위험을 줄일 수 있다. 즉, 상승추세에서는 과매수권 진입이 자주 나타나므로 과매도권 진입시만 매도 시점으로 활용하는 것이다. 반면 하락추세에서는 과매도권 진입이 자주 나타나므로 과매수권 진입시만 매수시점으로 활용하 는 것이다.

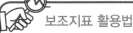

보조지표 활용법

이동평균선을 보고, 캔들차트를 보고, 보조지표를 보고 하다보면 간혹 오히려 너무 머리가 복 잡해질 때가 있다. 분명 어떤 지표는 매수신호를 보내는데 어떤 지표는 매도신호를 보내는 경 우도 많기 때문이다. 사실 그래프를 자주 보다보면 눈에 보이는 모양에 집착하게 되는 경우가 많다. 하지만 전체적인 큰 흐름이 어떤 방향인지를 늘 기억하고 투자해야만 좋은 기회를 잡을 수가 있는 것이다. 투자를 하다보면 모든 것이 완벽하게 다 딱딱 맞아떨어지는 경우는 극히 드물고 오히려 상반된 상황 속에서 선택을 해야 하는 경우가 더 많이 생기게 마련이다. 그러 므로 보조지표를 볼 때도 신호가 발생할 때마다 너무 민감하게 반응하기 보다는 전체적인 분 석의 틀 안에서 타이밍을 잡는데, 활용하게 된다면 훨씬 더 현실적인 도움이 될 것이다.

3

부록

1 주식을 사기보다는 때를 사라.

주식투자의 가장 큰 목적은 투자차익에 있다. 최대의 투자차익을 남기기 위해서는 사는 시점과 파는 시점의 선택이 가장 중요하다. 아무리 부실주라도 돈의 힘으로 상승하는 금융장세에선 이익을 낼 수 있다.

반면에 우량주라도 천정권에서 산다면 손실이 불가피하다. 주식투자의 목적은 투자이익을 내는 것이고 이익을 내려면 매수 · 매도 시점을 잘 잡아야 한다.

2 차트는 시세의 길잡이다.

차트를 보지 않고 매매를 하는 것은 맹인이 지팡이를 잡지 않고 길을 걷는 것과 같다. 차트를 노련하게 해석할 수 있으며 70~80%이상 주식 성공이 보장된다. 차트 로 무장하자.

3 숲을 먼저 보고 나무를 보아라.

주가의 일일변동이나 단기적인 파동만 보고 투자를 하면 시세의 큰 흐름을 보지 못한다. 강물의 잔 파도만 보고 배를 노 저어 가면 자기도 모르는 사이에 엉뚱한 곳 으로 흘러내려 가고 만다. 먼저 시세의 큰 흐름과 그 배경을 이해하고 그러한 바탕 위에서 눈앞의 시세를 해석해야 한다. 증권시장은 흔히 자본주의 성감대라고 할 정도로서 정치 · 사회 · 경제 모든 부문의 각종 요인이 작용하므로 이를 종합적으로 해 석 할 수 있는 안목을 기르는 것이 중요하다.

4 사는 것보다 파는 것이 중요하다.

주식투자는 차익이 나고 있을 때에는 파는 시점이 중요하다. 불안해서 너무 일찍 팔아도 안되고 욕심 때문에 너무 끝까지 이익을 추구해서도 안 된다. 손해보고 있을 때도 적은 손해로 투자를 마무리 할 줄 알아야 한다. 대부분의 투자자들은 파는 마 무리를 잘 하지 못해서 실패한다.

5 자신에게 가장 알맞은 투자 방법을 개발하라.

주식투자의 원칙이나 요령을 모두 실천할 수 있으면 반드시 성공 할 수 있다. 그러나 시세의 명인이라 하더라도 그 많은 투자 원칙을 100% 실천할 수 없다. 자기의 성격이나 습관성 자기에게 가장 알맞은 투자 방법을 개발해야 한다. 예를 들어 인기 주의 편승매매에 능한 사람은 그 계통으로 주력하고 유연성에 좀 부족한 사람은 좋 은 종목을 주가가 낮을 때 사놓고 장기적으로 기다리는 것이 유리하다.

6 대중이 가는 뒤안길에 꽃길이 있다.

인기의 뒤안길을 가라. 사람들이 사는 것을 생각도 못할 때가 살 때다. 초보자에게 주식이 좋게 보일 때는 이미 그 주식의 주가가 많이 올라 있는 상태다. 따라서 대 중이 미처 알아채지 못하고 있는 재료주를 찾아 투자하면 큰돈을 벌 수 있다.

7 시세는 시세에게 물어라.

주식투자에서 가장 기본적 투자원칙이면서 잘 모르는 게 바로 이 격언이다. 시세가 가는 대로 순응하며 따라가는 것이 주식투자의 성공비결이며 시세의 흐름을 거 역하는 자는 자기 파멸을 초래한다. 시세는 주가를 끌어올리는 힘이며 이는 거래량 으로 통상 나타난다. 따라서 기술 분석이 중요하다.

8 사고 팔고 쉬어라. 쉬는 것도 투자다.

빈번한 매매는 실패의 근본이다. PRO라도 약세장에서 큰돈 벌기는 어렵다. 대세의 큰 장에서 수익을 올렸으면 다시 들어갈 것이 아니라 쉬면서 추세를 분석하는 것이 좋다.

9 생선의 꼬리와 머리는 고양이에게 주라.

주식을 천정에서 팔고 바닥에서 살 생각은 버려야 한다. 무릎에서 사고 어깨에서 팔아야 한다. 바닥에서는 사기 어렵고 천정에서 팔기 어렵기 때문이다. 장미를 꺾 듯이 8할 정도에 팔아야 한다.

10 주식이 잘 될 때 너무 자만하지 마라.

주식에서 한 번의 승리로 자만해선 안 된다. 초심자의 대성공은 큰 함정이다.

11 시장분위기에 도취되지 마라.

주식시장에는 항상 어떤 분위기가 형성되어 있다. 낙관적 분위기라든지 비관적 분위기, 관망적 분위기 등이 그것이다. 이러한 분위기는 불합리한 인간심리나 단 면적인 투자판단에 좌우되므로 수시로 변한다. 시장 분위기를 벗어나서 객관적이 고 냉정한 상태에서 시장의 흐름을 분석하고 투자판단을 내려야 성공확률이 높 아진다.

12 충동매매는 후회의 근본이다.

남의 이야기나 시장의 분위기에 영향을 받아서 충동적으로 매매를 결정하는 사 람은 대개 투자 결과가 좋지 않은 것이 보통이다. 시세의 장기적인 흐름이나 기 업내 용, 주가의 현재까지의 움직임 등을 충분히 생각해 보지도 않고 즉흥적인 감정으로 뇌동매매를 하기 때문에 실패하기 쉽다.

13 투자에 성공하려면 타이밍과 종목선택 둘 다 잘해야 한다.

주식투자는 두 가지 선택문제로 귀결된다. 타이밍 선택과 종목선택이 그것이다. 주식시장에는 종합주가가 올라가도 못 오르는 주식이 있고, 거꾸로 하락하는 주 식 이 있다. 타이밍 선택과 종목선택을 잘해야 투자에 성공할 수 있다.

14 주식투자는 절대적 유연성이 필요하다.

주식투자는 나름의 소신을 가지고 해야겠지만 너무 자기 생각에만 집착해서는 안 된다. 고집이 지나치게 세고 융통성이 부족한 성격의 사람은 주식투자가 적성이 아닌 것으로 알려지고 있다. 상황이 불리하고 자기 판단이 잘못 되었다고 생각하면 하루아침에 시세관을 180도 바꾸는 것이 절대적으로 요구된다.

15 팔고 나서 올라도 애통해 하지 마라.

주식을 팔고 나서 오르면 일반 투자자들은 몹시 애통해하는 것이 보통이다. 팔고 나서 오르는 것이 겁이 나 제때에 팔지 못하는 사람도 많다. 주식은 천정에서 파는 소수의 사람을 제외하고는 팔고 나서 오르는 것이 정상이다. 팔고 나서 오르면 여유 있게 웃어라.

16 움직이지 않는 주식에는 손대지 마라.

주가의 진행방향은 한번 정해지면 상당기간 동안 같은 방향으로 움직이므로 움직이는 방향에 편승하는 것이 가장 쉽고 확실한 투자방법이다. 움직이지 않는 주식은 지루하고 앞으로 오르게 될지 잘 알 수 없으므로 그만큼 투자 위험이 커진다.

17 인기주는 초기시세에 따라 붙어라.

주식에는 항상 인기주라는 것이 있어서 이들이 시장을 선도하고 등락폭이 심한 것도 인기주다. 인기주는 초기에 뛰어들면 대성하고 뒤늦게 뛰어들면 대패한다.

18 하루 이틀의 잔 파도는 타지 마라.

하루하루의 주가등락은 거의 100% 우연성에 의해서 결정되기 때문에 그것을 예측하고 편성하는 것은 거의 불가능하다. 1일 파동 또는 2~3일 단위의 초단기매매 는 결국 손실만 쌓아 가는 결과가 된다.

19 10%의 주가 등락은 대세 전환일 경우가 많다.

주식투자는 시세의 큰 흐름에 편승하는 것이 기본이다. 그러나 대세가 전환되기 전에 빠져 나와야 하는 것이 중요하고 어려운 일인데 대세전환을 기계적으로 파악 하는 방법이 이 방법이다. 주가가 바닥에서 10%정도 오르면 대세 상승 전환 인 경우가 많고 천정에서 10%정도 하락하면 대세가 하락세로 전환되는 경우가 많기 때문 이다.

20 여유자금으로 투자하라.(생명줄에는 손대지 마라.)

목숨이 걸린 돈이나 비상금으로 주식투자를 해서는 안 된다. 주식시장의 시세가 좋다고 해서 생활비나 용도가 정해진 자금들을 동원해서 투자했다가 주가가 크게 하락하면 큰 손해를 보고 팔아야 한다. 그러므로 투자자금은 여유자금으로 한정해 야 하며 투자자금을 항상 100%주식에 투자한 상태로 끌고 가는 것은 좋은 방법이 못 된다. 항상 현금 보유비율이 30%정도는 유지되는 것이 좋다.

21 매입가격은 잊어버려라.

많은 투자자들이 자기의 원금을 기준으로 매매를 결정하기 때문에 적절한 매도 시점을 놓친다. 매매시점 결정에 있어서 자기가 산 값 같은 것은 전혀 고려되어 서는 안 되고 오로지 앞으로 주식이 더 오를 것인가 내릴 것인가의 전망에 따라 서만 투자 결정을 하여야 한다.

22 하루종일 시세판을 쳐다보고 있어도 돈을 벌 수 없다.

주식에 중독이 되면 매분 매시간 주가 변화를 알고 싶어 못 견뎌한다. 시간 시간 의 주가 변화에 온 신경을 쓰고 그 신경은 자연히 투자에 휩쓸려 본의 아니게 뇌 동 매매를 하게 된다. 따라서 되도록 증권사 객장에는 나가지 않는 것이 좋다.

23 매입은 천천히 매도는 신속하게 하라.

매입은 좀 느긋한 마음으로 낮은 가격을 골라서 사야하며 조급하게 따라 사는 것 은 금물이다. 반대로 매도는 판다고 일단 생각했으면 가격고하를 불문하고 하루라 도 빨리 파는 것이 좋다.

24 나누어서 사고 나누어서 팔아라.

투자자들은 누구나 시세에 대한 100% 확신을 가질 수 없기 때문에 나누어서 매매함으로써 시황의 변화에 따라 매매를 조정할 수 있다. 따라서 분할매수와 분할매 도만이 저점매수와 고점매도의 가장 효율적인 기법이다.

25 소문에 사고 뉴스에 팔아라.

재료는 소문단계에서 이미 주가에 대부분 반영되어 버리는 것이 보통이기 때문에 그것이 공식적으로 발표되면 재료로서의 가치가 거의 없어진다.

26 재료가 반영되지 않으면 팔아라.

주식시세는 수급(需給)관계가 기본이고 재료는 부차적인 것이다. 호재가 반영되지 않으면 수급관계가 나쁜 증거로 장차 하락할 가능성이 많으며, 악재가 둔감하면 시장은 매수세력이 우세한 증거이므로 주가는 상승할 가능성이 많다.

27 보합시세는 무너지는 쪽으로 붙어라.

보합은 언젠가 한쪽으로 무너지는데 어느 쪽으로 무너질지 사전에는 알 수 없는 것이 보통이다. 따라서 보합시세에서는 주식을 팔아 현금을 보유한 후 깨어질 때 깨어지는 방향으로 따라붙는 것이 원칙이다.

28 천정권의 호재는 팔고 바닥권의 악재는 사라.

주가는 오르는 힘이 다하면 떨어지고, 장기간 바닥을 굳힌 후 서서히 오르기 시작하는 주가는 어떤 악재가 나와도 오른다. 그러므로 천정권에서 큰 호재로 주가가 폭등하면 팔아야 하고 바닥권에서 악재로 주가가 폭락하면 사야된다.

29 대세는 오래가도 개별 종목 시세는 짧다.

주식시장에서 장기간에 걸친 큰 시세가 나오는 경우에 모든 종목이 함께 상승하는 것은 아니다. 먼저 우량주가 오르고 다음에 보통주가 오르고 마지막에는 부실저 가주가 오른다. 종합주가는 계속 오르지만 부실주가 천정부지로 오르는 동안에 먼 저 오른 우량주는 시세가 끝나고 하락세로 들어간다.

30 종목별로 상승하고 일제히 하락한다.

주가가 오르는 것은 미래에 대한 어떤 기대심리 때문이다. 기대는 단계적으로 커 지기 때문에 주가도 업종별, 종목별로 순환하면서 단계적으로 오른다. 반면 에 주가 가 하락하는 것은 인간의 불안 공포심 때문인데 인간의 불안 의식은 순 식간에 모든 사람에게 전파되는 경향이 있어서 주가가 하락할 때에는 업종이나 종목의 구분 없 이 일제히 하락한다.

31 달걀은 한 바구니에 담지 마라.

주식시장에는 성격이 다른 여러 종류의 주식이 거래된다. 안정적인 자산주, 꿈이 있는 성장주, 인기류주, 저가부실주 등은 그 움직임이나 패턴에 있어서 한 두 종 목 에 집중하면 성공할 때에는 크게 남기지만 실패하면 크게 손해본다. 그러므로 적당 한 종목수로 나누어 분산 투자하는 것이 종목선택의 기본이다.

32 모두가 좋다는 종목은 피하는 것이 좋다.

모든 사람이 다 좋다는 주식은 모든 사람이 다 이미 주식을 사 놓고 주가가 오르 기만을 기다리고 있는 상태라고 볼 수 있다. 모든 사람이 주식을 다 사 놓았기 때문 에 더 이상 살 사람이 없어 주가가 오르기 어려울 뿐만 아니라 주가가 오르 면 모든 사람이 다 팔려고 하기 때문에 오히려 떨어지기 쉽다.

33 모든 재료가 곧바로 주가에 반영되지는 않는다.

주가는 장래에 대한 기대를 가지고 오르지만 너무 먼 장래의 꿈은 재료로서의 가 치가 미약하다. 먼 재료가 주가에 반영될 때까지는 시간이 오래 걸리므로 먼 정보를 미리 입수하거나 장래의 먼 전망을 가지고 주식을 사 놓아도 주가는 오 르지 않는다. 재료는 일반 투자자에게 알려져야 주가에 반영되며 알려진 후에도 시장 분위기나 인기흐름에 부합될 때까지는 주가는 오르지 않는다.

34 신고가는 따라 붙어라.

신고가(新高價)가 나오면 주가가 너무 올랐다고 생각하기 쉽지만 긴 흐름으로 보 면 신고가의 출현은 본격적인 상승의 신호인 경우가 많다. 신고가가 나오면 팔 것이 아니라 주식을 사야 하는 경우가 많다.

35 매매기준은 주가 수준보다 대세흐름을 봐야 한다.

주가의 수준을 가지고 매매기준을 삼아서는 안 된다. 대시세의 시작이라고 생각 하면 주가가 아무리 많이 올라도 따라 사야 하며 천정을 치고 하락하는 시세에 서는 주가가 아무리 싸도 매입해서는 안 된다. 주가 수준보다는 주가의 흐름을 봐서 매매 해야 한다.

36 기업분석에 지나치게 치중하지 마라.

기업내용이 좋은 주식은 언젠가는 오르고 기업내용이 나쁜 주식은 언젠가는 떨 어진다. 그러나 주가는 기업내용과 일치하는 기간은 짧고 항상 기업내용과 동떨 어 진 상태에서 형성된다. 지나치게 기업내용에만 치중하면 시장의 흐름을 따라 가지 못해서 투자에 크게 성공하지 못한다.

37 장기간 움직이지 않던 주식이 오르기 시작하면 크게 오른다.

장기휴면 주식이 움직이기 시작하면 그만한 이유가 있어서 움직인다. 오랫동안 움직이지 않던 주식이 한번 오르기 시작하면 크게 오르는 것이 보통이므로 조금 올 랐다고 좋은 기회라 생각하고 팔아버리는 것은 잘못된 방법이다.

38 끼 있는 주식이 가장 잘 올라간다.

과거 주식시장의 총아로서 크게 활약한 바가 있는 주식이 다음에 오를 때에도 크 게 오르는 경향이 있다. 큰손들이 작전에 한번 성공했기 때문에 다시 작전을 시도하 는 경우도 있고 과거 재미를 보았던 주식은 투자자들이 좋은 인식을 가 지고 있기 때 문에 시세가 쉽게 형성되는 면이 있기 때문이다.

39 밀짚모자는 겨울에 사라.

종목선택에 있어서 가장 중요한 격언으로 좋은 주식이 투자자들의 관심 밖에 있 어서 저가에 방치되어 있을 때 미리 사 놓고 기다리는 방법을 말한다. 가장 쉽고 가 장 크게 벌 수 있는 투자 방법이 바로 이것인데 대부분의 투자자들은 움직이는 인 기주만을 따라다니기를 좋아한다. 모든 물건은 수요가 있을 때 높은 가격을 형성한 다. 투자자들이 증권·건설주에 집중하는 동안 소외된 종목을 사서 기다리는 것도 한 방법이다.

40 손해보고 있는 종목부터 팔아라.

경험 없는 투자자들은 이익 나는 종목은 얼른 인식하고 손해난 종목만 장기간 가 지고 있는데 돈을 벌려면 그 반대로 해야 한다.

41 주식과 결혼하지 마라.

자기가 가진 주식에 지나친 애정을 가지고 장기간 보유하면 주식을 팔 기회를 잃 어버린다. 또한 손해 본 주식을 장기간 버티기 작전을 하면 손실만 깊어질 따름이 다. 달도 차면 기울고 화무십일홍이며 권불십년이다.

42 주가는 재료보다 선행한다.

투자자들이 주식을 사는 것은 미래에 대한 기대를 가지고 산다. 투자의 기준은 미래 에 있으며 미래에 예상되는 재료에 따라서 현재의 주가가 결정되므로 주가는 언제 나 재료보다 선행한다. 경기가 회복 기미만 보여도 주가는 이미 상승세로 바뀌 고 재료가 실현되기 전에 주가는 이미 다 올라버린다.

43 오르는 힘이 다하면 주가는 저절로 떨어진다.

주가는 재료를 가지고 움직이지만 재료가 주가를 움직이는 원동력은 아니다. 주 식 시세를 올리는 원동력은 주식시장에 들어오는 자금이나 인기 등으로 구성되어 있 는 추진에너지이다. 자금이나 인기는 어느 정도 기간이 지나면 한계에 달하여 추진 에너지가 약화된다. 에너지가 약화되면 주가는 저절로 떨어진다.

44 시세는 인기 7할, 재료 3할

주가는 재료만으로 크게 오르지 못하고 인기가 붙어야 큰 시세가 날 수 있다. 재료만으로는 시세가 안 되지만 인기가 강하면 재료를 만들어 낸다.

45 금융장세는 대시세가 나온다.

주가는 대래 재료를 가지고 움직이는 것이 보통이다. 재료를 수반하고 움직이는 시세를 재료시세 또는 실적시세라고 한다. 그러나 아무 재료도 없이 시중의 과잉유동성이 주식시장으로 몰려와서 큰 시세를 형성하는 것을 금융장세라고 하며 재료시세보다 훨씬 큰 것이 보통이다.

46 최후시세가 가장 크다.

시세가 처음 출발할 때에는 지루할 정도로 그 움직임이 완만하다. 주가상승이 어느 정도 진행하면 일반투자자들이 가세하기 시작하며 주가의 상승속도가 빨라진다. 주가가 눈에 뜨이게 상승하면 마침내 일반 대중 투자자들이 구름 떼처럼 몰려와서 주가는 폭등세로 바뀐다. 대중 투자자들이 주식을 다 사고나면 더 이상 살 세력이 없어 주가는 천정을 치고 시세는 끝난다.

47 수급은 모든 것에 우선하다.

주가도 일반상품 시세와 마찬가지로 근본적으로 수요와 공급에 의해서 결정된다. 사회적으로 유동성이 풍부하여 주식시장으로 자금이 밀려올 때에는 어떠한 악재에도 주가는 오르고 증자 등으로 주식물량이 과다해진 상태에서는 어떠한 호재나 부양책에도 주가는 하락하게 된다.

48 촛불은 꺼지기 직전이 가장 밝다.

만인이 경악하는 시세가 나오면 주가는 천정을 치고 폭락한다.

49 대량거래가 지속되면 천정의 징조다.

주식시세는 큰손이나 전문투자가들에 의해서 주도되는 것이 보통이다. 이들 시장전문가들은 바닥권이나 시세의 초기단계에서 매입했다가 시장활황을 보고 몰려 드는 일반 투자자나 대중 투자자들이 매입에 열중할 때 보유주식을 사정없이 내다 판다. 전문가와 아마추어간에 손이 바뀌는 과정에서 대량거래가 수반되고 주가도 등락이 교차되는 혼조장세가 연출된다. 전문가들이 시장을 빠져나가면 시세는 대개 는 천정을 친다.

50 경계심이 강할 때에는 시세는 좀처럼 천청을 치지 않는다.

주식시세는 대개 급등세로 천정을 장식한다. 극단적으로 낙관적인 분위기가 천정의 중요한 특징이다. 경계심이 강한 시장 분위기는 아직 천정에 이르지 않았다는 증거가 된다.

51 천정과 바닥은 계기가 된다.

익은 감은 건드리기만 해도 떨어지듯이 오르는 힘이 다한 주식시세는 조그마한 악재만 있어도 쉽게 무너진다. 또한 오랜기간 바닥을 굳힌 후 주가가 상승할 수 있 는 충분한 에너지가 축적된 시세는 하찮은 핑계를 가지고 주가가 오르기 시작한다. 천정과 바닥의 여건이 충분히 성숙되면 조그마한 계기로 대세가 전환된다.

52 바닥은 깊고 천정은 짧다.

주식시세가 진행되는 일반적인 패턴은 바닥기간이 가장 길고 상승기간은 매우 짧다. 주가가 급등하는 천정권의 시세는 극히 짧은 기간에 머물고 그로부터 또 다시 기나긴 하락기간으로 들여가는 것이 보통이다. 시세가 천정권에 머무는 기간이 짧 기 때문에 머뭇머뭇해서 주식을 팔 기회를 놓치지 말라는 격언이다. 천정 3일 바닥 100일 이라는 격언도 있다.

53 산이 높으면, 계곡도 깊다.

경제상황의 호전이나 시장인기에 의해서 주가가 크게 오르면 나중에 경제여건이 다시 악화되고 인기가 식으면 주가도 폭락한다. 따라서 주가가 큰 폭으로 오르면 계 곡을 조심해야 한다.

54 합창을 하면 주가는 반대로 움직인다.

모든 사람들이 주가가 반락하면 사겠다고 생각하고 있으면 반락은 오지 않고 많은 사람이 반등이 오면 팔겠다고 생각하면 반등은 오지 않는다. 모든 사람이 큰 시 세가 올 것이라고 생각하고 있으면 미리 주식을 모두 사 놓고 큰 시세가 오면 팔겠다고 생각하고 있는 상태이므로 그런 경우 큰 시세는 오지 않는다.

55 긴 보합은 폭등이나 폭락의 전조이다.

바닥권이나 상승시세의 중간의 큰 보합에서는 상승을 위한 충분한 시장 에너지가 축적되었기 때문에 주가가 상승하면 큰 시세가 나올 가능성이 많다. 반대로 천정 권이나 하락시세의 중간에서 생기는 긴 보합은 시세의 추진 에너지가 소진되어 버 린 것이므로 주가가 하락할 때 큰 폭으로 하락하는 것이 보통이다.

56 인기는 순환한다.

인기는 유행처럼 변하는 것이 속성이다. 주식시세에서 한 업종이나 종목 집단에 인기가 집중해도 시간이 지나면서 신선미가 없어지면 인기는 식어지고 새로운 종목 집단으로 이동한다. 주식시장의 인기는 업종별로 순환하는 것이 일반적인 패턴이 다. 어떤 특정 업종에만 인기가 지속되는 소위 파행인기시세도 있지만 그것도 그 업 종의 인기지속기간이 길기 때문인 것으로 결국은 인기는 퇴조하고 새로운 인기 대 상을 찾아 주가는 이동한다.

57 반락이 얕으면 큰 시세가 온다.

시세는 수요와 공급에 의해서 결정되지만 공급보다는 주로 수요의 크기 여하에 따라 시세의 방향이 결정된다. 조정국면에서 반락이 얕으면 대기매수세가 강하다는 증거이므로 반등할 때 크게 오르고 반락이 깊으면 매수세가 약한 것이므로 반등시 세는 강하기가 어렵다.

58 기회는 소녀처럼 왔다가 토끼처럼 달아난다.

주식투자는 매입시점과 매도시점을 잘 잡느냐에 따라서 성패가 좌우된다. 주식 시세는 일년 열두 달 내내 있지만 최선의 매입시점과 매도시점은 순간적으로 지나 가 버린다. 주식투자는 기회를 잘 활용하여야 하는 게임이다. 주가가 천정권에 있 을 때 어물어물해서 팔 기회를 놓치면 순식간에 주가가 폭락하여 큰 손해를 보게 된 다. 일단 결정했으면 바로 행동해야 하며 결단이 늦으면 투자를 그르친다.

실전 배당투자 들여다보기

배당수익률 높은 20개 기업
회계연도: 2016년, 코스피

순위	종목명	배당수익률 (%)	주당배당금 (원)
1	S-Oil	7.31	6,200
2	메리츠종금증권	5.78	200
3	지역난방공사	5.58	3,800
4	메리츠화재	5.42	830
5	대신증권	5.28	550
6	GKL	4.88	1,000
7	두산	4.85	5,100
8	한국전력	4.49	1,980
9	SK텔레콤	4.46	10,000
10	SK이노베이션	4.36	6,400
11	현대해상	4.28	1,350
12	하이트진로	4.26	900
13	NH투자증권	4.14	400
14	기업은행	3.77	480
15	삼성카드	3.77	1,500
16	KT&G	3.56	3,600
17	대한제강	3.47	330
18	하나금융지주	3.36	1,050
19	SKC코오롱PI	3.21	450
20	POSCO	3.10	8,000

🔼 배당투자에 있어서 주의할 점

⌐1 배당기준일을 잘 파악해야 한다.

배당을 받으려면 배당기준일에 배당을 하는 회사의 주주여야 하는데, 주식을 매입할 시에 3일결제가 적용되기 때문에 배당기준일 이틀 전에는 반드시 매수를 해야 만 배당기준일에 실질적인 그 회사의 주주로써 인정받게 되어 주주총회를 거쳐 최 종적으로 배당을 받게 된다.

참고로 금융법인을 포함해 12월 결산 법인이 대부분이다. 또 거래소 납회일은 주식 거래를 하지 않는다.
예를 들어 2016년 회계연도 기준 배당을 가장 많이 해준 S-Oil의 주식을 사서 배당을 받으려면.
2017년 납회일은 12월 29일이며 마지막 영업일은 12월 28일이다. 그러므로 2017년 배당금을 받기 위해 마지막으로 매수해야 하는 날짜는 12월 26일이다. 27일은 배당락이 이루어진다.

⌐2 현금배당 vs 주식배당 : 돈이 아닌 주식으로 배당을 해주는 경우도 있다.

일반적으로는 배당은 현금으로 하지만, 주식으로 배당을 하는 경우도 많이 있 다. 그런데 주식으로 배당을 할 경우에는 주식수가 늘어나는 것만큼의 배당락을 하게 된다는 점이다. 주식배당은 회사의 자기자본이 늘어나는 효과가 있기 때문에 장 기적으로는 긍정적이지만, 대신 앞서 예로든 사례처럼 하루만에 주식을 보유한다고 바로 수익을 낼 수 없을 수도 있다는 점을 유의해야 한다.

3 배당에도 세금이 있다.

배당을 받을 때는 이자를 받을 때와 마찬가지로 15.4%(주민세 포함)를 원천징수
하고 지급받게 된다.
만약 내가 투자한 주식의 지분이 많아서 배당으로 받은 돈이 4천만원을 초과하 게
되면 종합소득세에 합산과세 된다는 점도 꼭 기억해야할 부분이다.(예금을 찾을 때
이자소득세와 세율이 같기 때문에 비슷한 개념으로 이해하면 편할 것 같다.)

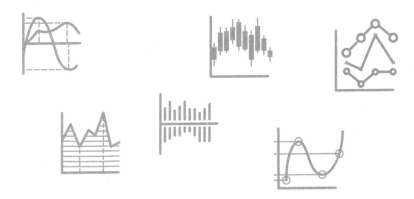

　　manage (관리하다)란 개념은 그 어원처럼 고상하고 귀족적인 느낌을 준다. 무언가를 다루고 복종시키고 조종한다는 것은 복잡하고 무질서한 그 무엇들을 일관된 질서의 세계로 편입시키는 작업이란 측면에서 대단히 로고스 (이성)를 추구하고 있다.

　　투자에서 관리란 자산관리, 자금관리, 위험관리, 포트폴리오 관리라는 서로 비슷한 (마케팅 수준에서) 말들로 우리를 현혹하기도 한다. 필자에게 있어 투자를 하면서 유일하게 정립된 관리의 개념은 위기 관리이다. 위기관리는 실제 사태가 일어나기 전에 피해를 최소화 할 수 있는 방안을 강구하고, 실제 사태가 이루어진 뒤에도 빠르게 정상으로 회복될 수 있는 출구를 준비한다는 의미에서 리스크 관리와 동일하지만 위기의 전조 증상을 체계적으로 모니터링하고 언제 어떤 데이터를 봐야 하고, 과감하게 포기해야 하는 결정을 내리기도 한다는 점에서 보다 조직적이다. 반면 덜 테크니컬하다. 필자는 주식 투자의 속성상 하나의 경기 사이클이 끝나기도 전에 위기 상황을 무수히 반복 경험하면서 기술적 분석, 재무 분석 보다 위기관리, 이 하나의 원칙 아래 투자를 하고 있다. (위기 관리에 대한 필자의 정의는 지

극히 주관적임을 밝힌다)

반복적인 고점과 저점을 끊임없이 보다 보면 직업병과 같이 프리드리히 니체의 '영원회귀 (Eternal Recurrence)'가 떠오른다. 반복되는 일은 스스로 무게감을 갖기 마련이다. 단 한 번의 사건은 그 사건이 아무리 떠들썩 했다한들 가벼운 토론 속에 쉽게 사라지고 말 터이지만 반복되는 일은 침전되고 적층되어 쉽게 사라지지 않는다. 필자는 '이 또한 지나가리라'는 막연한 낙관주의를 배격한다. 단 한번의 일이었다고 치부한다면 모든 것이 쉽게 허용되고 말 것이다. 사실 모든 것은 반복한다. 이 또한 지나가리라는 사고방식은 사실 가장 허무주의적 발상이라고 본다. 역으로 영원회귀가 주는 허무의 논법 속에는 최선을 다해 난관을 돌파해보고자 하는 의지가 담겨 있다.

고백하건데 위기관리에 초점을 둔 투자 원칙은 어찌 보면 노련한 투자를 모방하는 하나의 방편인지도 모른다. 왜냐하면 과감하게 행동에 나서야 하는 순간은 그 어떤 데이터나 기법도 확실하게 알려주지 않기 때문이다. 다만 과감하게 투자를 하기 위해서는 타이밍 예측이 보완되어야 할 것이라는 막연한 가설만을 가지고 있다. 이와 관련해 필자가 보지 못하는 그 어떤 좋은 데이터가 분명히 있을 수도 있을 것이다. 그러나 무엇이 됐든 스스로 과감한 만큼 책임과 권한이 따른다는 것은 분명하다.

독자 여러분께서는 주식 투자를 하시면서 돈을 벌기 이전에 나의 전문성, 강점은 어디에 있고 그에 따라 무엇을 통제할 수 있는지 생각해보시기 권해드립니다. 누군가에게 각자 나의 이야기를 전념으로 해줄 수 있다면 여러분은 훌륭한 관리자입니다. 책을 읽어주신 분들에게 진심으로 감사의 말씀을 올립니다. 감사합니다.

초보자를 위한
주식투자 실전교실

초판인쇄   2018년 2월 26일
초판발행   2018년 3월 8일

지 은 이   정승환
발 행 인   조현수
펴 낸 곳   도서출판 더로드
마 케 팅   최관호 최문섭 신성웅
편   집   Design one
디 자 인   Design one

주   소   경기도 고양시 일산동구 백석2동 1301-2
              넥스빌오피스텔 704호
전   화   031-925-5366~7
팩   스   031-925-5368
이 메 일   provence70@naver.com
등록번호   제2015-000135호
등   록   2015년 06월 18일

I S B N   979-11-87340-74-4

정가 25,000원
파본은 구입처나 본사에서 교환해드립니다.